Brouwer · Johanna die Wahnsinnige

Johan Brouwer

Johanna
die Wahnsinnige

*Glanz und Elend einer
spanischen Königin*

Diederichs

Die Originalausgabe erschien unter dem Titel *Johanna de Waanzinnige* bei
Meulenhoff Nederland bv, Amsterdam

Die Deutsche Bibliothek – CIP-Einheitsaufnahme
Brouwer, Johan:
Johanna die Wahnsinnige: Glanz und Elend einer spanischen
Königin / Johan Brouwer. [Aus d. Niederländ. von Christian
Zinsser]. – Ungekürzte Lizenzausg. – 2. Aufl. – München: Diederichs,
1996
    Einheitssacht.: Johanna de waanzinnige <dt.>
    ISBN 3-424-01258-0

Zweite Auflage 1996
Ungekürzte Lizenzausgabe für den Eugen Diederichs Verlag, München 1995
© der deutschsprachigen Ausgabe Callwey Verlag, München 1978
Aus dem Niederländischen von Christian Zinsser

Umschlaggestaltung: Zembsch' Werkstatt, München
Produktion: Tillmann Roeder, München
Gesamtherstellung: Ebner, Ulm
Papier: leicht holzhaltig, säurefrei Werkdruck, Schleipen
Printed in Germany

ISBN 3-424-01258-0

Inhalt

Vorwort 7

Die leuchtende Ferne 9

Die Tragödie der Eifersucht 31

Der Kampf um die Macht 54

Ein natürlicher oder ein gewaltsamer Tod? 77

Nächtliche Irrfahrten mit einer Leiche 89

Johanna, die Verhexte 107

Die Torheiten eines jungen Königs 124

Johanna und der Bürgerkrieg 150

Lebenslängliche Einschließung 174

Opfer der Inquisition, politische Gefangene

oder Wahnsinnige? 194

Anmerkungen 212

Literaturverzeichnis 216

Zeittafel 219

Stammtafeln 222

Register 225

Vorwort

Wir haben in diesem Werk das ergreifende dramatische Leben von Johanna der Wahnsinnigen geschildert und versucht, sein Geheimnis oder seine Geheimnisse zu entschleiern. Das Leben ist in seinen unerwarteten Wendungen und launischen, rätselhaften Verwicklungen reicher als die menschliche Einbildung, und deshalb ist die Geschichte fesselnder als jeder Roman. Ein treffendes Beispiel dieser Wahrheit, die wir wiederholt bewiesen finden, auch in unserem eigenen Dasein, ist die Lebensgeschichte von Johanna, der Tochter Isabellas von Kastilien und Ferdinands von Aragonien.

Ein Leben voller Ruhm und Liebe schien dieser spanischen Prinzessin beschieden zu sein. Infolge des Todes ihrer älteren Geschwister und von deren Kindern sah sie sich unerwarteterweise berufen, über ein Land zu herrschen, das im Begriff stand, ein Weltreich zu werden.

Sie war verheiratet mit einem Mann, den sie leidenschaftlich liebte: Philipp von Burgund, genannt der Schöne, einem Mann, der berühmt war wegen seines anmutigen, anziehenden Äußeren, seiner vornehmen, liebenswerten Manieren und seinem Hang zu Lustbarkeiten, Glanz und kunstliebendem Auftreten.

Doch diese Frau, die ausersehen schien, das Leben in seiner freudigen Fülle, seinem Reichtum und seiner Herrlichkeit zu genießen, war beinahe ein halbes Jahrhundert lang in einem düsteren Schloß eingesperrt, bewacht von Männern, die gleichsam geborene Gefangenenwärter waren, und fern von allem, was das Leben köstlich und lebenswert macht.

In der Geschichte lebt sie weiter fort als Johanna die Wahnsinnige, Dichter, Dramaturgen und bildende Künstler haben in ihr die Verkörperung vollkommener, reiner Liebe gesehen, die bis übers Grab hinaus treu geblieben ist. Eine Liebe, so tief und unbedingt, daß ihr allein das gesamte Dasein sowie alles, was es enthielt, seinen Sinn entlehnte, und die, als der Geliebte durch den Tod hinweggerafft worden war, dieses Dasein verdüstert und seines Sinnes beraubt sah.

Andere haben diese romantische Auffassung von Johannas traurig verlaufenem Leben verworfen. Bereits zu ihren Lebzeiten lehnten es viele ab, in ihr eine durch den Liebesschmerz wahnsinnig gewordene Frau zu sehen. Es gab zuviel Anzeichen dafür, daß sie im Besitz ihres gesunden Menschenverstandes geblieben war. Man sah in ihr freilich ein Opfer der Herrschsucht anderer, die sie zur Seite geschoben hatten, um selbst zu regieren. Ihr Mann, ihr Vater und ihr Sohn sollen sie widerrechtlich gefangengehalten haben, um den ihr gebührenden Platz einzunehmen.

Die aus jener Zeit zutage geförderten Dokumente sind derart widersprüchlich, daß ernsthafte Forscher zu ganz verschiedenartigen Schlußfolgerungen gelangt sind.

Das Rätsel dieses Lebens ist ungelöst geblieben. Es gibt für jede Erklärung – wahnsinnig, Opfer der Inquisition, Opfer politischer Willkür – soviel durchschlagende Beweise, daß uns keiner genügen kann. Jeder dieser Beweise spricht nur für eine Seite dieses vielseitigen Problems.

Wir haben in unserer Darstellung dieses rührenden Lebensschicksals all diesen Gegebenheiten Rechnung getragen, so daß wir die Meinung hegen dürfen, dem Leser keine schematische Auffassung vorzulegen, sondern ihm Zutritt zu einem reichen, rätselhaften Dasein zu gewähren, das sich zu einer Zeit abspielte, als sämtlichen menschlichen Leidenschaften Tür und Tor geöffnet waren.

Vom Leben Johannas der Wahnsinnigen kann man mit Recht sagen, daß ihm nichts Menschliches fremd war. Gerade aus diesem Grund also, daß uns ein volles Menschenleben entgegentritt, müssen wir mit unserem Urteil vorsichtig sein. Mit unserem analysierenden Verstand stoßen wir nicht bis in die wesentlichen Geheimnisse des Menschenlebens hinein. In Wirklichkeit begreifen wir wenig. Tiefer freilich als der Verstand reicht die Intuition, vor allem, wenn sie von Mitleid und brüderlichem Bewußtsein getragen wird. Dadurch kann es geschehen, daß die dichterische Vision tiefer peilt als der dürre, nüchterne Verstand.

Niemand ist es jedoch gegeben, eine vollkommen richtige Einsicht in seinen Mitmenschen zu gewinnen. In unserem tiefsten Wesen bleiben wir einander fremd. Dies findet sich in Johanna der Wahnsinnigen auf eine so erregende Weise bestätigt.

'S-Gravenhage, im Frühjahr 1940   J. Brouwer

Die leuchtende Ferne

In einer grauen, einsamen Landschaft erhebt sich hinter einem halb
ausgetrockneten Fluß ein Dörfchen, eine Gruppe ärmlicher, farbloser
Häuser, einige Bruchstücke schwerer, mittelalterlicher Befestigungs-
anlagen, Ruinen einer herrschaftlichen Behausung, eine Kirche im
maurisch-gotischen Stil und ein massiver, grimmiger Turm, der
Turm von Doña Juana, wie er im Volksmund heißt.

Noch lebt unter den Menschen hier, die ebenso grau und armselig
sind wie ihre Häuser, das Andenken weiter an jene beklagenswerte
Fürstin, die beinahe ein halbes Jahrhundert lang ein trauriges Dasein
als Gefangene an diesem abgelegenen kleinen Ort zugebracht hat.

Juana la Loca, Johanna die Wahnsinnige, heißt sie in Überlieferung und Geschichte. Wahnsinnig vor Liebe haben die Dichter
gesagt, die über sie geschrieben haben, aber die Dokumente, die uns
aus jener Zeit überkommen sind, haben Männer der Wissenschaft an
der Richtigkeit dieser Benennung zweifeln lassen. Nicht als Wahnsinnige, sondern als politische Gefangene soll die unglückliche Königin hier ein Menschenleben lang eingesperrt gewesen sein. Opfer
erst ihres Vaters, dann ihres Mannes und schließlich ihres Sohnes,
die sie beiseite geschoben haben sollen, um an ihrer Stelle über
Kastilien und seine unermeßlichen Besitzungen zu regieren. Andere
wiederum haben diese Auffassung bestritten und die Ursache der
jahrelangen Haft in der Willkür kirchlicher Machthaber gesucht, der
Mitglieder jenes Heiligen Hofes der Untersuchung der Reinheit der
Religion, d. h. der Inquisition. Die Königin soll nachlässig in der
Erfüllung ihrer kirchlichen Pflichten gewesen sein, sie soll abwei-
chende Vorstellungen in Sachen der religiösen Grundwahrheiten
gehabt haben, und die Inquisition soll sie um der Wahrung der Einheit von Kirche und Nation willen vom Thron ferngehalten haben.

Ein Bild, das dem Vernehmen nach vom Hofmaler von Königin
Johanna gemalt wurde, als ihr jugendlicher Liebreiz durch das über
sie gekommene tragische Leid von einem poetischen Hauch überzo-

gen worden war, zeigt uns eine anmutige junge Frau in stattlicher, wenn auch einfacher burgundischer Tracht. Das beinahe noch kindliche Gesicht hat einen matten, trübseligen Ausdruck. Die keineswegs schöne, etwas stumpf auslaufende Nase verleiht dem schmollend zusammengezogenen Mund etwas Pathetisches, und die Augen starren gerade und untröstlich vor sich hin. Die feinen, weißen Hände liegen müde ineinander. Die linke Hand hält den rechten Daumen umklammert, eine Gebärde der Verlegenheit und Hilflosigkeit. Das Ganze macht den Eindruck von jemand, der keinen Ausweg mehr weiß, ein großes Leid mit stummer Ergebung trägt.

Johanna, die Wahnsinnige ... Bereits im 16. Jahrhundert stellte ein Historiker fest, daß der Name Johann und Johanna für fürstliche Personen unheilvoll zu sein scheint. Eine Reihe tragischer Figuren stand damals vielleicht vor seinem geistigen Auge: Johann der Vatermörder, der spurlos verschwand, nachdem er das Mönchsgewand gewählt hatte, Johann ohne Land, der alles verlor, Johann der Erste von Kastilien, geschlagen in einer berühmt gebliebenen Schlacht, Johann ohne Furcht, der abtrat, nachdem er seine Freiheit verloren hatte. Und vielleicht ist der alte Schriftsteller auch auf den wunderlichen Gedanken vom magisch-unheilvollen Einfluß dieses Namens gekommen, als er an all jene unglückseligen Päpste mit dem Namen Johannes dachte: der eine ist im Gefängnis gestorben, andere sind ermordet, andere davongejagt worden und wiederum andere umgekommen. Und ein Papst dieses Namens ist in den Annalen der Kirche als ewiger Schandfleck vermerkt.

Dieser vermeintliche, geheimnisvolle Zusammenhang des Namens Johann – Johanna mit einem betrüblichen Schicksal traf in jenen Jahren die breite Masse zutiefst durch den Tod des jugendlichen Thronfolgers der vereinigten spanischen Königreiche, Don Juan, der plötzlich starb und eine Kindfrau schwanger zurückließ, sowie der geistigen Verwirrung von Johanna, die durch den Tod ihres Bruders, ihrer älteren Schwester und deren Kinder zur Regierung des damals mächtigsten Reiches der Welt berufen war.

Johanna war die Tochter von Isabella von Kastilien und Ferdinand von Aragonien, den Katholischen Königen, wie sie päpstlicher Verfügung gemäß genannt wurden und wegen ihrer großen Verdienste um Kirche und Christenheit.

Durch sie war ein Traum und ein politisches Ideal von Jahrhunderten in Spanien verwirklicht worden. Sie hatten aus Spanien ein

Die leuchtende Ferne

vereinigtes Königreich gemacht und dank ihrer Eroberung des letzten
maurischen Gebietes in Spanien die Macht der Eindringlinge der ver-
gangenen acht Jahrhunderte gebrochen. Eine kraftvolle Zentralautorität hatte den aufständisch gesinnten Feudaladel, der zahllose Bür-
gerkriege verursacht hatte, der Krone botmäßig gemacht. Eine ver-
besserte Verwaltung und eine verstärkte, zuverlässige Polizeigewalt
förderten Handel und Verkehr, und zur Belebung der nationalen
Industrie waren Einfuhrverbote sowie Schutzzolltarife erlassen worden. Der innere Friede und die erhöhte Sicherheit von Leib und Gut
hatten viele Städte binnen kurzer Zeit zu Wohlstand gebracht. Eine
tiefgreifende Veränderung der Lebensführung und des religiösen
Niveaus sowohl der Welt- als auch der Ordensgeistlichen führten zu
einer Erneuerung und zu einer Verinnerlichung des Glaubenslebens
der breiten Massen. Die Verbesserung des akademischen Unterrichts
durch Begünstigung humanistischer Studien hob das kulturelle
Niveau der Klassen, die zur allgemeinen Führung berufen waren.
Die Überseegebiete, die der spanischen Macht durch das Genie und
den Unternehmungsgeist von Kolumbus hinzugefügt worden waren,
machten Spanien zur ersten kolonialen Weltmacht.

Noch konnte man nicht vorhersehen, daß der Goldstrom, der aus
Übersee zu fließen begann, die aufkommende nationale Wohlfahrt
für Jahrhunderte zerrütten sollte, und zwar dadurch, daß die Grund-
lage für ein gesundes Nationalvermögen – Landwirtschaft, Industrie
und ein freies Verkehrswesen – schon sehr bald verschwand. Noch
sah man keine Gefahr darin, daß Spaniens unternehmungslustigste
Söhne aus dem Vaterland wegzogen und Pflug, Webstuhl und Kauf-
mannshaus im Stich ließen, weil sie der Zwangsvorstellung von
leicht zu erzielendem Reichtum auf der anderen Seite des Ozeans
erlagen.

Die Begeisterung für den eins gewordenen Staat begann die
Weihe eines Gefühls, zu etwas berufen zu sein, anzunehmen, und
die Politiker wollten dies noch kräftigen, indem sie Maßnahmen
gegen diejenigen Volksteile und Geistlichen ergriffen, die die kaum
erzielte Einheit stören könnten. Noch war man sich der auf die
Dauer unheilvollen Folgen der Vertreibung von Mauren und Juden,
des gewerblich und kommerziell begabtesten und am höchsten entwickelten Teils der Bevölkerung Spaniens, nicht bewußt und ebensowenig dessen, daß das geistige und religiöse Leben eines Volkes nur
dann gedeihen kann, wenn eine würdig geführte geistige Auseinan-

Johanna die Wahnsinnige

dersetzung und ein Austausch zwischen auseinanderlaufenden Auffassungen und Empfindungen im Gange sind.

Diejenigen, welche diese unerhörte Kraftanstrengung der vereinigten spanischen Königreiche gelenkt hatten, Ferdinand und Isabella, sahen ihre eigene Existenz bereichert durch eine mit fünf Kindern gesegnete Ehe, Kinder, die eine Bürgschaft dafür waren, daß das Werk der Eltern fortbestehen und von Dauer sein würde, denn jedes von ihnen war für eine besondere Aufgabe im Rahmen der geplanten nationalspanischen und imperialistischen Politik ausersehen.

Eine solche Politik war auf eine Einkreisung und Schwächung Frankreichs gerichtet, der ersten zentralisierten Macht Europas, die nach politischer und kultureller Hegemonie strebte. Diese Einkreisungspolitik wurde den politischen Bräuchen der Zeit entsprechend zu einem beträchtlichen Teil im Wege dynastischer Verbindungen verwirklicht. Isabella, die älteste Tochter der Katholischen Könige, wurde im Jahr 1490 Alfons, dem Thronfolger von Portugal, angetraut und nach dessen frühzeitigem Tod Manuel, dem König, um dieses Land in eine Art iberischen Staatenbund aufzunehmen. Die jüngste Tochter, Katharina, wurde im Jahre 1500 dem englischen Kronprinz Arthur zur Frau gegeben und nach dessen Tod wurde sie die Gemahlin des später berüchtigten Heinrich VIII. Johann, der Kronprinz von Kastilien und Aragonien, sowie Johanna, die dritte Tochter, sollten durch ihre Heirat mit den Kindern von Maximilian von Österreich dem 1495 mit dem Heiligen Römischen Reich geschlossenen Bündnis Dauer verleihen. Das Heilige Römische Reich Deutscher Nation hatte das gleiche Interesse wie Spanien an einer Schwächung Frankreichs.

Johann sollte Margarete und Johanna Philipp ehelichen, beide Kinder des römisch-deutschen Kaisers Maximilian von Österreich und Marias von Burgund, der Tochter Karls des Kühnen.

Im November 1495 wurden die Heiratsversprechen bekräftigt, und kurz darauf schrieb Philipp, Erzherzog von Österreich und Herzog von Burgund mit dem Beinamen der Schöne, einen herzlich gehaltenen Brief an seine damals siebzehn Jahre alte Verlobte. Er selbst war ebenfalls siebzehn Jahre alt. Philipp nennt seine Verlobte zu Anbeginn seines Briefes »coniunx carissima«, seine innigstgeliebte Gattin, und er bedauert, daß die Erfüllung seiner Wünsche so lange auf sich warten lasse. Er würde am liebsten zu ihr hineilen,

Die leuchtende Ferne 13

und es bedeute für ihn ein großes Ungemach, »acerbum fero mentis dolorem«, daß diese Trennung sich so lange hinziehe. Der »amantissimus Philippus« – so zeichnet er – beschließt seinen Brief mit der Äußerung der Hoffnung, daß ihre Ehe mit einer ansehnlichen Nachkommenschaft gesegnet werde, »nos faciat Christus pulchra prole parentes«, eine Hoffnung, die verwirklicht worden ist, denn er wurde Vater von zwei Kaisern und einigen Königinnen, freilich ohne sie in ihrem Glanz gesehen zu haben.

Der berühmte Humanist Petrus Martyr Anglerius, der 1487 wie so viele italienische Gelehrte zur Unterweisung der aristokratischen Jugend nach Spanien gekommen war und uns köstliche Briefe über das Spanien seiner Zeit hinterlassen hat, sagt über Philipp von Burgund, daß es ihm angeblich an nichts fehlte, was sich eine Frau von einem Mann nur wünschen könnte. Philipp war jung, äußerlich anmutig, sanftmütig, freundlich und aufgeweckt. Ein junger Zeitgenosse, der große Geschichtsschreiber des 16. Jahrhunderts Zurita, nennt Philipp einen fröhlichen und willfährigen Mann, einen leidenschaftlichen Jäger, einen Mann ohne jeglichen Ehrgeiz und den Staatsgeschäften abhold. Am liebsten überließ er, so sagt Zurita, die Sorge hierfür anderen. Als Folge davon war er sehr launenhaft, denn als Mann ohne Interesse für und ohne Einsicht in die Politik richtete er sich jedesmal aufs neue nach denjenigen, welchen er sein Vertrauen schenkte. Ein anonymer Autor aus jener Zeit der Katholischen Könige und ihrer Tochter Johanna spricht von Philipps kraftvoller Gestalt, seinem anmutigen Auftreten und seinen vornehmen Manieren. Er preist seine Freundlichkeit und seinen Sinn für Gerechtigkeit und sagt, daß er begabt sei und tugendsame Anlagen habe, »ad omnes virtutes pronus«, sich aber allzu viel dem widme, was wir Sport nennen, und zuviel intimen Umgang mit Frauen suche. Der venezianische Gesandte Quirini hielt Philipp für intelligent und einfallsreich, erblickte jedoch seinen größten Fehler in seinem Mangel an Beharrungsvermögen, und zwar infolge der Launenhaftigkeit seines Charakters.

Philipp nahm im Jahre 1494 nach Bestätigung der unter Philipp dem Guten und Karl dem Kühnen erteilten Privilegien die Huldigung als Herr des Burgundischen Reiches entgegen, das eine großartige Zukunft in sich zu bergen schien.

Den größten Einfluß auf ihn hatten sein Lehrmeister Frans van Busleyden, Erzbischof von Besançon, sowie Willem van Croy, Herr von Chièvres. In den Niederlanden hegte man die Erwartung, daß er eine Politik des Friedens betreiben würde, wodurch Handel und Gewerbe gedeihen konnten. Der Handelsvertrag mit England, der einige Monate vor Philipps Eheschließung zustande kam, war ein günstiges Zeichen für eine derartige Politik. Obgleich der jugendliche Philipp bereits als französisch gesinnt galt, schloß er nichtsdestoweniger die Ehe mit einer spanischen Prinzessin, was der antifranzösischen Politik seines Vaters Maximilian und der Katholischen Könige zustatten kam.

Johanna von Aragonien sollte mit großer Machtentfaltung in die Niederlande geleitet werden. Bereits im zeitigen Frühjahr von 1496 hatten die Katholischen Könige Weisung erteilt, eine große Flotte auszurüsten, um die fürstliche Braut und ihr glänzendes Gefolge auf eindrucksvolle Weise in ihr neues Vaterland hinüberzuführen. Ferdinand beabsichtigte, mit dieser Machtdemonstration sowohl Frankreich im Zaume zu halten als auch England und die Niederlande von Spaniens wachsender Kraft auf dem neuen Weltmeer zu überzeugen. Das Zentrum des Welthandels sollte nach der Entdeckung der Neuen Welt vom Mittelländischen Meer auf den Atlantischen Ozean verlegt werden, und Spanien begann im Bewußtsein dieses Umstandes seine maritimen Kräfte an der Westküste zu verstärken, um seine Verbindungen zu den jüngst erworbenen Gebieten abzusichern.

Ein Zeitgenosse Johannas schreibt, daß in Laredo, damals ein emporstrebender Handelsplatz, heute nur ein ruhiges Städtchen an einer schönen, weitschweifigen Bucht, eine Flotte aus mehr als hundert Einheiten zusammengezogen war. Darunter befanden sich zwei »carracas« aus Genua, große Kauffahrteischiffe, und außer den Matrosen waren an die zehntausend Mann Kriegsvolk an Bord.

Johanna ging mit einer erlauchten Gesellschaft am 20. August an Bord. Ihr Gefolge bestand aus Mitgliedern des höchsten kastilischen und aragonesischen Adels, hohen kirchlichen Würdenträgern, einer Anzahl von Hofdamen aus angesehenen Familien, alle wiederum mit viel Bediensteten und Verwaltungspersonal.

Königin Isabella hielt sich in jenen Tagen in Almazán auf, damals ein Städtchen an einer wichtigen Wegekreuzung in Altkastilien, in der Provinz Soria, heute nur ein kleiner, hübscher, malerischer Ort in einer weiten, welligen Landschaft. Schwere mittelalterliche Tore zeugen von seiner kriegerischen Vergangenheit. Hier ist der aus dem Hundertjährigen Krieg noch heute berühmte Ritter Bertrand de

Die leuchtende Ferne 15

Guesclin eingezogen, und zwar als Bundesgenosse von Heinrich von
Trastamara, und hier wurde ein Bürgerkrieg durch die Ermordung
des rechtmäßigen Regenten, Don Pedro, zu Ende geführt.

Zur Zeit der Katholischen Könige war Almazán, an einem Kreuz-
punkt von schon aus der Römerzeit stammenden Wegen gelegen, ein
wichtiger Ort, und als Erinnerung an damals steht jetzt noch der
Palast des Geschlechts der Mendoza, eines der ersten Bauwerke, das
unter dem Einfluß des jungen Renaissancestils restauriert wurde.
Königin Isabella zog von hier nach Laredo, um an Bord Abschied
von ihrer Tochter zu nehmen. Diese Frau, gleich einem Mann unter
der Gewalt des Krieges hart geworden sowie unerschütterlich und
mitleidlos in den Künsten der Politik geübt, war ganz offensichtlich
noch so sehr Frau und Mutter geblieben, daß sie zwei Tage lang bei
ihrer Tochter an Bord blieb, bis zu Tränen aufgelöst durch die
Abreise ihres noch so jungen Kindes. Sie war sogar derart um Johanna besorgt, daß sie den großen Entdecker und Seemann Kolumbus
über die zu erwartenden Wetterverhältnisse um Rat gefragt hatte,
um die Reise im allergünstigsten Augenblick stattfinden zu lassen.

Am 22. August lichtete die Flotte die Anker. Flottenchef war Don
Fadrique Enríquez de Cabrera aus der mächtigen kastilischen Familie
Enríquez, in welcher der Titel »Admiral von Kastilien« zur erblichen
Würde geworden war. Er hatte sich unter den Katholischen Königen
als befähigter Soldat erwiesen. Seine Gebeine ruhen jetzt im Kloster,
das er in seinem Herrschaftsbereich Medina de Rioseco gestiftet
hatte. Die nautische Führung der Flotte lag in Händen von Don
Sancho de Bazán, Sproß einer Seefahrerfamilie, deren berühmtester
Abkömmling Don Álvaro de Bazán, Marquis von Santa Cruz, während der ersten Regierungsperiode Philipps II. werden sollte, Schöpfer des Planes der sogenannten Unbesiegbaren Flotte, die unter seinem Oberbefehl vielleicht ihr Ziel erreicht haben würde[1].

Die Flotte fuhr bei schönem Wetter aus, aber nach zwei Tagen
kam in den berüchtigten Gewässern im Nordwesten Spaniens ein
schwerer Sturm auf, der beinahe einen halben Tag lang anhielt. In
unmittelbarer Nähe der niederländischen Küste setzte Gegenwind
ein, und es ergab sich die Notwendigkeit, einen englischen Hafen
anzulaufen. Dabei stießen zwei Schiffe zusammen, wodurch eines
von ihnen leck wurde und kurz darauf sank. Als der Wind
umschlug, nach Zurita am 2. September, stach man wieder in
See. Im Hinblick auf die gefährlichen Sandbänke war Johanna auf

Johanna die Wahnsinnige

ein Biskaya-Schiff mit geringem Tiefgang umgestiegen. Tatsächlich lief eines der beiden großen Schiffe aus Genua auf Grund, wobei Schiff und Ladung sowie – einigen Autoren jener Zeit zufolge – auch ein Teil der Besatzung zugrunde gingen. Unter der verlorenengegangenen Ladung befand sich ein Teil des Gepäcks von Johanna sowie viele Kostbarkeiten von Mitgliedern ihres Gefolges.

Wie es heißt, soll, kurz bevor die spanischen Flotte in Sichtweite der seeländischen Küste kam, eine große Anzahl französischer Schiffe, man spricht von achtzig, ausgelaufen sein, um einen sichereren Ankerplatz zu suchen, weil sich Spanien und Frankreich im Krieg miteinander befanden. Johanna ging in Arnemuiden an Land. Nach einigen Tagen reiste sie weiter nach Bergen op Zoom, wo sie festlich empfangen wurde, und dann über Antwerpen nach Lille, wo sie auf ihren Bräutigam wartete.

Philipp hielt sich in Tirol auf und konnte sich infolge des Krieges zwischen Spanien und Frankreich nicht so rasch in die Niederlande begeben, um Johanna selbst beim Verlassen des Schiffes willkommen zu heißen. Spanische Autoren haben darin freilich einen Mangel an Höflichkeit erblickt und vergleichen, teils unter Bedauern, teils überheblich, die ausgelassenen Festlichkeiten, mit denen ein Jahr darauf Margarete in Spanien begrüßt wurde, mit Philipps kühler Haltung.

Es ist nicht gänzlich ausgeschlossen, daß Philipp von der Frau, die seiner harrte, nicht besonders entzückt und, wie es ein unbekannter Chronist jener Tage ausdrückte, »foemeneis blandimentis gaudebat«, auf weibliche Zärtlichkeiten aus war, so daß er oft, eigentlich täglich, ein Liebchen nach dem andern bei sich hatte und es gar nicht weiter eilig hatte, sich einer Frau zuzugesellen, deren Schönheit nicht hoch gepriesen wurde. Eine einfache Frau, »simplex foemina«, nennt Petrus Martyr Johanna.

An die zwei Wochen wartete Johanna in Lille. Am 18. Oktober kam Philipp an, und bei ihrer ersten Begegnung entbrannten beide jungen Leute in solch leidenschaftlicher Liebe zueinander, daß sie nicht warten wollten, bis ihre Ehe feierlich und gesetzlich geschlossen wurde, sondern sie noch am gleichen Abend vollzogen. Was Philipp anbetrifft, von dem wir aus Mitteilungen jener Zeit wissen, daß er am liebsten »jeden Tag mit einem anderen jungen Mädchen schlief«, so braucht uns dieses leidenschaftliche Verlangen nach dem schüchternen, unerfahrenen Mädchen mit den dunklen, warmen Augen nicht weiter zu verwundern, wohl aber kann uns der unbeherrschte

Die leuchtende Ferne   17

Drang zur gänzlichen Hingabe bei der streng erzogenen, beinahe verschlossenen kastilischen Prinzessin in Erstaunen versetzen. Daß sie, die einige Jahre später scheu und unwillig ihre Wange dem französischen König hinhielt, der sie mit dem höfischen, protokollarischen Kuß begrüßte, sich jetzt unverzüglich diesem jungen Mann hingab, mit dem sie noch nicht durch geweihte Bande verbunden war, wird von modernen Psychologen erklärt aus der vollkommenen sinnlichen Betörung, die für sie von Philipp ausging. In ihrer stürmischen, unglücklichen Ehe ist die Drohung, seiner ehelichen Pflicht nicht nachzukommen, für Philipp das einzige zweckmäßige Mittel geblieben, um der unbeherrschten Stimmungen Johannas Herr zu werden und sie seinem Willen zu unterwerfen. Johanna war von Anfang an Philipp ganz und gar verfallen, und diese exklusive »Bindung« ist bis übers Grab hinaus bestehen geblieben.

Von Lille zog das junge Paar nach Antwerpen, wo mit echt flämischer Ausgelassenheit und burgundischer Prachtentfaltung die Hochzeit von Johanna und Philipp sowie von Margarete und Johann gefeiert wurde. Margarete war ebenfalls nach Antwerpen gekommen, denn die Flotte, die Johanna nach den Niederlanden gebracht hatte, hatte durch die Stürme derartig gelitten, daß sie noch nicht wieder in See stechen konnte, um Margarete nach Spanien zu bringen.

Ein vornehmer Edelmann war aus Spanien in Antwerpen eingetroffen, um im Namen und in Vertretung von Prinz Johann von Kastilien und Aragonien die Ehe mit Margarete zu schließen. Die Heirat »über den Handschuh« kannte in jenen alten Zeiten bemerkenswerte symbolische Gebäuche, worüber uns ein unbekannter Chronist aus dem 16. Jahrhundert folgenden witzigen Vorfall mitteilt. Er berichtet, daß dieser Edelmann mit Namen Francisco de Rojas ziemlich unbemittelt war, und daß ihm deshalb ein anderer spanischer Edelmann einen hübschen Brokatanzug gegeben habe, damit jener bei dem feierlichen Geschehen auch tadellos aussah. Als nun der Tag gekommen war, »daß er sich im Zimmer von Margarete zu Bett begeben mußte«, fragte ihn sein zuvorkommender Freund noch einmal, ob er denn auch wirklich »vollkommen« ordentlich aussehe. Der brave, aber offenbar etwas liederliche Francisco beruhigte seinen besorgten Freund, »aber als er sich auszog, hatte er, wie sich herausstellte, eine so schlechte Unterhose an, daß sein Hemd hinten hervorlugte ...«

Margarete reiste nach dem malerischen Hochzeitsfest »über den Handschuh« nach Arnemuiden, und zwar in Begleitung der ganzen erlauchten Gesellschaft, die Johannas Gefolge gebildet hatte. Monatelang haben sie in diesem kalten Winter, schlecht behaust und schlecht ernährt, in jenem offenen seeländischen Städtchen warten müssen, ehe die Flotte die Anker lichten konnte. Nach Petrus Martyr soll dabei infolge der strengen Kälte, »boreali frigore«, und des Hungers, »fame consumpti«, der größte Teil dieser Menschen umgekommen sein. Ein anderer Chronist aus dem 16. Jahrhundert teilt mit, daß dort an Ort und Stelle mehr als neuntausend Mitreisende der Flotte gestorben seien. Die Katastrophe wird der Sorglosigkeit Philipps zugeschrieben. Es ist nicht ausgeschlossen, daß die spanische Flotte durch den französisch gesinnten Philipp und seine Ratgeber aus politischen Gründen aufgehalten wurde.

Inzwischen fuhr der frohgemute, prachtliebende burgundische Hof mit einer endlosen Reihe von Festlichkeiten fort, die sich teilweise durch die für die Renaissance typische Zurschaustellung von Luxus und teilweise durch primitive, grobe Hervorkehrung körperlicher Kraft, von Mut und Geschicklichkeit, auszeichneten. Bei den Turnieren, bei denen sich sowohl flämisches sinnliches Ungestüm als auch burgundische Prahlsucht ausleben konnten, wurden im Rahmen eines Dekors von künstlerischer Verfeinerung rohe, tödliche Schläge ausgeteilt, zuweilen bei flackerndem, trügerischem Fackelschein, was diese Bilder für uns zu noch treffenderen Beweisen von der Vergröberung der Sitten macht.

Daß die spanische Flotte ausblieb — erst am 8. März 1497 kam sie in Santander an — war nicht der einzige Grund zur Sorge von Ferdinand und Isabella um ihren burgundischen Schwiegersohn. Sie wurden außerdem davon unterrichtet, daß Philipp mit der Auszahlung jener zwanzigtausend Dukaten an seine Gemahlin im Verzug geblieben war, wozu er dem Heiratsvertrag gemäß jährlich verpflichtet war, sowie daß er begann, Johanna in Abgeschiedenheit zu halten.

Die Katholischen Könige entsandten, um sich hierüber auf zuverlässige Weise Gewißheit zu verschaffen, einen Bischof als außerordentlichen Gesandten zu Philipp, und zwar mit ausführlichen schriftlichen Instruktionen, von denen eine Abschrift bewahrt geblieben ist. Außer daß dieser Bischof die Beschwerden von Ferdinand und Isabella bei Philipp anbringen mußte, hatte er sich auch insgeheim mit dem spanischen Flottenchef ins Benehmen zu setzen, denn die

Die leuchtende Ferne 19

Entwicklung der politischen Ereignisse in Italien erforderte die Zusammenziehung aller verfügbaren Schiffe im Mittelmeer.

Als Anfang März 1497 die spanische Flotte in Santander ankam, und die verbitterten Gemüter derjenigen, welche an der seeländischen Küste soviel Kälte und Entbehrung hatten erdulden müssen, bei der festlichen Einholung von Margarete wieder milder gestimmt waren, hörten auch Ferdinand und Isabella freundlichere Bemerkungen über ihren Schwiegersohn. Die in ihrer Würde sich wiederholt verletzt fühlenden Spanier, auf die das herbe nördliche Klima zusätzlich so ungünstig eingewirkt hatte, wurden in diesen ersten sonnigen Frühlingstagen in Spanien bei all den Äußerungen nationaler Freude über die Heirat des Kronprinzen auch geneigter, die niederländischen Verdrießlichkeiten und ihren Gastgeber etwas milder zu beurteilen. Ferdinand und Isabella hörten manch lobendes Wort über ihren Schwiegersohn, der seines Äußeren, seiner vornehmen Manieren und seiner liebenswerten Charakterzüge wegen gepriesen wurde.

Ihre Freude währte freilich nur kurze Zeit: Prinz Johann, der am 3. April die Ehe geschlossen hatte, starb nach kurzem Unwohlsein am 4. Oktober desselben Jahres. Aus den ärztlichen Berichten können wir schließen, daß der von Natur nicht starke Jüngling infolge der unbeherrschten Hingabe an seine natürlichen Triebe derart geschwächt war, daß er ein ernsthaftes Unwohlsein nicht überstand. Die Ärzte sollen, wie es heißt, kurz vor der Erkrankung Johanns eine vorübergehende Trennung der jungen Ehegatten angeraten haben. Wir erwähnen diese Besonderheiten, um das Eheleid Johannas, bei der wir dieselbe unbeherrschte, ausschließlich auf eine einzige Person gerichtete Sinnlichkeit feststellen, indirekt zu beleuchten.

Der Tod des Kronprinzen, der das politische Ideal Ferdinands und Isabellas, nämlich ein vereinigtes Spanien, verwirklichen sollte, war von welthistorischer Bedeutung, denn infolge seines Ablebens wurde die angestrebte spanische nationale Politik vereitelt, und Spanien und seine Besitzungen sind zum Schluß lediglich ein Instrument des persönlichen, habsburgischen Imperialismus Karls V. geworden, sehr zum Unheil des Landes.

In Ávila liegt in einem einfachen, klassisch nüchternen Grabmal, einem der wenigen reinen Renaissancekunstwerke Spaniens, der jugendliche Prinz Johann bestattet, Symbol jener plötzlichen und launischen Wendungen im Verlauf der Geschichte, verursacht durch Kräfte, die menschlicher Bestimmung entzogen bleiben.

Margarete gebar einige Zeit nach dem Ableben ihres Mannes ein totes Kind, ein Mädchen, so daß die Thronfolgerechte auf die älteste Tochter von Ferdinand und Isabella, Prinzessin Isabella, übergingen, die im September 1497 als junge Witwe die Ehe mit König Manuel von Portugal eingegangen war. Im April 1498 wurde sie als Kronprinzessin anerkannt, aber im September desselben Jahres starb sie im Wochenbett, nachdem sie einem Sohn, Miguel, das Leben geschenkt hatte.

Philipp der Schöne hatte mittlerweile widerrechtlich den Titel eines Prinzen von Kastilien angenommen, einen Titel, der vom französischen König anerkannt wurde. Philipp suchte immer mehr Anschluß an Frankreich. Er schloß mit dem König von Frankreich ein Bündnis, und zwar über den Kopf seines Vaters Maximilian sowie seiner Schwiegereltern, des Königs und der Königin des vereinigten Spanien, hinweg, und erklärte sich als Graf von Flandern zur Treue gegenüber seinem Lehnsherrn, dem König von Frankreich, verpflichtet.

Diese ausgesprochen französisch gesinnte Politik Philipps durchbrach die von Ferdinand und Maximilian erstrebte Einkreisung Frankreichs.

Es war indessen nicht nur die gegen ihre Interessen gerichtete Politik Philipps, die die Katholischen Könige mit Sorge erfüllte. Es trafen immer mehr ungünstige Berichte über das Verhältnis zwischen Philipp und Johanna ein, und diese selbst ließ überdies kaum noch von sich hören. Im Sommer 1498 entsandten Ferdinand und Isabella abermals einen Sonderbeauftragten nach Brüssel, und zwar den Prior Thomas von Matienzo, der die Weisung erhielt, sich persönlich durch Augenschein und Gespräche mit Johanna über den Stand der Dinge zu vergewissern.

Über England kam dieser Mönch in Brüssel an, aber die Nachricht von seinem bevorstehenden Besuch sowie über seine geheimnisumwitterten Absichten war ihm vorausgeeilt. Es herrschte in jenen Tagen ein lebhafter Briefverkehr zwischen den Höfen von Burgund, England und Spanien, und obendrein gab es einen wohlorganisierten »geheimen« Nachrichtendienst. Bevor der brave Prior überhaupt seinen Fuß an Land setzte, wußte man am englischen Hof bereits, was er in Brüssel vorhatte. Man vermutete zudem, daß er auch in Windsor die Ohren spitzte. Prior Thomas war klug genug, um zu merken, daß man über den Zweck seiner Reise rätselte. Als er im Juli in Brüs-

Die leuchtende Ferne

sel eintraf und von Johanna und Philipp herzlich willkomme
ßen wurde, war er taktvoll genug, nur einige formelle Höflic
zu äußern. Ein paar Tage später empfing ihn Johanna allein
anna hatte ganz offensichtlich gehört oder begriffen, welches Zi
Besuch des Priors hatte, denn sie war einigermaßen nervös und
außer sich. Der Prior meinte, daß dies von dem Ärger herrühre, den
Johanna über das Gerede empfinde, das über sie in Spanien im
Umlauf war. Das mag der Fall gewesen sein, andererseits aber stellte
sich Johanna diesem neuen Versuch, die Misere ihres intimen Ehele-
bens auszuforschen, in den Weg. Johanna war von Natur voller Ironie und zugleich schroff, wenn nicht gar unwirsch gegenüber Fremden. Ihr Verdruß begann sie scheu und jedem Umgang mit Menschen abhold zu machen. Der Prior war Menschenkenner genug, um
dies zu durchschauen, und somit begann er Johanna dadurch aufzu-
muntern, daß er ihr taktvoll mitteilte, viele in Spanien wollten von
dem lästerlichen Gerede über sie und ihren Mann gar nichts wissen
und hätten eine hohe Meinung von ihr und ihrem Gemahl. Das traf
ins Schwarze. Der listige Pater ließ es einstweilen dabei bewenden.
Er schrieb einen beruhigenden Brief an die besorgten Eltern. Er plau-
derte darin über seine ersten, oberflächlichen Eindrücke. Er berichtet,
daß Johanna wohlgemut sei und hübsch aussehe und daß sie »so hoch-
schwanger sei, daß es ihren Königlichen Hoheiten wohltun würde,
wenn sie sie besuchten . . .« Dann läßt er sich als guter Spanier aus
über das teure Leben und das schlechte Klima in den Niederlanden
und fügt hinzu, daß man, wenn man Wert auf die weitere Erhaltung
seines Lebens lege, ihm eilends Geld zukommen lassen möge, denn
seine Geldbörse sei leer. Selbst von der kleinen Zuwendung des englischen Königs, gute fünfzig Dukaten, war nichts mehr übrig . . .
   Johanna verhielt sich jedoch weiter schroff gegen ihn und miß-
traute ihm. Bei seinem dritten Besuch begann der geistliche Vater zu
fragen, warum sie denn nicht öfter und ausführlicher an ihre Eltern
schreibe. »Sie habe nichts zu schreiben.« . . . »Sie habe gerade erst
geschrieben.« Auch fragte Johanna nach niemand. So deutlich gab sie
durch ihr mürrisches Verhalten dem Pater zu verstehen, daß sie keinen Wert auf seinen Besuch lege, daß er dies an die Katholischen
Könige schrieb. Johanna hatte vernommen, daß ihr dieser Prior auch
zum Beichtvater bestimmt worden sei. Aber ihr Vertrauen in die
Menschen war bereits ganz offensichtlich aufs schwerste erschüttert,
und sie sah in jedermann einen böswilligen Spion, so daß sie sich auf

Johanna die Wahnsinnige

eine höflich-abweisende Konversation mit dem Mönch beschränkte. Dieser vermochte sich nicht darüber klarzuwerden, was er davon eigentlich halten sollte, und die Abneigung Johannas, mit ihm über geistliche Dinge zu sprechen, nährte seinen Argwohn, der diesbezüglich durch allerlei vage Gerüchte sich bereits in ihm festgesetzt hatte. Schon damals scheint Johanna dadurch ins Gerede gekommen zu sein, daß sie in der Erfüllung kirchlicher Pflichten wenig Eifer zeigte. Am Himmelfahrtstag desselben Jahres waren zwei Geistliche bei ihr erschienen, um ihr die Beichte abzunehmen, aber sie hatte sich geweigert, den beiden ehrwürdigen Vätern ihr Herz auszuschütten.

Pater Thomas von Matienzo war gezwungen, seine Besuche eine Zeitlang einzustellen. Auch dieser Spanier hatte unter dem rauhen niederländischen Klima schwer zu leiden. Ein anderer spanischer Mönch wies in der Zwischenzeit Johanna wegen ihrer Nachlässigkeit in kirchlichen Dingen scharf zurecht. Aus seinem Brief erhält man den Eindruck, daß Johanna lediglich der Form nach den notwendigsten kirchlichen Pflichten nachkam und – um sich lustig zu machen oder aus Gleichgültigkeit oder Nachlässigkeit? – ein paar leichtsinnige französische Geistliche zu Beichtvätern erkoren hatte. Diese ehrwürdigen Herren hatten das Geld von Johanna in Paris verpraßt, und man hatte sie von einer Kneipe in die andere gehen sehen ... Ein bekanntes Bild auf Straßen der vorreformatorischen Zeit.

Es währte einige Monate, ehe Johanna Pater Thomas wieder empfangen konnte, denn im November jenes Jahres 1498 genas sie einer Tochter, Leonore, die sich einmal, noch keine zwanzig Jahre alt, mit dem Witwer ihrer beiden Tanten, König Manuel von Portugal, und darauf mit Franz I. von Frankreich vermählen sollte.

Am 15. Januar 1499 schrieb Pater Thomas an die Katholischen Könige, daß ihn Johanna wieder einige Male empfangen habe. Der Pater hatte begriffen, daß er mit höflichen Freundlichkeiten bei Johanna nicht weiterkam, also hatte er sie kräftig, ja beinahe grob angepackt. »Ich habe ihr unter anderem gesagt, daß sie ein hartes, fühlloses Herz habe, ohne irgendwelche Liebe für ihre Eltern. Sie gab mir hierauf zur Antwort, sie sei früher so empfindsam und niedergeschlagen gewesen, daß sie jedesmal beim Gedanken daran, wie weit weg sie von Euren Hoheiten ist, derart weinen mußte, daß schier kein Ende abzusehen war.« Pater Thomas lobte jetzt auch die angestrengte Frömmigkeit Johannas. »Ihr Haus gleicht einem streng asketischen Kloster.« ... »Sie selbst ist eine gute Christin.«

Die leuchtende Ferne   23

Johanna begann nunmehr auch auf die anderen, diskret gestellten Fragen des weltklugen Mönches zu antworten. Sie erzählte, sie habe ernsthafte Geldsorgen, und man habe ihr die Verwaltung des Hauses aus den Händen genommen. Klagen bei Philipp würden nichts helfen, denn seine Berater handelten schließlich doch nach ihrem eigenen Willen. Weiter kam Thomas nicht, und er war genötigt, nach über einem halben Jahr wohldurchdachter Anstrengungen, Johannas Vertrauen zu erwerben, Ferdinand und Isabella zu schreiben, sie sei »so trotzig und mißtrauisch, daß er, wenn er nicht lange darauf bestehe, kein Wort aus ihr herausbekomme«. Pater Thomas drang in Johanna, sie solle ihren Eltern »sowohl das Gute als auch das weniger Gute« schreiben. Sie erwiderte, sie würde sich bessern und ausführlicher schreiben, aber »augenblicklich habe sie nichts zu schreiben, also schreibe sie auch nicht«. Der brave Prior war geneigt, all dies ihrer Laschheit anzulasten, denn er hatte bemerkt, daß Johanna allerlei notwendige Verrichtungen aufschob und andere vergaß. Auch als Entschuldigung für die recht belanglosen Briefe, die er schrieb – nach einem halben Jahr wußte er noch nichts Positives über Johannas unglückliches Eheleben zu sagen –, führt er an, daß er ganz offensichtlich zu freundlich auftrete. Der Kämmerer Moxica übte erkennbaren Terror auf Johanna aus und verstand auf diese Weise mehr aus ihr herauszupressen . . . Pater Thomas wurde jedenfalls nicht müde, sich über die Geldsorgen und die armseligen Lebensumstände Johannas zu äußern. Er selbst hatte die Niederlande längst satt. Er lebte sehr ärmlich und genoß nur geringes Ansehen. Nur ein flotter Zecher und ein fröhlicher, leichtfüßiger Spaßmacher zählte in den Niederlanden, eine Bemerkung, die wir öfters von Spaniern, die sich dort aufhielten, zu hören bekommen.

Das Leben Johannas ging mittlerweile unter denselben bedrückenden Umständen weiter. Sie machte an dem in Europa wegen seiner Feste und sein luxuriöses Schaugepränge berühmt gewordenen Hof von Burgund eine armselige Figur. Sie lebte zurückgezogen und ohne den Pomp, mit dem sich der elegante Philipp und seine Höflinge umgaben. Die spanische Prinzessin, die bescheiden und fast asketisch erzogen worden war, deren Eltern in ganz Spanien nicht ein einziges Schloß ihr eigen nannten und auf ihren vielfältigen Reisen an die Gastfreiheit der mächtigen Edlen des Landes appellieren oder mit einer kümmerlichen Herberge vorliebnehmen mußten, hat sich im reichen Flandern, wo man bequem und üppig lebte, fremd und nicht heimisch fühlen können. In Spanien kannte man entweder gar nicht oder kaum jenen reichen, auf Zurschaustellung versessenen Bürgerstand, jene mächtigen Kaufleute in ihren prächtigen Behausungen, wo es bei Festlichkeiten fröhlich und verschwenderisch zuging. Das Leben in Spanien war ganz verschieden von jener flämischen Ausgelassenheit der Sinne, von der selbst die geistlichen Künste Zeugnis ablegten. Die ohnehin beständig in sich gekehrte kastilische Prinzessin dürfte sich verlegen und stolz abgewandt haben von der lärmenden Fröhlichkeit und ungezügelten Lebenslust ihrer neuen Umgebung. Johanna hat, wie so viele Spanier vor ihr und nach ihr, mit Verwunderung und Verachtung auf die Äußerungen des südniederländischen, sinnlichen Lebenskultes herabgesehen. Bis weit in die Zeit des achtzigjährigen Freiheitskampfes der Niederländer gegen die Spanier wurden diese nicht müde, sich über die Schlemmerei und Prasserei der adligen Herren und reichen Kaufleute, über die schönen, blonden und leichtsinnigen Frauen, die dicken, trunksüchtigen Männer, den freien Umgang der Geschlechter untereinander auszulassen. Alles war in ihren Augen voller Luxus und Unbändigkeit, bis hin zum Leben der Klosterfrauen und Beginen. Auch die »Kwezelkes«, die jungen Betschwestern, scheuten ein Tänzchen in den Armen eines fröhlichen Gesellen nicht.[2]

Dieses frivole, maßlose Leben mußte Johanna besonders peinlich berührt haben, denn sie hatte bereits bemerkt, wie gern sich Philipp ihm überließ, und mit wieviel Freude die hübschen blonden Frauen ihn dort begrüßten und ihm entgegenkamen. Johanna war im hohen Maß beherrscht von der sprichwörtlichen spanischen Eifersucht, und ihre ganze, von ihrem Mann geweckte Fraulichkeit war auf ihn gerichtet. Sie wollte nicht einmal einen zärtlichen Blick oder einen freundlichen Händedruck mit einem anderen tauschen.

Am 24. Februar 1500 brachte Johanna in der alten, vornehmen Kaufmannsstadt Gent, wo bis heutzutage die Reihen prächtiger Wohn- und imposanter Lagerhäuser Zeugnis von einer großartigen Vergangenheit ablegen, einen Sohn zur Welt, den brennend erwarteten Erbprinzen. Während in den Niederlanden deswegen ausgelassene Feste gefeiert und Freudenfeuer angezündet wurden, saß die Mutter des Kindes, das nach seinem berühmten Urgroßvater Karl dem Kühnen benannt wurde, verdrießlich zurückgezogen in ihren trostlosen Gemächern. Dort erhielt sie den Besuch eines spanischen Bischofs, der ausharrte, bis er dessen sicher war, daß sein Brief in

Die leuchtende Ferne · 25

zuverlässige Hände gelegt werden konnte, ehe er den Katholischen Königen seine diesbezüglichen Eindrücke übermittelte. Er beklagt in seinem Brief die armseligen Verhältnisse, in denen Johanna lebte, und in dem ausführlichen Bericht, den er über die Feierlichkeiten und Feste im Zusammenhang mit der Geburt und der Taufe des kleinen Prinzen erstattet, sticht die in einem einzigen kleinen Satz enthaltene Beschreibung von Johannas trostlosem Privatleben scharf ab.

Ein alter Chronist behauptet, Königin Isabella habe, als sie von dem von Johanna zur Welt gebrachten Sohn Kenntnis erhalten hatte, die prophetischen Worte gesprochen: »Dieser wird unser Nachfolger werden.« Es ist sehr gut möglich, daß diese gescheite Frau, die über einen klaren und nüchternen Blick auf die Welt und die Menschen verfügte, bereits bemerkt hatte, daß das Söhnchen ihrer verstorbenen Tochter Isabella von schwacher Gesundheit war, so daß er die zahlreichen Kinderkrankheiten, die in jener Zeit mehr als die Hälfte der Kinder dahinrafften, nicht würde überstehen können. Dieser kleine Prinz, Miguel, starb dann auch einige Monate nach Karls Geburt, und die Thronfolgerechte in Kastilien und Aragonien gingen deshalb über auf Johanna und ihren Mann.

Bittere Tage müssen dies für die Katholischen Könige gewesen sein! Sie, die ihr Leben lang für ein vereinigtes Spanien mit einer nationalistischen Politik gekämpft hatten, mußten jetzt zusehen, wie die Regierung Spaniens und seiner Besitzungen in die Hände eines ausländischen Fürsten geriet, der weder Auge noch Herz für die spanischen Interessen zu haben schien und nur auf die Befriedigung seiner eigenen Lüste und Ambitionen bedacht war. Denn wäre er wenigstens ein begabter Staatsmann gewesen, so hätte man ihn in die weitgespannte Interessensphäre von Burgund und Spanien einbeziehen und zur Einsicht einer darauf begründeten Politik bringen können. Aber die Berichte, die aus den Niederlanden eintrafen, sowie die politischen Handlungen, die ruchbar wurden, bewiesen, daß Philipp nicht einmal imstande war, eine einfache, auf der Hand liegende niederländische Politik zu konzipieren und durchzuführen, ausgerichtet auf die wesentlichen Belange eines Volkes, das Frieden und Ruhe nötig hatte, um die Quellen seiner Wohlfahrt – Ackerbau, Handel und Gewerbe – am Fließen zu halten.

Noch waren Ferdinand und Isabella nicht am Verzweifeln. Philipp war noch jung, noch keine dreiundzwanzig Jahre alt, und vielleicht war es möglich, diesen unselbständigen, fügsamen jungen Mann zu

einem willensstarken Menschen zu bilden oder ihn, den leicht Beein-
flußbaren, unter den Einfluß der Mitsprache von Menschen zu bringen, die die Erfordernisse und Pflichten seiner neuen Stellung
erkannten. Sie bestanden deshalb auf einer raschen Übersiedlung
Johannas und Philipps nach Spanien, einer Übersiedlung, die auch
staatsrechtlich geboten war, denn die Cortes von Kastilien und Aragonien mußten den neuen Thronfolger als solchen auf feierlichen,
gesetzlich vorgeschriebenen Versammlungen anerkennen.

Es dauerte indessen bis Oktober 1501, bevor sich Johanna und
Philipp nach Spanien auf den Weg machen konnten. In Spanien
hatte man sich bereits gewundert und geärgert über den langfristi-
gen Aufschub, und es waren bereits böswillige Gerüchte in Umlauf
gebracht worden, die dem die Prinzenfamilie betreffenden Argwohn
neue Nahrung gaben. Johanna wurde von diesen Gerüchten in
Kenntnis gesetzt, was sie veranlaßte, einen sehr scharfen Brief nach
Spanien zu schreiben.»Sie brannte selbst so darauf, nach Spanien zu
gehen, daß sie alles, was dem im Wege stand, beseitigen würde.«...
»Sie würde nicht zögern, Lästerer streng zu bestrafen«.

Es gab einen zwingenden und natürlichen Grund für die Verschie-
bung der Reise. Johanna war abermals schwanger. Im Juni schenkte
sie einem Töchterchen das Leben, das nach Isabella genannt wurde.
Diese Isabella wurde im vierzehnten Lebensjahr Christian von
Schweden und Norwegen angetraut und starb frühzeitig.

Im Oktober reisten Johanna und Philipp ab. Die Reise konnte
unter glücklichen politischen Umständen stattfinden. Es herrschte
Friede zwischen Spanien und Frankreich, und das prinzliche Ehepaar
konnte den Weg nach Spanien durch Frankreich wählen. Viele hoff-
ten, daß dabei die Bedingungen erkundet werden konnten, um diesen Frieden dauerhaft zu machen.

Philipp und Johanna wurden in Frankreich sehr gefeiert. Ludwig
XII. war so voller Aufmerksamkeiten für seine fürstlichen Gäste,
daß er, um die Sprache jener Zeit zu gebrauchen, »sie durch die Erinnerung an den Adel und die Aufrichtigkeit seines Herzens fürs
ganze Leben an sich band«. Die spanischen Chronisten und Historiker vermeinen die geheimen Absichten von Ludwigs besonderen
Freundlichkeiten, Festen und Jagdpartien zu durchschauen und sprechen mit einiger Verärgerung darüber, weil sie dadurch Philipps pro-
französische Einstellung sich verstärken sahen. Besonders unange-
nehm berührte es sie, daß Philipp, der als »pair de France« Sitz im

Die leuchtende Ferne 27

französischen Parlament hatte, in seiner Eigenschaft als Graf von
Flandern dem König von Frankreich als seinem Lehensherrn huldigte. Zu ausschließlich erblicken sie in Philipp den Gemahl der spanischen Kronprinzessin, und es verletzte ihren Stolz als junge, impe-
riale Nation, ihren zukünftigen König das Knie vor dem Erbfeind
beugen zu sehen. Mit einem uns kindlich anmutenden Entzücken
berichten sie, daß Johanna sich davon fernhielt. Und während »le
beau prince« zu ihrem Ärger ganz und gar in das französische Spiel
der Eitelheiten einbezogen wurde, blieb Johanna voller Ironie und
Kühle abseits. Ja, sie wußte sich sogar durch ihre Nüchternheit und
Klugheit auf dem ersten Platz zu halten, als der französische Hof
oder die Königin selbst sie hinter dem französischen Königspaar ran-
gieren lassen wollten, so daß sie ihre fürstliche Würde unangetastet
wahren konnte.

Philipp und Ludwig knüpften ihre feierlich geschlungenen Freund-
schaftsbande noch enger durch ein Abkommen, ihre Kinder, Karl und
Claudia, miteinander zu vermählen, eine Übereinkunft, die aus politischen Gründen zustande kam und später aus ebensolchen wieder
aufgehoben wurde.

Ende Januar 1502 überschritt das prinzliche Ehepaar bei Fuenter-
rabia die spanische Grenze. Hier wurden sie durch einige spanische
Granden mit großem Gefolge willkommen geheißen. Um die Festesfreude zu erhöhen, war in Spanien durch königliche Order das sogenannte Luxusgesetz suspendiert worden, das das Tragen von seide-
ner und allzu farbiger Kleidung verbot. Es wurde für Johanna und
Philipp ein einziger Triumphzug, von der Grenze bis nach Toledo,
wo die Katholischen Könige auf sie warteten.

Die niederländischen Edelleute sahen sich voll Verwunderung um
in den alten kastilischen Städten mit ihren teilweise oder ganz erhalten gebliebenen römischen und maurischen Bauwerken sowie
Sehenswürdigkeiten aus jüngster Zeit. Anton von Lalaing, Herr auf
Montigny, der sich im Gefolge von Johanna und Philipp befand,
beschreibt die Baulichkeiten und Kunstwerke, vor denen die vornehme Gesellschaft voller Staunen stehenblieb, die Kirchen, Klöster,
Prachtgräber, römischen Wasserleitungen und Hospitäler am sogenannten »französischen Weg«, auf dem sich seit Jahrhunderten die
Pilger aus Europa nach Santiago de Compostela begaben, um am
Grab des Apostels Jakobus zu beten, dessen Leichnam einer from-
men Legende zufolge auf wunderbarliche Weise in Spanien angelan-

det war. Daß hier vielleicht in christlicher Form ein religiöser und wirtschaftlicher Verkehr aus grauer Vorzeit seine Fortsetzung fand, kam den drei niederländischen Edelleuten sicher nicht in den Sinn, die, mit der »curiosité d'esprit« moderner Touristen ausgestattet, den Aufenthalt in Burgos benutzten, um entlang der alten Pilgerstraße nach Santiago zu ziehen und diese Stadt, eine der malerischsten Europas, zu besuchen. In León besuchten sie die Kathedrale, eines der reinsten gotischen Bauwerke Spaniens, eine strahlend helle Kirche voller Fenster mit prächtigen niederländischen Brandmalereien, eine Kirche, die sich als ein lyrischer Lobgesang erhebt aus der grauen Festung, die damals noch zum großen Teil in ihre römischen Mauern eingeschlossen war. Endlich in Santiago angekommen, nach Durchquerung einer Landschaft, die sie in nichts mehr an ihr Geburtsland denken ließ, und zuweilen mit einer Bevölkerung, die ihnen wegen ihres fremdartigen Aussehens und wunderlichen Schmucks – »les femmes portent petites anses de potz et petites verges persées pendantes á leurs oreilles, et grands aneaus en fachon d' estriers« – wie »Ägypter« erscheinen mußten, fielen sie von einem Staunen ins andere. Der auf alle Besonderheiten achtende Anton de Lalaing – er nennt sich selbst einen »recoeilleur de ces choses« – findet kaum passende Worte, um seiner Bewunderung und Verwunderung Ausdruck zu verleihen. Eine Kirche, in der nur Kardinäle, Erzbischöfe und Bischöfe »ministrieren« dürfen, Schatzkammern mit kostbaren Reliquien und Kleinodien, eindrucksvolle Altäre mit silbernen Statuetten, große edelsteinbesetzte Kreuze, silberne Lampen sowie eine bogenförmige Öffnung, durch die mancher Pilger hindurchgegangen war, die allerdings, wie es hieß, kein Mensch mit einer Todsünde auf dem Gewissen in aufrechter Haltung durchschreiten konnte, »disent que ung home en peccié mortel n'y puet passer ...« Der vom Geist der Renaissance bereits kräftig durchdrungene skeptische niederländische Edelmann bemerkte jedoch ironisch, daß er für die Wahrheit dieser Behauptung nicht einstehen könne, »ne sçay qu'il en est«. Seine skeptische Einstellung hat ihn jedoch nicht vor dem Irrtum bewahrt, viel Flittergold und farbige Steine für Gold und Diamanten zu halten ...

Auf ihrem Weg zurück zum Zug von Johann und Philipp kamen die drei Edelleute, die auf ihrer Reise auf so viele Hinweise der noch wenig vertieften Christianisierung Spaniens stießen, in unmittelbare Berührung mit dem bis in unsere Zeit hinein lebendigen großen spa-

Die leuchtende Ferne 29

nischen Drama, mit dessen primitivem heidnischen Geist und Gebräuchen, die formell in ein christliches Gewand gehüllt sind. So wurden sie zum Grab eines Knaben geführt, der einige Jahre zuvor von einer Anzahl von Leuten gekreuzigt worden war, um sich seines gemarterten Körpers als wirkungsvolles Zaubermittel zur Vernichtung namhafter Feinde zu bedienen . . .

Johanna und Philipp zogen von Burgos über Valladolid nach Segovia, wo ihnen die »Teufelsbrücke« gezeigt wurde, ein imposanter römischer Aquädukt, in dem die Volksphantasie eine Schöpfung des Teufels sieht, der für einen übereilten Abzug seiner Freunde hatte sorgen wollen und zu diesem Behufe in einer hügelartigen Landschaft eine Brücke gebaut hatte, »en ung jour, sans cauche [Kalk] et sans sablons«, wie es bei Anton von Lalaing heißt[3]. Über Madrid, damals noch ein unbedeutender kleiner Ort, wo nach dem prächtigen, auf einer Anhöhe gebauten Segovia mit seinen Plätzen, Galerien, Burg, befestigten Schluchten und bizarr sich windenden Straßen mit ihren hübschen Bauwerken nur wenig das Auge der illustren Gesellschaft auf sich lenkte, erreichten Johanna und Philipp am 7. Mai Toledo. Diese alte Hauptstadt Spaniens aus der Zeit der Westgoten war Sitz des spanischen Primas sowie ein religiös-kulturelles Zentrum, eine Stadt, die ihren Ursprung in ferner prähistorischer Zeit suchte, ein Anspruch, in Legenden festgelegt und durch moderne archäologische Forschungen bestätigt. Toledo, von Greco auf seinem berühmten Gemälde dargestellt, wie es mancher Besucher gesehen haben wird, eine eigenwillig gegen eine Anhöhe gebaute Stadt unter einem von schweren Wolken verhangenen, unwetterschwangeren Himmel, eine Stadt, in der jeder Stein ein Stück Geschichte ist, hatte sich gerüstet, um die Ankunft des spanischen Thronfolgerpaares mit jenem festlichen Gepränge zu feiern, das innerhalb seiner Mauern zur Tradition und zur natürlichen Gebärde geworden war. Doch kaum hatten die ritterlichen Spiele und die glänzenden Umzüge durch die mit farbigen Teppichen und Ehrenpforten verzierten Straßen begonnen, als sich die Stadt in Trauer hüllen mußte auf den Bericht hin vom Tod des Prinzen von Wales, dem Gemahl Katharinas, der Tochter von Ferndinand und Isabella.

In bedrückter Stimmung wurden Johanna und Philipp durch die *Cortes* von Kastilien als Thronfolger anerkannt, und König Ferdinand begab sich hierauf nach Saragossa, um auf die *Cortes* von Aragonien, die dort tagen sollten, einzuwirken, damit sie Johanna ebenfalls als Thronfolgerin anerkennen würden. Dies erforderte großes staatsmännisches Können, denn die Aragonesen waren aufs eigenwilligste ihren Traditionen, Gesetzen und Vorrechten verhaftet, und zuvor war niemals eine Frau als Kronprinzessin akzeptiert worden. Im Oktober erklärten sich die Cortes von Aragonien bereit, Johanna und Philipp als künftige Regenten anzuerkennen, jedoch mit dem Vorbehalt, daß, falls Ferdinand noch einen legitimen Sohn zeugen würde, dieser dann an die Stelle Johannas und Philipps treten solle.

Johanna war damals dreiundzwanzig Jahre alt. Vor ihr lag eine strahlende Zukunft. Als Thronfolgerin der vereinigten spanischen Königreiche anerkannt, mit Besitzungen in Italien sowie in der Neuen Welt, würde sie mit ihrem Gemahl, dem Erzherzog von Österreich, Herzog von Burgund, Graf von Flandern, Holland und Seeland sowie Herr von Utrecht, einmal über ein schier unermeßliches Gebiet herrschen und zur bedeutendsten Fürstin Europas werden.

Doch kaum einige Jahre später saß sie stieren Blicks über den Leichnam ihres Mannes gebeugt, und dieser entseelte Körper schien für sie so sehr zur einzigen Wirklichkeit geworden zu sein, daß sich andere ihrer Rechte, Befugnisse und ihres Glanzes bemächtigen konnten, ohne daß von ihr auch nur der geringste ernsthafte Widerstand erfolgte.

Die Tragödie der Eifersucht

Die *Cortes* von Aragonien traten zur Entscheidung über die heikle Frage der Anerkennung Johannas und Philipps als Thronfolger von Aragonien zusammen, als der Krieg zwischen Spanien und Frankreich wieder in vollem Gang war. Ferdinand hatte diesen Krieg unter für ihn günstigen Umständen begonnen, denn es war ihm geglückt, durch eine schreckenerregende Darstellung der Folgen der zunehmenden Macht Frankreichs in Italien Kaiser Maximilian, Papst Alexander VI., dessen Sohn Cesare Borgia sowie Venedig zu einer ihm wohlwollenden Neutralität zu bewegen.

Der Beginn der Feindseligkeiten zwischen Frankreich und Spanien verlief indessen glücklos für Ferdinand. Die spanischen Truppen wurden zu einer defensiven Haltung nach einer Niederlage im Dezember in Kantabrien gezwungen. Eben in diesen Tagen teilte Philipp seinen Schwiegereltern mit, daß er beabsichtige, über Frankreich nach Brüssel zurückzukehren. Allein Johanna solle in Spanien zurückbleiben, um die Geburt ihres vierten Kindes abzuwarten.

Königin Isabella verweigerte ihre Zustimmung zur Abreise Philipps. Als Grund führte sie an, es sei abgemacht und notwendig, daß Philipp eine Zeitlang in Spanien bleibe, um Sprache, Land und Volk kennenzulernen, sich mit den Gesetzen und Regierungsformen Spaniens vertraut zu machen sowie sich im Umgang mit den geistlichen und weltlichen Granden zu üben. Außerdem hielt es die besorgte Isabella nicht für ratsam, daß Philipp seine Frau, deren angeborene Neigung, Eindrücken zu unterliegen, durch die besonderen Umstände noch verstärkt war, allein ließ.

Philipp war jedoch nicht umzustimmen. Er sagte, daß er durch die große Anzahl seines Personals, das in Spanien infolge des Klimas und aus Gründen der Ernährung gestorben war, ernsthaft beunruhigt sei, und daß ihn vor allem der Tod seines ihm teuren Lehrmeisters Frans van Busleyden, des Erzbischofs von Besançon, schmerzlich getroffen habe. Der Erzbischof war nach einer Unpäßlichkeit von

Johanna die Wahnsinnige

einigen Tagen verschieden, sicherlich nicht allzu sehr betrauert von
König Ferdinand, der sein grimmiger Gegner war und vergeblich
versucht hatte, ihn wegen seiner frankophilen Gesinnung aus Philipps Umgebung zu entfernen. Es ist nicht bekannt, ob Philipp wegen
des plötzlichen Todes seines Lehrmeisters und Ratgebers in einem
Augenblick, in dem seine Entfernung so lebhaft gewünscht wurde,
Verdacht geschöpft hat. Dieser delikate Punkt ist ungenügend aufge-
klärt, und es ist auch dem Verfasser nicht geglückt, hinsichtlich des
Todes des Erzbischofs von Besançon ausreichende Anhaltspunkte
herauszufinden, die zu der Annahme berechtigen, Philipp habe an
eine böse Absicht geglaubt. Autoren jener Zeit gebrauchen besonders
heftige Ausdrücke, um Philipps Gemütsverfassung zu schildern.
Petrus Martyr sagt, daß das Hinscheiden seines väterlichen Lehrmeisters Philipp »acerrime perterruit«, aufs heftigste erschreckt habe,
und daß er »attonitus«, entsetzt, gewesen sei bei dem Gedanken, daß
ihm selbst auch derartiges widerfahren könne, »idem ne sibi accidat
horrescit«. Wie dem auch sei, ob Philipp nun allein nur schmerzlich
getroffen war durch den Tod einer großen Anzahl von Mitgliedern
seines Gefolges und Personals sowie besorgt über seine eigene
bedrohte Gesundheit, ober ob er etwa vermutete, daß hier böse
Absicht im Spiel war, und sich erinnerte an die im Umlauf befindlichen Gerüchte über Ferdinands »energische Mittel«, um seine Gegner
unschädlich zu machen, fest steht, daß er sein Vorhaben, Spanien zu
verlassen, hartnäckig verwirklichte. Als weiteren zwingenden Grund
seiner übereilten Abreise führte er sein feierliches Gelöbnis an, so
schnell wie möglich wieder in Brüssel zurück zu sein, ferner seine
begründete Hoffnung, auf seiner Durchreise durch Frankreich als
Friedensvermittler bei Ludwig XII. auftreten zu können. Nichts
konnte ihn mehr in Spanien zurückhalten, das dringende Ersuchen
der *Cortes* von Kastilien ebensowenig wie das der *Cortes* von Aragonien und ebenfalls nicht der besorgniserregende Zustand, in dem
er Johanna zurückließ.

Die Beschreibung, die Petrus Martyr von Johanna gibt, ist eindrucksvoll genug, und wir tun gut, sie sorgfältig im Gedächtnis zu
behalten und sie bei der Beurteilung ihres psychischen Zustandes
nach dem Tode von Philipp zu berücksichtigen. Petrus Martyr
schreibt, daß Johanna nach der Abreise ihres Gemahls derartig verzweifelt war in Sorge über sein Schicksal auf der mühseligen, wenn
nicht gar gefahrvollen Reise, daß sie, niedergeschlagen und untröst-

lich, »desesperato vivit animo, vivit obducta fronte«, Tag und Nacht ihren trübsinnigen Grübeleien hingegeben kein Wort von sich hören ließ. »die noctuque cogitabunda nec verbum emittit unquam«, soviel Mühe man sich auch gab, eine Regung in ihr auszulösen.

In Saragossa hatten Regierung und Bürgerschaft Anstalten getroffen, um Philipp festlich einzuholen und seinen Aufenthalt in der Stadt zu feiern. Philipp verweilte indessen nur kurze Zeit. Während der wenigen Tage, die er sich in Saragossa aufhielt, fand Anton von Lalaing Gelegenheit, die Sehenswürdigkeiten dieser Stadt zu besichtigen, die bis zum heutigen Tag durch schöne Bauwerke im maurischen Stil die Erinnerung an jene Zeit lebendig hält, da sie Residenz maurischer Könige und ein Zentrum islamischer Kultur war. Anton von Lalaing besuchte das Maurenviertel der Stadt sowie eine Moschee, die er als einen Ort zur Ausübung ihres abscheulichen Mohammedkultes beschreibt, »ung lieu pour faire leur abhominable sacrifice à leur Machommet«. Mit einem Ärger, der uns bei einem sonst mild denkenden Edelmann der Renaissancezeit erstaunt, sieht er zu, wie sich die Mauren an einem Brunnen für den Besuch der Moschee waschen – eine sinnbildliche Reinigung, wie er selbst sagt, und darauf ihr Bethaus betreten, wobei sie sich ihres Schuhwerks entledigen. Er verstand seinen Abscheu offensichtlich insoweit zu überwinden, als er weit genug ins Innere vorgedrungen ist, um die Schar der Gläubigen zu überblicken – sorgfältig getrennt die Männer auf der einen, die Frauen auf der anderen Seite. Die gottesdienstlichen Verrichtungen beschreibt er, wie es eben ein jeden Sachverstandes barer, unfreundlich gestimmter Zuschauer vermag. Die Mauren haben in Aragonien länger eine günstigere und bessergesicherte Rechtsstellung bewahrt als in Kastilien, und das hatte seine Ursachen in den besseren wirtschaftlichen Erkenntnissen der Aragonesen. Die Aragonesen und Katalanen besaßen eine höher entwickelte Industrie als die Kastilier und außerdem waren sie als ein Volk, das dem Handel und Gewerbe ergeben war, umgänglicher als die Kastilier, die sich beinahe ausschließlich dem Ackerbau widmeten. Jahrhunderte alte Handelsbeziehungen mit dem Osten hatten sie auch gegenüber Andersdenkenden milder gestimmt. Sogar nach dem Erlaß von Regierungsdekreten, die den islamischen Mauren einen weiteren Aufenthalt im Lande untersagten, haben viele aragonesische Granden diese unglücklichen Menschen unter ihren Schutz genommen und ihnen eine Existenz auf ihren Ländereien möglich gemacht.

Anfang 1503 verließ Philipp Spanien. Ferdinand, der sich über die politische Haltung seines Schwiegersohnes keinerlei Illusionen machte und vermutete, daß dieser die guten Dienste, die er angeboten hatte, eher Frankreich als Spanien erweisen würde, scheint als Realist und Taktiker ohnegleichen Philipp in sein eigenes politisches Spiel einbezogen zu haben. Er konnte erwarten, daß Philipp zu diesem für Frankreich augenscheinlich günstigen Zeitpunkt – nach dem Sieg d'Aubignys im Dezember bei Terranova – darauf aus sein würde, Frieden zu schließen, weshalb er, unmittelbar nachdem Philipp sich jenseits der Grenze befand, einen Abgesandten auf den Weg brachte, um seinen Schwiegersohn mit Vollmachten auszustatten. Diese Vollmachten wurden allerdings durch eine Klausel – die Notwendigkeit, in völliger Übereinstimmung mit dem Sondergesandten zu verhandeln – beträchtlich eingeschränkt. In dem Augenblick, in dem die Einstellung der Feindseligkeiten für Spanien wünschenswert, die Bitte um einen Waffenstillstand politisch jedoch im hohen Maße unzweckmäßig und unvorteilhaft war, brachte Ferdinand durch Philipps Vermittlung eine zeitweilige Übereinkunft zustande. Diese Übereinkunft ließ er bestehen, solange sie ihm dienlich war, und er handelte hierauf unerwarteterweise völlig im Widerspruch zu ihr, wodurch er die Franzosen in Italien überrumpeln und die Lage zu seinem Vorteil umschlagen lassen konnte. Er schien dabei im Recht zu sein, denn dem Buchstaben nach hatte Philipp seine Befugnisse übertreten. Philipp geriet dadurch in ein schiefes Licht und hat zu spät die schlaue Absicht seines Schwiegervaters durchschaut. Von diesem Augenblick an sind Ferdinand und Philipp im Streit miteinander geblieben, einem Streit, aus dem der von Macchiavelli so warm gepriesene Staatsmann mühelos gegenüber dem wenig erfahrenen und augenscheinlich wenig intelligenten Philipp als Sieger hervorging.

Johanna fand sich in den ersten Monaten notgedrungenermaßen mit der Trennung von ihrem Mann ab. Wie tief betrübt und innerlich niedergeschlagen sie auch war, sie begriff dennoch wohl, daß es in ihrer Lage nicht möglich war, Philipp auf seiner Rückreise zu begleiten. Am 10. März brachte sie ihr viertes Kind zur Welt, einen Sohn, der nach dem König benannt wurde und zum Liebling seines Großvaters geworden ist. Dieser Ferdinand, der später beinahe als ernsthafter Konkurrent seines älteren Bruders beim Wettlauf um den spanischen Thron auftrat, kam in der neuen Universitätsstadt Alcalá

Die Tragödie der Eifersucht   35

de Henares zur Welt. Diese Universität war eine Stiftung des Erzbischofs von Toledo, Francisco Ximenes (neuere Schreibweise Jiménez) de Cisneros, der hier für die größte Schöpfung des spanischen Humanismus, die polyglotte Bibelübersetzung[1], die bedeutendsten Männer der jungen philologischen Wissenschaft zusammengebracht hatte.

Ferdinand, hineingeboren in die Atmosphäre einer jungen, vorwärtsstrebenden Universitätsstadt, ist von frühester Jugend an sorgfältig erzogen und ganz und gar im Geist und der Art des spanischen Volkes geformt worden. Er war auch deshalb später diesem spanischen Volk teurer als sein Bruder Karl, der weder die spanische Sprache noch die Art und Sitten Spaniens kannte und von Anfang an die Gefühle vieler verletzte.

Für Johanna war die Geburt dieses Kindes eine Erlösung im wahrsten Sinne des Wortes. Sie begann unverzüglich mit den Vorbereitungen für ihre Reise nach Brüssel. Der Krieg zwischen Spanien und Frankreich war nach der kurzfristigen Einstellung der Feindseligkeiten, die Ferdinand so geschickt erwirkt hatte, wütend fortgesetzt worden, und einige blitzschnell erzielte Siege der Spanier ließen Racheversuche der Franzosen erwarten. Eine Reise durch Frankreich war jetzt ausgeschlossen und eine Seereise im zeitigen Frühjahr nicht ratsam. Johanna wollte sich indessen durch keinerlei vernünftige Argumente von ihrem Entschluß abbringen lassen. Sie reiste über Segovia nach Medina del Campo. Von ihrer Mutter, der Königin Isabella, die gegen eine Seereise im Winter ernsthafte Einwendungen erhoben hatte, war, als sie sah, daß Johanna halsstarrig ihren Willen durchsetzen wollte, insgeheim der Befehl ergangen, die Weiterreise an die Küste zu verhindern. Isabella selbst mußte einer Unpäßlichkeit wegen, die als ernsthaft anzusehen war, in Segovia in ihrem Zimmer bleiben.

Medina del Campo, jetzt eine kleine, stille Ortschaft, die nur als Eisenbahnknotenpunkt Bedeutung hat, war um 1500 ein hervorragender Handelsplatz mit einem in ganz Westeuropa bekannten Wollmarkt sowie einem Zentrum für das aufkommende Kreditwesen.

Johanna hielt ihren Einzug in La Mota, einer eindrucksvollen Festungsanlage aus dem 13. Jahrhundert, die durch Isabella vergrößert und verstärkt worden war, und wo sie gern verweilte. Die königliche Unterkunft war für die damals herrschenden spanischen Bräuche geradezu luxuriös eingerichtet. La Mota erhebt sich auf

36 Johanna die Wahnsinnige

einem kleinen Hügel, etwas außerhalb der Wohnstadt, dicht bei einem Flüßchen, und stellt heute noch ein eindrucksvolles Zeugnis mittelalterlicher Festungsbaukunst dar.

Königin Isabella hatte guten Grund, notfalls unter Anwendung von Zwang, Johanna von der Durchführung ihres Planes abzuhalten, zur See nach den Niederlanden zu reisen. Die Hofärzte Soto und Julián, die den König regelmäßig über den Gesundheitszustand der Königin in Kenntnis hielten, übermittelten ihm in einem Brief vom 6. Juni folgende Beschreibung des Zustandes, in dem Prinzessin Johanna verharrte:

»Das Leben, das die Königin zusammen mit der Prinzessin führt, ist von großer Gefahr für ihre eigene Gesundheit, denn jeden Tag fürchten wir solche Vorfälle [Fieber und andere Verdrießlichkeiten, nach einer Unterhaltung mit Johanna und zuvor geschildert], und es möge Gott gefallen, die Dinge einen besseren Verlauf nehmen zu lassen als wir fürchten, daß sie ihn nehmen werden. Sie dürfen darüber nicht allzu erstaunt sein, denn es steht um die Prinzessin so, daß ihr Zustand nicht nur denjenigen, welcher so eng mit ihr verbunden ist und sie so sehr lieb hat, sondern jedermann, sogar Fremde, schmerzlich berühren muß. Sie schläft schlecht, sie ißt wenig und zuweilen überhaupt nichts. Sie ist sehr betrübt und sehr mager. Manchmal will sie nicht sprechen, so daß in dieser Hinsicht sowie bei anderen Verrichtungen, aus denen hervorgeht, daß sie von Sinnen (trasportada) ist, ihre Krankheit sich ernsthaft verschlimmert. Solch einen Fall heilt man gewöhnlich mit Liebe und freundlichem Bitten (ruego), manchmal durch Einjagen eines Schreckens (temor). Freundlichem Bitten und Überreden ist sie nicht zugänglich, sie will gar nicht erst hinhören, und wenn man es mit Gewalt probiert, dann ist sie derart verstimmt oder nimmt sich jeden sanften Zwang, den man anwendet, so zu Herzen, daß es peinlich ist, es überhaupt zu probieren. Ich glaube daher auch nicht, daß jemand dies überhaupt wollen oder gar wagen würde, zu tun . . .«

Dieser Brief, der in der Bibliothek der Spanischen Historischen Akademie aufbewahrt und in der Dokumentensammlung von Rodríguez Villa veröffentlicht ist, ist zweifellos authentisch. Nur wenn

Die Tragödie der Eifersucht

man annehmen will – und dafür müßte man schlagende Argumente zusammentragen – daß Ferdinand jetzt schon Material über Johannas Geistesverwirrung »konstruiert« habe, um auf diese Weise eine Regierung Johannas und Philipps zu verhindern, und daß in diesen Plan auch seine Hofärzte eingeweiht worden seien, kann man den Wert dieser Aufzählung von Erscheinungen, die in ein psychisches Krankheitsbild passen, in Zweifel ziehen.

Doch muß zwischen König Ferdinand und Johanna damals schon etwas Ernsthaftes vorgefallen sein, höchstwahrscheinlich wegen Philipp. Merriman geht in seinem Standardwerk über den Aufstieg des spanischen Weltreichs so weit, anzunehmen, daß Johanna ihre Abreise infolge unfreundlicher Behandlung durch Ferdinand[2] beschleunigte, und er beruft sich dabei auf den Ausspruch eines alten spanischen Historikers. Dieser, Francisco López de Gómara, der in der ersten Hälfte des 16. Jahrhunderts schrieb, sagt, der König habe Johanna nicht zurückhalten können »infolge dessen, was er ihr gesagt und angetan hatte«.

Johanna weigerte sich, dem Ratschlag Isabellas Gehör zu schenken, bis zur Ankunft ihres Vaters zu warten; deshalb schrieb die Königin an den Bischof von Córdoba, der Johanna begleitete, er möge sie unter keiner Bedingung abreisen lassen. Als Johanna die Burg dennoch verlassen wollte, um ihre Reise an die Küste fortzusetzen, ließ der Bischof das Außentor schließen und die Brücke hochziehen. Wenn die Beschreibungen der Zeitgenossen im wesentlichen richtig sind, dann hat Johanna damals wohl gehandelt wie jemand, der, wenn auch nicht ganz und gar von Sinnen, doch ernsthaft überspannt ist.

Der Chronist Padilla erzählt, daß Don Juan von Fonseca, der Bischof, auf Johanna, die im Begriffe war, abzureisen, zuging, um sie zu veranlassen, in ihre Gemächer zurückzukehren. Es sollte ihm jedoch nicht gelingen. Darauf befahl der Bischof das Tor zu schließen, worauf die Prinzessin »ihm sehr häßliche Worte zurief«. Johanna blieb zwischen dem äußeren und inneren Tor. Der Bischof weigerte sich, zurückzukommen, als Johanna ihn darum bitten ließ, weil er sich über ihr Verhalten ihm gegenüber gekränkt fühlte. Johanna hielt sich die ganze Nacht über in einem Wachthäuschen vor dem verschlossenen Tor auf.

Petrus Martyr zufolge soll Johanna in Medina del Campo einen Brief von Philipp empfangen haben, in dem er sie drängte, zu ihm zu kommen, und dementsprechend wollte sie auf niemand, der sie zurückzuhalten trachtete, hören. Als der Bischof das Außentor schloß, geriet Johanna dermaßen in Wut, daß Petrus Martyr, dies im Bemühen, eine möglichst schöne Umschreibung zu finden, vielleicht allzu politisch als die Wut einer punischen Löwin, »tanquam punica leaena in rabiem accensa«, schilderte.

Johanna verharrte zwischen den beiden Toren, bis ihre kranke Mutter von Segovia nach Medina del Campo, das etwas mehr als fünfzig Kilometer entfernt lag, seinerzeit eine Reise von zwei Tagen, gekommen war. Die Gerüchte über »den Skandal von Medina del Campo« verbreiteten sich schnell über Spanien, und offenbar waren die Gemüter durch andere Gerüchte über die launenhaften Stimmungen Johannas bereits in einer Verfassung, daß viele die unglückselige Prinzessin für wahnsinnig zu halten begannen. Wahnsinnig aus Eifersucht. Dieser Gedanke hatte sich bereits so fest eingenistet, daß im Sommer 1503 die *Cortes* von Kastilien eine besondere Verfügung betreffend die Nachfolge von Isabella für wünschenswert erachteten. Die Gefahr war groß, daß die Krankheit Isabellas plötzlich eine ernsthafte Wendung nehmen könnte, also wurde es angesichts des Gemütszustandes von Johanna für notwendig angesehen, im Falle ihrer Regierungsunfähigkeit jemand anders an ihrer Stelle zu bestimmen. Die entsprechende Klausel sollte lauten »im Falle von Geistesabwesenheit oder Unfähigkeit«.

Erst Ende Mai 1504, also über ein Jahr nach der Abreise Philipps, erhielt Johanna Gelegenheit zur Rückkehr in die Niederlande. Die Reise erfolgte wiederum auf dem Seeweg, und zwar von Laredo aus. Es war zu einem kurzfristigen Frieden mit Frankreich gekommen und ein Anfang gemacht, Spanien mit Hilfe einer intensiven diplomatischen Aktion Frankreichs zu isolieren. Der französische König schloß einen Vertrag sowohl mit Philipp dem Schönen als auch mit dem deutschen Kaiser Maximilian von Österreich und mit dem Papst über wechselseitigen Beistand oder gemeinsames Vorgehen. Ferdinand, der über die einleitenden Besprechungen und das Zustandekommen dieser Verträge genau unterrichtet wurde, sah also, wie sein Schwiegersohn und anerkannter Nachfolger eine für Spanien schädliche Politik unterstützte. Von diesem Tatbestand aus betrachtet ist anzunehmen, wenn es nicht gar wahrscheinlich ist, daß Ferdinand auf Mittel sann, um seinen Schwiegersohn und seine Tochter von der Regierung auszuschließen, und daß er ein zweckmäßiges Mittel im

Die Tragödie der Eifersucht

Zustand eines gestörten geistigen Gleichgewichtes seiner Tochter erblickte, eines Zustandes, der notfalls als Wahnsinn ausgegeben werden konnte. Die Katholischen Könige dürften durchaus in der Beherrschung Spaniens durch eine fremde Dynastie, die nicht den Interessen des Landes diente, eine so große Gefahr für die Existenz der nationalen Selbständigkeit erblickt haben, daß sie sich nicht scheuten, ihre Tochter dem Vaterland zuliebe zu opfern. Mit diesem Gesichtspunkt haben wir bei der Beurteilung der Mitteilungen über Johannas Gemütsverfassung dauernd zu rechnen.

Nach einer glücklich verlaufenen Reise kam Johanna Anfang Juni in Brüssel an. Sie hatte sich so leidenschaftlich nach der Wiedervereinigung mit ihrem geliebten Philipp gesehnt und sich selbst so gemartert mit ihren bösen Vermutungen hinsichtlich der Verführungen, denen »le beau prince« ausgesetzt war und denen er nur allzu leicht nachgab, daß sie jetzt alle seine Äußerungen und sein gesamtes Verhalten argwöhnisch belauerte.

Die beinahe anderthalbjährige Trennung hatte Philipps Zuneigung zu Johanna abgekühlt und auch seine Geduld mit ihren Grillen und Klagen beträchtlich vermindert. Allenthalben bekannt ist jene schreckliche Szene geblieben, die Johanna machte, als sie entdeckte, daß Philipp eine Freundin hatte, eine schöne Niederländerin mit üppigem blondem Haar. Einem zeitgenössischen spanischen Historiker zufolge hat Johanna diese Frau in ihrer Wohnung aufgesucht, sie mißhandelt und ihr die Haare kurz schneiden lassen. Darauf soll es zu heftigen Auseinandersetzungen zwischen den fürstlichen Eheleuten gekommen sein, wobei Philipp zu Handgreiflichkeiten übergegangen sei. Der Chronist Padilla sagt wörtlich, Johanna habe hierauf, beinahe von Sinnen, das Bett hüten müssen.

Kurz vor ihrem Tod erfuhr Königin Isabella Einzelheiten dieser Ereignisse, die sie formuliert und gefärbt erreichten, so daß sie das Urteil des Humanisten Petrus Martyr geteilt und ihre Tochter für nicht mehr ganz klar im Geist gehalten haben muß, »sui non bene compos«.

Königin Isabella starb am 26. November 1504 in Medina del Campo, einige Monate nach der Abreise ihrer Tochter. Kraft Erbfolgerechts wurden Johanna und Philipp nunmehr Königin und König von Kastilien, und am gleichen Tag, an dem Isabella verschied, ließ Ferdinand seine Tochter zur Königin von Kastilien ausrufen. Bei der Eröffnung von Isabellas Testament stellte sich heraus, daß diese ihren Gemahl Ferdinand, den König von Aragonien, zum stellvertretenden Herrscher über Kastilien ernannt hatte. Die entsprechende Bestimmung der letztwilligen Verfügung Isabellas vom 12. Oktober 1504, also anderthalb Monate vor ihrem Tod, spricht von der Möglichkeit einer geistigen Umnachtung ihrer Tochter oder davon, daß diese sich nicht mit den Regierungsangelegenheiten befassen *könne* oder *wolle*, »no quiera o no pueda entender en la gobernación«. Um etwaige Wirren oder Unsicherheit, die daraus entstehen könnten, zu vermeiden, wurde Ferdinand zum bevollmächtigten Stellvertreter bestimmt. Philipps wurde in dem sehr weitschweifig abgefaßten Testament nicht mit einem Wort Erwähnung getan, wohl aber Karls, Johannas Sohn, dessen Volljährigkeit der Regierungsgewalt des Regenten Ferdinand ein Ende machen sollte.

Das Hinscheiden von Königin Isabella wurde allgemein als ein politisches Ereignis mit weitreichenden Folgen erachtet. Das gespannte Verhältnis zwischen Ferdinand und Philipp war schon seit einigen Jahren des Gespräch an allen Höfen Europas, und man erwartete nunmehr einen Kampf um die Macht über den Kopf Johannas hinweg. Ferdinand selbst ließ die Grenzen stärker bewachen, der König von Portugal zog Truppen zur Verteidigung seiner Landesgrenzen zusammen und der König von Frankreich sah eine Möglichkeit, die Vereinigung der spanischen Königreiche ungeschehen zu machen sowie den Feind, der ihm den Weg zum Mittelmeer streitig machte, zu schwächen, indem er innere Uneinigkeit hervorrief oder schürte.

Während hier also Umstände obwalteten, durch die die politische Lage Westeuropas beträchtlich verändert zu werden schien, war die unmittelbar an jenem im Gange befindlichen Streit Beteiligte, Johanna, voll und ganz durch ihr häusliches Leid in Anspruch genommen. Wenn wir den Berichten aus jener Zeit glauben dürfen, Berichten von allerlei Augenzeugen, Spaniern, Niederländern, Franzosen und Deutschen, dann war es zwischen Johanna und Philipp zu ärgerlichen Auseinandersetzungen gekommen, deren Ursache in Johannas leidenschaftlicher Eifersucht und ihrer Neigung lag, ihren Mann mit Leib und Seele, vor allem mit Leib, ganz und gar für sich mit Beschlag zu belegen. Johanna betrug sich zuweilen wie eine Besessene, sie schrie, tobte, wurde handgreiflich, oder wenn ihr Gemahl, dieser Szenen müde, sie einsperren ließ, verweigerte sie jegliche Nahrung. Sie nahm sogar Zuflucht zu magischen Praktiken, die sie von

Die Tragödie der Eifersucht

ihren zum Ärger Philipps gehaltenen maurischen Sklavinnen gelernt hatte, und mit Hilfe von Zaubertränklein versuchte sie, die abgekühlte Liebe ihres Gatten wieder anzufachen. Nur die Erfüllung der ehelichen Pflicht gewährte ihr zeitweilig Ruhe . . .

Philipp soll durch diese stürmischen Eheszenen manchmal so niedergeschlagen und verzweifelt gewesen sein, daß der Gedanke in ihm aufkam, Hand an sich selbst zu legen, um aus dieser Hölle erlöst zu werden. Johannas Eifersucht war eine »très malvaise coustume« geworden, sagt ein Autor jener Zeit, eine sehr schlechte Angewohnheit, die sich zu einer »rage d'amours« verschlimmerte, und die er eine außergewöhnlich heftige und unbezwingbare Aufwallung von Wut nannte. Demselben Autor zufolge, der Johanna und Philipp näher kannte und sie auf ihrer zweiten Reise nach Spanien begleitete, der sich aber in Anonymität hüllt, soll Johanna nach 1502 oder 1503 nicht mehr Ruhe als eine Verdammte oder eine Wahnsinnige gehabt haben. Er gibt zu, daß sie Gründe für ihre Eifersucht hatte. Philipp war jung, hübsch und . . . wohlgenährt, »fort bien nourry«, eine Bemerkung, die uns aus jener Zeit, da man die Dinge beim Namen zu nennen wagte und an sinnliche Exzesse gewohnt war, nicht verwundert. Philipp konnte also »beaucoup plus acomplir des oeuvres qu'il n'en faisoit«, eine Mitteilung, die wir lieber unübersetzt lassen . . . Philipp hatte Umgang mit vielen jungen Leichtfüßen, die ihn mit schönen Mädchen bekannt machten und ihn nach Orten, wo er sich Ausschweifungen hingeben konnte, mitnahmen, »lieux dissoluz«.

Die wahnsinnigen Wutanfälle Johannas begannen immer mehr düsterer Schweigsamkeit Platz zu machen sowie der Abneigung gegenüber dem Umgang mit Menschen. Sie saß dann voll trüber Verzweiflung in einem dumpfen, verdunkelten Gemach. Sie wollte niemand sehen und sprechen, mit Ausnahme ihrer Bediensteten. Aus dieser Stimmung tiefer Niedergeschlagenheit heraus vermochte sie allein die Anwesenheit von Philipp wieder zum Leben erwecken, und sie konnte dann von seinen Umarmungen nicht genug bekommen, »ne cuidoit point que jamais il eust esté possible qu'il fust assez avecq elle à son gré ne désir . . .«

Ihre Eifersucht wurde derart groß, daß sie alle jungen Frauen aus ihrer Umgebung verwies. Sie begann eine beinahe physische Abscheu vor Frauen zu bekommen, ein Gefühl, das ihr bis zum Tode geblieben ist.

Johanna die Wahnsinnige

Philipp ließ das Verhalten seiner Frau genau verfolgen und aufzeichnen, um daraus einen Bericht zu machen und ihn Ferdinand und den *Cortes* von Kastilien vorzulegen. Doch auch er dürfte dies aus politischen Erwägungen heraus getan haben, und während er vermittels einer sehr lebhaften diplomatischen Aktivität Ferdinands Stellung in Kastilien zu unterminieren und ihn zu bewegen oder gar zu verpflichten suchte, nach Aragonien zu gehen, hat er vielleicht gleichzeitig die Ausschaltung Johannas wegen sogenannter geistiger Zerrüttung vorbereitet.

Ferdinand übertraf Philipp freilich an politischem Scharfsinn. Petrus Martyr hat Ferdinand von Aragonien in einem einzigen Satz von Kopf bis Fuß geschildert, und man weiß nicht, was man an diesem Satz mehr bewundern soll: die psychologische Einsicht des Humanisten oder die nüchterne Präzision der Sprache, womit dieses Bild in einigen scharfen Zügen gezeichnet ist. Er sagt: »Der König bemerkte alles, was sie erwogen und verfügten, er tat jedoch so, als ob er nichts bemerkte, und prüfte schweigend die Gesinnung aller[3].«

Den Bericht, den Philipp durch Martin de Moxica hatte zusammenstellen lassen, um dadurch zu gegebener Zeit die *Cortes* von Johannas Geistesstörung zu überzeugen, legte Ferdinand mit den Bescheiden der verstorbenen Königin zu einem für ihn günstigen Zeitpunkt dieser gesetzgebenden Körperschaft vor, mit der Folge, daß diese ihn, Ferdinand, ersuchte, als Regent die Regierung zu übernehmen. Gleichzeitig nutzte Ferdinand sein väterliches Übergewicht, um von Johanna eine schriftliche Bestätigung ihrer Zustimmung zu seiner Regentschaft für die Dauer ihrer Abwesenheit zu erhalten. Johanna bekam durch Vermittlung eines Sondergesandten, Conchillos, eine einseitige Vorstellung von den Intrigen, durch die Ferdinand und Philipp gegeneinander ausgespielt werden sollten. Ihre von unbefriedigter Leidenschaft und Eifersucht herrührende zeitweilige Wut auf Philipp machte sie im Augenblick mehr Ferdinand geneigt, und sie ließ sich eine Erklärung abschwindeln, daß sie die Regentschaft Ferdinands billige. Diese von Johanna eigenhändig unterzeichnete Bestätigung der Regentschaft ihres Vaters über Kastilien geriet in die Hände Philipps. Dieser ließ Conchillos in Vilvoorde gefangensetzen. Wir wissen, u. a. durch den niederländischen Historiker Fruin, wie der Zustand der Gefängnisse zur Zeit Karls V. war. Aus der »disputacie«, die Fruin in den »Bijdragen voor Vaderlandsche Geschiedenis en Oudheidkunde« (Beiträge zur vaterländi-

Die Tragödie der Eifersucht   43

schen Geschichte und Altertumskunde) besprochen hat, wissen wir,
daß die Gefangenen damals erbärmlich untergebracht waren, gefesselt auf dem kahlen Fußboden lagen und nur Wasser und Brot bekamen. Wir sind demnach geneigt, zu glauben, daß die Zeitgenossen
Johannas nicht weit von der Wahrheit entfernt waren, wenn sie
schreiben, man habe Conchillos in einem dunklen, feuchten Kerker
eingeschlossen, und daß der junge Mann binnen kurzem stark
geschwächt und, merkwürdig genug, vollständig kahl geworden sei.

Philipp der Schöne schloß aus der Handlungsweise Johannas, daß
sie keine rechte Vorstellung mehr von der Tragweite und der Bedeutung ihrer Taten hatte. Er stellte deshalb gemeinsam mit den Stadtvä-
tern von Brüssel Überlegungen an, Johanna in Sicherungsverwahrung nehmen zu lassen. Es wurden Befehle erteilt, streng darauf zu
sehen, daß Johanna keinen Umgang mehr mit Spaniern pflog oder
sie allein bei sich empfing.

Johanna geriet dermaßen außer sich vor Wut über diese Form, sie
zu entmündigen und unter Kuratel zu stellen, daß sie einige vornehme niederländische Edelleute, die sie wegen dieser kränkenden
Maßnahmen zu sich entboten hatte, wie eine Besessene ausschalt und
einem von ihnen sogar zu Leibe rückte.

Ein derartiger Mangel an Selbstbeherrschung war zu jener Zeit
und später bei angesehenen und selbst fürstlichen Frauen nichts
Besonderes, und wer lang genug in Spanien gelebt hat, um bis in die
intimen Lebenssphären vorzudringen, weiß, daß sogar jetzt noch
Damen aus den höchsten Kreisen bei Wutausbrüchen oder in der
Aufregung Ausdrücke gebrauchen, die man eher auf dem Markt
erwarten würde.

Spanischen Historikern aus dem 16. Jahrhundert zufolge wurde
Johanna zur Strafe für ihr unbeherrschtes Auftreten einige Tage
lang eingeschlossen und vorsorglich unter Bewachung gehalten.

Jetzt wurde es allerdings für Philipp, der zuerst einen alle Kleinig-
keiten erfassenden Bericht über Johannas bizarre Äußerungen und
Verhaltensweisen mit dem offenkundigen Zweck hatte anfertigen
lassen, sie für unzurechnungsfähig zu erklären, von größter Bedeutung, zu erwirken ... daß Johanna als geistig vollkommen gesund
hingestellt wurde, um dann mit Hilfe einer durch sie abgegebenen
Verlautbarung zum Ziel zu gelangen. Philipp verfügte über ein
unfehlbares Mittel, um die innerlich gequälte und aufgewühlte Frau
wenigstens zeitweise zu beruhigen. Unter seinen Liebkosungen

wurde die von ängstlichen Gedanken und Wahnvorstellungen zermarterte Johanna ruhig und vernünftig. Ihre körperliche und seelische Verbundenheit mit Philipp war derart vollkommen, daß, wenn er sich mit echter oder vorgetäuschter Zuneigung über sie beugte, ihre starren, wesenlosen Augen wieder glutvoll wurden und das so oft mit Schreckensbildern angefüllte Köpfchen vernünftiger Rede wieder zugänglich wurde.

Das von Ferdinand gewonnene Terrain mußte zurückerobert werden, und zu diesem Zweck ließ Philipp seine Frau einen Brief an seinen Gesandten in Spanien, de Vere, schreiben, worin sie nachdrücklich erklärte, die über sie im Umlauf befindlichen Gerüchte seien unbegründet.

Dieser Brief wurde durch den über alles Lob erhabenen Rodrígues Villa im Archiv des Herzogs von Albuquerque ausfindig gemacht. Die Übersetzung lautet wie folgt:

»Bis jetzt habe ich Ihnen nicht geschrieben, denn Sie wissen, wie ungern ich dies tue. Aber da man mich dort unten [in Spanien] für wahnsinnig hält, muß ich wohl für mich selbst eintreten. Wohl brauche ich mich nicht darüber zu wundern, daß man falsch Zeugnis wider mich redet, denn das hat man sogar wider unseren Herrn getan. Aber weil diese Sache so wichtig und in einer Zeit wie dieser so bösartig zur Sprache gebracht worden ist, müssen Sie in meinem Namen mit meinem Vater, dem König, sprechen, denn diejenigen, welche diese Gerüchte in Umlauf setzen, tun dies nicht nur, um mir zu schaden, sondern auch, um Seine Hoheit zu treffen[4]. Es gibt ja Leute, die behaupten, daß er dies gern sähe, weil er dann über unser Gebiet regieren kann. Ich glaube das nicht, da Seine Hoheit so groß und so katholisch ist, und ich, seine Tochter, so gehorsam bin.

Wohl weiß ich, daß der König da unten [in Spanien] ein Schriftstück entworfen hat, um sich zu rechtfertigen, und daß er darin über mich einige Klagen geäußert hat. Diese Dinge sollten jedoch zwischen Vater und Tochter bleiben, und zwar um so mehr, als es, wenn ich dann auch schon einmal außer mich geraten bin (usé de pasión) und mich nicht so benommen habe, wie es meiner Würde geziemt, allgemein bekannt ist, daß die einzige Ursache in meiner Eifersucht zu suchen ist. Diese Leidenschaft ist nicht nur ein Übel in mir, sondern auch meine verehrte Mutter, die Königin – Gott nehme sie in

Seine Herrlichkeit auf – die eine so vortreffliche und hervorragende Frau war, war eifersüchtig[5]. Aber die Zeit hat ihre Hoheit geheilt, wie es Gott auch gefallen wird, mich zu heilen. Ich bitte und heiße Sie also, dort [in Spanien] mit allen wichtigen Personen, denen Sie begegnen, in diesem Sinne zu sprechen, auf daß die Wohlgesinnten sich freuen über die Wahrheit, und die Übelgesinnten wissen, daß, wenn ich mich so fühlen würde, wie sie wollen, daß ich mich fühle, ich meinem Herrn, dem König, meinem Mann, die Herrschaft über jene Gebiete und all die anderen, die zu mir gehören, nicht aberkennen würde. Und ebensowenig würde ich dann verfehlen, ihm alle möglichen Vollmachten zu erteilen. Dies sowohl um der Liebe willen, dich ich ihm darbringe, als auch um dessentwillen, was ich von Seiner Hoheit weiß ... Ich hoffe, Gott gebe, daß wir bald dort [in Spanien] sein werden, wo meine guten Untertanen und Diener mich gern wiedersehen werden.«

Dieser Brief trägt das Datum vom 3. Mai 1505. Johanna hat ihn eigenhändig gezeichnet, aber der Brief ist von dem Philipp ergebenen Sekretär Pero Ximenes geschrieben. Wenn die Graphologie bereits genügend sicher in ihren Ergebnissen ist, um als zuverlässige Wissenschaft hilfreich sein zu können, würde es von Interesse sein, das Urteil eines Graphologen über Johannas Unterschrift zu vernehmen. Vielleicht würden wir etwas neues Licht über den Gemütszustand bekommen, in welchem Johanna ihre Unterschrift unter dieses von ihrem Mann entworfene Schriftstück gesetzt hat.

Deutlich spricht aus dem gesamten Ton dieses Briefes, daß Philipp ihn aus politischen Beweggründen hat verfassen lassen. Er hat damit erstens beweisen wollen, daß Johanna geistig durchaus imstande war, die ihr von Rechts wegen zukommende königliche Würde wahrzunehmen. Zweitens wollte er zeigen, daß, falls Johanna an der Erfüllung ihrer Aufgabe verhindert sein würde, er, Philipp, der von Rechts wegen berufene Regent Kastiliens wäre.

Für uns ist es zur Beurteilung von Johannes Geistesverfassung hier von großem Interesse, unverfänglich feststellen zu können, daß Johanna kurz nach der Unterzeichnung eines Schriftstücks, in dem sie ihre völlige Zustimmung zur Ernennung Ferdinands zum Regenten von Kastilien bezeugt, eine Erklärung unterschreibt, die die vorangehende zunichte macht. Überdies sehen wir, daß die offensichtlich immer mehr apathisch und lässig werdende Johanna immerhin noch zu einem kurzen Wutausbruch fähig war, aber nicht mehr so viel lebendige Vorstellung von ihrer Pflicht und ihrer Würde hatte, um sich spontan veranlaßt zu fühlen, einen kraftvollen, eigenhändig geschriebenen, überzeugenden Brief an die Behörden von Kastilien zu senden. Ganz offensichtlich war die ihren eigenen trübseligen Grübeleien verhaftete Johanna willenlos dem berechnenden Spiel anderer ausgeliefert. Sie war nur die Schachfigur »Königin«, die von anderen hin und her geschoben wurde, je nachdem, wie dies in deren Spiel paßte.

Das politische Spiel Philipps des Schönen war freilich kümmerlich im Vergleich mit den klugen Berechnungen und den meisterhaften Zügen Ferdinands von Aragonien. Dieser wußte jedes Mal jeden Zug Philipps zu seinem eigenen Vorteil zu kehren. Er stellte den Spaniern Philipp von Burgund als ein willenloses Werkzeug in den Händen französischer Staatsmänner vor. »Was kann denn Spanien von einem Mann wie Philipp erwarten«, so setzte er auseinander, »wenn die antispanisch gesinnten Politiker ihn sogar dazu haben bewegen können, seine eigene Frau, die legitime Königin von Kastilien, für geisteskrank erklären zu lassen und sie wie eine Gefangene zu behandeln . . .«

Um seinen Schwiegersohn Philipp in Mißkredit zu bringen, scheute Ferdinand vor ernsthaften Verdächtigungen nicht zurück. So schrieb er an seinen Oberbefehlshaber in Italien, den berühmten »gran capitán« Gonzalo Fernández de Cordoba, dessen Übergang zu Philipps Partei er befürchtete, daß man mit der Gefahr einer Vergiftung Johannas in den Niederlanden rechnen müsse. Ferdinand verstand diese Verdächtigung sehr schlau einzukleiden. Er schrieb: »Wenn die Niederländer nicht wollen, daß Johanna von jemand anders als von ihnen selbst bedient wird und sie daher auch ihre Nahrung allein aus niederländischen Händen empfängt, dann ist ihr Leben nicht ohne große Gefahr . . .«

Philipp der Schöne hielt den Zeitpunkt für seine Reise nach Spanien nicht für günstig. Obwohl es sehr erwünscht und sogar dringend notwendig war, daß er und seine Gattin nach Spanien gingen, um als König und Königin von Spanien anerkannt zu werden, versuchte er zunächst vermittels einer intensiven diplomatischen Aktivität seine politische Position zu stärken. Zu diesem Zweck schloß er zusammen mit seinem Vater, dem deutschen Kaiser Maximilian von

Die Tragödie der Eifersucht 47

Österreich, ein Bündnis mit dem König von Frankreich und ließ Ferdinand von Aragonien aus. Zugleich begann er in aller Öffentlichkeit unter den Edlen und den Gemeindeverwaltungen von Kastilien für sich Stimmung zu machen, um sie sich geneigt zu machen und Feindseligkeit gegenüber König Ferdinand zu schüren.

Äußerlich schien Ferdinand angesichts des auswärtigen und inländischen Drucks, der unter dem Zutun von Philipp auf ihn ausgeübt wurde, klein beizugeben. Er schien sich besiegt zu geben und hatte sogar die Rechte Johannas und Philipps durch die *Cortes* bekräftigen lassen. Doch tatsächlich bereitete er einen Umschwung seiner Politik vor, der in jenen Jahren die Menschen nicht weniger in Erstaunen versetzt und unter ihnen anfangs nicht weniger Verwirrung gestiftet hat als einige berühmte Schwenkungen führender Politiker unserer Zeit.

Macchiavelli hat Ferdinand von Aragonien gepriesen als einen großen, realistischen Staatsmann. Es ist hier nicht der Ort, um allgemeine, kritische Betrachtungen anzustellen über die staatspolitischen Auffassungen Macchiavellis und die Gründe, die er zu haben vermeinte, um in König Ferdinand einen großen Politiker zu erblicken. Ebensowenig ist es jetzt unsere Aufgabe, zu beurteilen, inwieweit König Ferdinand die macchiavellistische Politik angewandt hat, und wir brauchen auch seinen Wert als Staatsmann nicht im ethischen Sinn festzustellen. Allerdings müssen wir, soweit dies im Rahmen dieses Buches angängig ist, hier einer gekürzten Übersicht über die Führung der Staatsgeschäfte im damaligen Spanien Platz einräumen, weil wir der Meinung sind, daß der politische Opportunismus der verschiedenen Parteien ein wichtiger Faktor in der Entwicklung des ergreifenden Lebensdramas Johannas gewesen ist.

König Ferdinand von Aragonien hatte zusammen mit Königin Isabella von Kastilien das verwirklicht, was in den Tagen des Cid und von Alfons VI. (1065–1109) eine vage Idee gewesen war und was vom ersten spanischen Politiker internationaler Bedeutung, nämlich von König Alfons X., dem Weisen (1252–1284), als erreichbare Idee erstrebt wurde, nämlich die Einheit Spaniens als Staat und als Nation[6].

Durch den Tod des Kronprinzen drohte Spanien jetzt unter die Herrschaft einer fremden Dynastie mit persönlicher Ehrsucht zu geraten, und dies konnte das mühselig vollbrachte Werk der politischen und nationalen Einigung Spaniens sowie die Selbständigkeit seiner internationalen Politik in Gefahr bringen, wenn nicht gänzlich zunichte machen.

König Ferdinand sah in Philipp dem Schönen zuerst als König von Kastilien und später als König von Aragonien eine politische Gefahr. Er hatte dieser Gefahr nicht durch Gewinnung eines entscheidenden Übergewichts über Philipp Herr werden können. Also beschloß er, wie wir aus anderen Handlungen ableiten können, Spanien auf andere Weise vor Philipp von Burgund zu sichern.

Die folgenden, auf den ersten Blick bestürzenden und von verschiedenen Historikern scharf verurteilten Taten Ferdinands von Aragonien müssen unserer Ansicht nach aus seinen ursprünglichen Absichten und Zielsetzungen heraus beurteilt werden. König Ferdinand hat versucht, selbst die Herrschaft über Aragonien und Kastilien in Händen zu behalten: über Aragonien als legitimer König; über Kastilien entweder als Regent anstelle Johannas, oder, falls sich dies als unmöglich herausstellen sollte, persönlich, und zwar mit jedem Schein des Rechts, den er erlangen konnte.

Im kritischen Jahr 1505 machte die Mär die Runde, Ferdinand halte um die Hand von Juana »la Beltraneja«, Prinzessin Johanna von Kastilien, an, die zwar während der legitimen Ehe von König Heinrich IV. von Kastilien mit Johanna von Portugal geboren war, aber durch Isabella des Thronfolgerechts beraubt wurde, weil die öffentliche Meinung sie nicht für das Kind Heinrichs »des Ohnmächtigen« (El Impotente) hielt, sondern des Günstlings der Königin, Don Beltrán de la Cueva.

Eine ganze Reihe spanischer Historiker haben es in Anknüpfung an Chronisten von damals als glaubwürdig erachtet, daß sich Ferdinand mit der von seiner ersten Frau Isabella als Bastard zur Seite geschobenen Prinzessin hat vermählen wollen, um, wie es heißt, auf Grund eines Legitimationsbeweises von Heinrich IV. persönlich die einstmals Verstoßene jetzt als einzige Anwärterin auf den Thron von Kastilien zu setzen und damit seine eigene Tochter Johanna als die Tochter der Usurpatorin Isabella zu verleugnen und selbst neben der neuen Königin auf dem Thron Platz zu nehmen . . .

Eine derartige politische Überlegung entsprach Ferdinands erfindungsreichem Hirn, und die Tatsache, daß sie damals in weiten Kreisen Glauben fand, verschafft uns wertvolles Material über die Taktik, die Ferdinand zugeschrieben und bei ihm für möglich gehalten wurde.

Die Tragödie der Eifersucht

Wir berichten diese an sich nebensächliche Tatsache nur, um die Atmosphäre rings um Ferdinand zu beleuchten.

Ferdinand hat indessen jene vollkommene Schwenkung, durch die er Königin Isabella nach ihrem Tod verleugnet und ins Gerede gebracht hätte, nicht vorgenommen. Immer vorausgesetzt, daß er sie hat vornehmen *wollen*, und daß nicht andere, z. B. der König von Portugal, der Juana la Beltraneja in sicherem Gewahrsam halten ließ, es ihm unmöglich gemacht hätten! Nicht minder überraschend als eine Vermählung mit »la Beltraneja« erschien freilich die Ehe, die Ferdinand mit Germaine de Foix einging, wodurch er seine Erbfolgerechte auf Navarra unterstrich, eine eheliche Verbindung, die zum Unterpfand für eine neue politische Kombination wurde mit . . . Frankreich. Die verschiedenen mit Frankreich anhängigen Händel, u. a. Italien betreffend, wurden durch einen detaillierten Vertrag friedlich geregelt, und Ferdinand erreichte vorläufig als einen gewaltigen politischen Vorsprung gegenüber Philipp, daß er Ludwig XII. als Bundesgenossen gewann und die Allianz zwischen diesem und Philipp zunichte machte.

Die Gefahr, daß ein Sohn Ferdinands von der damals dreiundzwanzig Jahre alten Germaine die erzielte politische Einheit Spaniens dadurch zerbrechen würde, daß dieser Aragonien, Johannas Sohn dagegen Kastilien erhielte, dürfte bei Ferdinand nicht schwer gewogen haben. Vielmehr kann angenommen werden, daß er sich mit seiner an Ort und Stelle erworbenen Macht in der Lage gefühlt haben dürfte, ganz Spanien für seine Dynastie zu sichern, *wenn* Germaine ihm einen Sohn und Thronfolger schenken würde.

Das Aufsehen, das diese Heirat König Ferdinands so kurze Zeit nach dem Tod Isabellas erregte, war ungemein groß. Die kastilischen Edlen, bei denen von politischer Einsicht kaum die Rede sein konnte, erblickten darin einen Verrat gegenüber Kastilien und ihrer berühmten Königin. Die Städte befürchteten aus diesem Grund Unruhe und Kriege in der Zukunft. Philipp der Schöne war nicht minder befremdet. Er stand abermals unter dem Eindruck eines großen politischen Erfolgs Ferdinands. Ihm blieb als einziger Ausweg ein Vergleich übrig, d. h. die Macht in Kastilien mit König Ferdinand zu teilen, während Johanna dem Namen nach als dritte im Bunde hinzukommen würde. Dies gewährte ihm die Möglichkeit, mit Hilfe einer geschickten Stimmungsmache Ferdinand in Kastilien selbst zu bekämpfen. Zur Vorbereitung ließ Philipp eine Reihe von Briefen und Schriftstücken entwerfen und legte sie Johanna zur Unterschrift vor. Die mit viel vorgetäuschter oder echter Zärtlichkeit hervorgerufene günstige Stimmung war jedoch bei der unglücklichen Frau wieder umgeschlagen, und offensichtlich gleichgültig gegenüber allem, was sich außerhalb ihres eigenen Liebesglücks zutrug, saß sie trübsinnig und einsilbig in ihrem dunkel gehaltenen Gemächern, in schwarzen, vernachlässigten Gewändern, und nicht geneigt, ihre Aufmerksamkeit politischen Problemen zu widmen. Stur weigerte sie sich, etwas zu unterschreiben, was der Stellung ihres Vaters in Kastilien schaden konnte. Selbst die nachdrückliche persönliche Bitte Kaiser Maximilians vermochte bei ihr nichts auszurichten. Diese mürrische und entschiedene Weigerung Johannas kann ihrer Verärgerung über die erzwungene Absonderung von ihren Landsleuten sowie über den Ring von Spionen zugeschrieben werden, der sie umgab. Ihre Haltung läßt sich auch aus dem Zorn auf Philipp erklären, der sie – die schon wieder schwangere Frau – vernachlässigte. Es ist allerdings auch möglich, daß ihre Trägheit und Gleichgültigkeit Symptome einer immer ernsthafter werdenden Geisteskrankheit waren.

Im September 1505 versandte Philipp ein Rundschreiben an die Edelleute und Gemeindeverwaltungen von Kastilien, worin er ausführte, daß König Ferdinand ihn habe bewegen wollen, auf seine Rechte auf den kastilischen Thron zu verzichten, und daß Ferdinand, nachdem ihm dies nicht geglückt sei, die Gerüchte über Johannas Geisteskrankheit in Umlauf gesetzt habe, um auf diese Weise seine eigene Machtposition als Regent in Kastilien zu verstärken. Des weiteren rief Philipp die Edelleute und die Gemeindeverwaltungen auf, König Ferdinand nicht länger zu gehorchen. Er selbst, Philipp, würde sofort nach Spanien kommen, um die kastilischen Regierungsangelegenheiten zu regeln. Seine Abreise verzögerte sich durch politische Sorgen – u. a. den Krieg mit Gelderland, wo Ferdinand durchaus die Hand im Spiel gehabt haben könnte – sowie infolge der Schwangerschaft seiner Frau. Jetzt aber sollte er, sobald Johanna ihr Kind zur Welt gebracht habe und ihre Kräfte insoweit wiederhergestellt seien, daß sie die Mühseligkeiten der Reise mit ihrem Ungemach und ihren Gefahren überstehen könne, nach Spanien aufbrechen.

Mitte September brachte Johanna ihr fünftes Kind zur Welt, Maria, in der Geschichte der Niederlande bekannt geblieben als Statthalterin, eine Aufgabe, die sie mehr als fünfundzwanzig Jahre lang mit Hingabe erfüllt hat.

Die Tragödie der Eifersucht 51

König Ferdinand von Aragonien sah die Gefahr von Unruhen oder sogar eines Bürgerkrieges in Kastilien größer werden, wenn Philipp mit der Einstellung, wie sie aus seinem öffentlichen Rundschreiben zutage trat, nach Spanien kommen würde. Er wußte den König von Frankreich zu bewegen, Philipp den Durchzug zu verweigern, wodurch sich die Reise Philipps und Johannas bestimmt bis zum Frühjahr hinausschob, denn eine Seereise im Winter war voller Gefahren.

Philipp ließ jedoch in Seeland eine tüchtige Flotte ausrüsten. Es ist möglich, und diese Annahme ist wohl auch geäußert worden, daß dies lediglich eine Machtdemonstration gewesen sei, um politischen Druck auf die Edelleute und die Gemeindeverwaltungen von Kastilien auszuüben und die Position Ferdinands dort zu schwächen.

Eine Anzahl vornehmer Kastilier, die in die Niederlande gekommen waren, um von Philipp Gunsterweise zu erhalten, reiste bereits nach Spanien ab, um die Ankunft Philipps politisch vorzubereiten.

Die bewaffnete Demonstration Philipps erwiderte Ferdinand, indem er ebenfalls eine Flotte ausrüstete. Man hat vermutet, daß Ferdinand sogar die Absicht gehegt habe, diese Flotte nach den Niederlanden zu entsenden, um dort Unruhe und Angst hervorzurufen sowie Johanna und ihren Sohn Karl nach Spanien zu holen, damit er durch den Besitz ihrer Personen – die eine schwachsinnig, der andere unmündig – seine eigene Stellung als Regent legitimieren und dauerhaft gestalten könnte. Mit dieser Androhung kriegerischer Gewaltanwendung verlieh er vorläufig der diplomatischen Aktion Nachdruck. Auch insoweit zeigt somit die Geschichte ein sich stets gleichbleibendes Bild.

König Ferdinand von Aragonien bereitete sich in aller Offenheit auf den Krieg vor, ohne daß die eigentlichen Absichten seiner militärischen Maßnahmen offenkundig wurden. All dies konnte noch unter dem Deckmantel von Vorbereitungen für eine wirkungsvolle Unternehmung in Italien vor sich gehen. Der Schein wurde gewahrt durch die Abberufung des Militär- und Zivilgouverneurs der dortigen spanischen Besitzungen sowie seinen Ersatz durch Don Alonso de Aragón, den Erzbischof von Saragossa.

Die wechselseitige Bedrohung mit Gewalt brachte eine äußerliche Versöhnung zwischen Schwiegervater und Schwiegersohn mit sich. Im November 1505 schlossen sie eine vorläufige Übereinkunft betreffend die Herrschaft über Kastilien. Sie kamen überein, zu dritt,

Ferdinand, Philipp und Johanna, die Herrschaft über Kastilien, León und Granada auszuüben. Johanna und Philipp sollten als Königin und König anerkannt und Ferdinand zum Statthalter auf Lebenszeit ernannt werden. Außerdem würde Ferdinand die Hälfte der Einkünfte des Königreichs seiner ersten Frau, Königin Isabella, erhalten. Philipp und Ferdinand kamen fernerhin überein, daß im Falle der Abwesenheit, Widersetzlichkeit oder Regierungsunfähigkeit von Königin Johanna ihrer beider Unterschrift allen Regierungsbeschlüssen von Kastilien Gesetzeskraft verleihen sollte.

Aufs neue also, und zwar in einem offiziellen Dokument, wurde von einer für möglich gehaltenen Geistesstörung Johannas gesprochen. Dies war offensichtlich eine Tatsache geworden, mit der es zu rechnen galt.

Wir sehen jedoch, daß Königin Johanna, über deren Haupt hinweg eine derart weitgehende Verbindlichkeit zustande kam, kurz nach der Geburt ihres fünften Kindes mitten im Winter zu Schiff nach Spanien reist. Nichts läßt darauf schließen, daß sie sich damals nicht völlig im seelischen Gleichgewicht befunden hätte, vielmehr weist alles gerade darauf hin, daß sie bei klarem Verstand war, wie sie auch gleichmütig den Gefahren trotzte. Während kurz nach der Abfahrt, als der Sturm die Schiffe auseinandertrieb, die anderen Mitreisenden vor Todesangst törichte Dinge anstellten, behielt diese junge Mutter und leidenschaftlich liebende Frau einen kühlen Kopf und sah beherrscht und spöttisch um sich her. Als die anderen, gerettet und in Sicherheit, sich wieder in die Vergnügungen des Hofes von Windsor stürzten, zog sie sich in die Einsamkeit zurück, düster, unwirsch, einsilbig und verzweifelt über das leichtherzige Betragen ihres frivolen, hübschen Mannes, des Lieblings der Frauen.

In Spanien sollte sie allein als Frau zu Pferde inmitten rohen Kriegsvolkes einen langen, ermüdenden Zug unternehmen, von La Coruña bis Burgos, über sechshundert Kilometer, auf schlecht gepflegten Wegen, zunächst über Berggelände und dann durch eine offene, wellige Landschaft. Allem Ungemach, aller Ermüdung und allen quälenden Sorgen und kränkenden Behandlungen zum Trotz machte Johanna von Anfang bis Ende auf diejenigen, die sie näher kennenlernten und Gelegenheit hatten, ihre Auffassungsgabe und ihr Einsichtsvermögen zu prüfen, den Eindruck einer Frau von klarem Bewußtsein, wenngleich auch voller Launen, was ihre Stimmung betraf.

Die Tragödie der Eifersucht

War die Bestimmung, die Vorkehrungen für den Fall von Johannas Geisteskrankheit betraf, gerechtfertigt? War Johanna zu jener Zeit wahnsinnig, oder konnte die Gefahr, daß sie ihren Verstand verlieren würde, als groß und wahrscheinlich gelten? Bestimmt nicht. Außer Rand und Band vor Seelenschmerz, das war sie sicher, mehr als einmal vielleicht. Toll vor Wut ebenfalls, mehr als einmal zu heftigen Ausbrüchen von Jähzorn veranlaßt durch ihren Gemahl, den sie so über alle Maßen leidenschaftlich liebte, mit jener grundlosen, feurigen Leidenschaft, die Dichter spanischen Frauen zugeschrieben haben.

Wütend, heftig und unvernünftig ist sie offensichtlich nur zu oft gewesen, so sehr sogar, daß Mitreisende auf dieser zweiten Fahrt nach Spanien sie als Philipps ärgste Feindin bezeichnen konnten. Doch diese Wut, Schärfe und Unvernunft konnten vermittels einer liebevollen Gebärde in Sanftheit und Fügsamkeit verwandelt werden.

»So Gott will, werde ich von diesem Übel der Eifersucht genesen, so wie meine Mutter davon genesen ist . . .«

Leider war ihr ein anderes Los beschieden. Sie sollte unter ihrer Liebe zusammenbrechen und ihr Geist sich darüber langsam verdüstern, doch ist es unsicher, wie lange es gedauert hat, bevor ihr Geist derart umnachtet war, daß sie das Gefühl für Verantwortung und ihre Pflichten verlor, *wenn* es überhaupt jemals so weit gekommen ist.

Der Kampf um die Macht

Die feierlich geschlossene Übereinkunft zwischen Ferdinand und Philipp war nur notgedrungenermaßen zustande gekommen, um in Ruhe nach einer Gelegenheit Ausschau zu halten, wie der anhängige Streit im geeigneten Augenblick mit anderen Mitteln und zum eigenen Vorteil beigelegt werden könnte.

Philipp knüpfte diese Lösung an die Kraft der Waffen und seine persönliche Anwesenheit in Spanien. Die Rechte seiner Gemahlin sowie seine eigenen, ihres legitimen Gatten, müßten dann anerkannt werden, und Ferdinand von Aragonien, der vorläufig bestimmte Statthalter, würde Kastilien verlassen müssen, es sei denn, er würde sich dort mit Waffengewalt als Regent behaupten.

Die Nachrichten, die Philipp aus Spanien erhalten hatte, deuteten darauf hin, daß sich die kastilische Adelspartei ganz gewiß gegen Ferdinand, den Aragonesen, wenden würde, und zwar wegen der jahrhundertealten Feindschaft zwischen Kastiliern und Aragonesen sowie aus politischer Berechnung. Ferdinand hatte zusammen mit Isabella die politische Macht des Feudaladels beträchtlich geschwächt und sie hatten viele für uneinnehmbar gehaltene Burgen schleifen oder sogar dem Erdboden gleichmachen lassen. Der hohe Adel wartete auf eine Gelegenheit, seine in den beiden vorigen Jahrhunderten innegehabte Macht wiederzugewinnen und erneut Herr und Meister auf seinen ausgedehnten Besitztümern und über die Orte, die seiner Jurisdiktion unterstellt waren, zu werden. Mit einer Frau als Staatsoberhaupt und einem Gemahl, der als nicht sehr charakterstark und willenskräftig galt, würden die achtbaren Edlen rasch ihre frühere, ziemlich unbeschränkte Selbständigkeit wiedergewinnen können, vor allem wenn diese Frau, die für schwachsinnig gehalten wurde, und dieser Mann, dem mehr an Vergnügungen als an Staatsgeschäften lag, häufig außerhalb des Landes würde weilen müssen.

Die Haltung der Städte war noch nicht ganz deutlich erkennbar, aber die Städte genossen den alterprobten Ruf, der Krone treu zu sein, treu aus Notwendigkeit und Eigeninteresse, sofern die Krone den Adel bezwingen konnte und eine ordnende Zentralautorität gegenüber der Anarchie der feudalen Edlen verkörperte.

Anfang Januar 1506 gingen Johanna und Philipp in einem seeländischen Hafen an Bord. Philipp hatte in Vlissingen eine tüchtige Flotte zusammengebracht und stach mit einem glänzenden Gefolge sowie eintausendfünfhundert Soldaten in dieser ungünstigen Jahreszeit in See. Stürmischer Gegenwind und Schneeschauer zwangen die Flotte unmittelbar nach ihrer Ausfahrt, unterhalb Arnemuiden Zuflucht zu suchen. Nach ein paar Tagen schlug der Wind um, und die Schiffe konnten abermals auslaufen. Vor der englischen Küste wurden sie erneut von Sturm heimgesucht. Die Flotte wurde auseinandergetrieben und einige Fahrzeuge liefen Gefahr, Schiffbruch zu erleiden.

Ein anonymer südniederländischer Chronist, der Zeuge der von ihm so anschaulich wiedergegebenen Vorfälle gewesen ist, gibt uns die folgende Beschreibung Johannas inmitten aller dieser Gefahren:

»Während der König jammerte, saß die Königin auf dem Boden zwischen seinen Beinen. Sie hoffte, daß sie, wenn der König hier sein Ende finden sollte, mit ihm umkommen würde, und daß sie, da sie einander so eng umschlungen hielten, auch im Tode ebenso wie im Leben, in welchem sie nicht geschieden waren, nicht geschieden werden würden.«[1]

Nach einem Bericht des Gesandten von Venedig, der am 30. Januar von Falmouth aus, wo Johanna und Philipp Fuß an Land setzten, an den Dogen schrieb, wäre das Schiff, auf dem sich das königliche Ehepaar befand, ohne das beherzte Auftreten eines Matrosen gekentert, der dreimal über Bord sprang, um Taue durchzuschneiden, wodurch die hinderlichen herabgestürzten Wanten frei kamen. Johanna soll, so heißt es, völlig ruhig geblieben sein, ja sogar unerschrocken.[2]

Unter dem glänzenden Gefolge aus spanischen, südniederländischen und deutschen Edelleuten gab es jedoch welche, die nicht die unerschütterliche Gemütsruhe Johannas besaßen. Nach einem spanischen Bericht, der von Rodríguez Villa aufbewahrt und veröffentlicht worden ist, sogar sehr viele, die völlig außer Fassung gerieten. Köstlich ist die spöttische Beschreibung, die uns davon gegeben wird, und scharf sticht gegenüber der Panik anderer das ironische Lächeln Johannas ab. Jener Bericht lautet folgendermaßen:

»Als König Philipp mit Königin Johanna die Reise aus den Niederlanden nach Kastilien antrat, wurde er auf See von einem schweren Sturm heimgesucht. Als man sich in großer Gefahr befand, hat man den König in einen Ledersack eingenäht, diesen aufgeblasen und hinten darauf geschrieben: ›*König Philipp*.‹So lag er vor einem Bild und harrte der Dinge, die da kommen sollten. Die Königin war ohne jede Angst und sie bat um eine Kiste, um sich darauf niederzulassen und zu essen. Die Edelleute und Matrosen legten allerlei Gelübde ab und stifteten alles, was sie bei sich hatten, Unserer Lieben Frau von Guadalupe. Als sie zur Königin kamen, öffnete sie ihre Geldbörse, worin sich ungefähr hundert Dukaten befanden, dazwischen ein halbes Dukatenstück. Sie suchte in aller Ruhe danach, bis sie es gefunden hatte, und reichte es ihnen dann. Sie gab dadurch zu erkennen, daß sie nicht bange sei, und sie sagte, es sei noch niemals ein König ertrunken. Während dieses Sturmes übergaben sich einige und andere machten sich schmutzig. Jemand, der einen anderen vollp . . .te, sagte: ›Nehmen Sie es mir nicht übel, aber wahrhaftig, aus Angst p . . .e ich in die Hosen . . .‹ Unter ihnen befand sich auch ein gewisser Luís Daza, ein Blutsverwandter von Daza, dem Bischof von Córdoba, und in der durch diesen Sturm verursachten Verwirrung an Bord trat er einem anderen auf die Füße und sagte dann zu ihm: ›Señor, beklagen Sie sich nicht, denn ich schwöre bei Gott, daß einer der besten Hidalgos von Kastilien Sie auf die Füße tritt . . .‹ Es gab auch noch einen Edelmann mit Namen Acevedo, den ein anderer mit Namen Loaysa dringend bat, ihm einen Backenstreich zu versetzen. Acevedo versuchte sich dem zu entziehen, aber Loaysa bestand darauf und bat ihn dringend um diese Gunsterweisung, ›denn Jesus Christus hat um seinetwillen mehr erdulden müssen‹. Loaysa nörgelte aber in einem fort weiter, bis Acevedo ihm zum Schluß eine kräftige Ohrfeige gab. Als Acevedo ihm diesen Schlag versetzt hatte, sagte Loaysa, daß er nunmehr auch einen von ihm aushalten müsse, aber Acevedo gab zur Antwort: ›Ich bin nicht vollkommen genug, um ihn hinzunehmen‹, und so entzog er sich ihm. Derselbe Loaysa schickte sich an, während dieses Sturms seinem jungen Pagen seine Sünden zu beichten, und zwar mit folgenden Worten: ›Señor Hernandico (eine Verkleinerungsform), Sie wissen, daß ich der schlechteste Mensch und der schlechteste Christ bin.‹ Als der Page zu weinen anfing, sagte er zu ihm: ›Seien Sie jetzt still, Señor Hernandico, Sie wissen doch, daß ich Würfel gefälscht habe.‹ Der Junge begann abermals zu weinen, und da sagte Loaysa zu ihm: ›Seien Sie jetzt still, Señor Hernandico, Sie wissen, wieviel Frauen ich zur H . . .ei veranlaßt habe.‹ In dieser Weise fuhr er mit seiner Beichte fort.«[3]

Die Chronisten und Historiker aus jenem Jahrhundert stimmen alle in ihren Mitteilungen von der Kaltblütigkeit und Entschlossenheit Johannas überein, und einer unter ihnen, Prudencio de Sandoval, der zu Ende des 16. und Beginn des 17. Jahrhunderts schrieb und über viele Daten aus jenem Zeitabschnitt verfügte, erzählt noch das folgende treffende kleine Beispiel, das zu den Vorstellungen von Johannas gelassener Geistesgegenwart in unmittelbarer großer Gefahr paßt: Als Johanna von ihrem Mann vernahm, sie schwebten in Lebensgefahr, legte sie ihr prächtigstes Gewand an und steckte eine ansehnliche Summe baren Geldes ein, damit ihr Leichnam, sollte er an Land gespült werden, erkannt und ein entsprechendes fürstliches Begräbnis erhalten würde . . .

Der Empfang durch die englische Küstenbevölkerung war kaum weniger barbarisch als derjenige, welcher den unglücklichen Schiffbrüchigen der sogenannten Unbesiegbaren Flotte über ein Dreivierteljahrhundert später an den Küsten Schottlands und Irlands zuteil werden sollte. Wohl kam es jetzt nicht zu derart blutigen Szenen, aber die Begrüßung war unfreundlich, sogar unmenschlich, denn die erschöpften Reisenden der schwer ramponierten Schiffe durften keinen Fuß an Land setzen. Sie konnten die höchst notwendigen Lebensmittel nur gegen sehr hochgetriebene Preise kaufen, worauf diese Waren ihnen wieder gestohlen wurden, um darauf abermals zum Kauf angeboten zu werden.

Durch einen Eilboten vernahm Heinrich VII., was für eine vornehme Gesellschaft auf beschädigten Schiffen vor der englischen Küste angekommen war, und er ließ sie durch eine Gruppe von Edelleuten willkommen heißen. Der südniederländische anonyme Autor und Augenzeuge dieser zweiten Reise Philipps des Schönen erzählt, daß dieser mit seiner Frau in »Milleconregis« an Land ging. Gachard erkennt darin den kleinen Ort Melcombe-Regis (nördlicher Teil von Weymouth) wieder, welcher Name in verballhornten Formen auch bei alten spanischen Historikern vorkommt. Der König von England soll ein »chière joieuse«, eine muntere Miene, aufgesetzt haben, als er hörte, daß Philipp und Johanna auf so unerwartete Weise an seine

Gastfreundschaft appellierten. Als Prinz von Wales war er mit Johannas Schwester Katharina vermählt gewesen, und diese Katharina heiratete nach kurzer Witwenzeit den neuen Thronfolger, den späteren Heinrich VIII. Philipp der Schöne, ein »bel homme«, wie die Personenbeschreibung des unbekannten Fremdlings anfänglich gelautet hatte, wird nicht haben vermuten können, daß noch keine zwei Jahre später der damals beinahe fünfzigjährige König Heinrich VII. die vor lauter Kummer abgestumpfte Johanna um ihre Hand bitten würde ...

Drei Monate lang wurde in Windsor über alle Maßen gefeiert. Philipp tauchte in diesem Mahlstrom von Genüssen rasch unter, und zwar so tief, daß er kritik- und widerstandslos der Willkür Heinrichts VII. ausgeliefert war. Johanna zog sich schon bald zurück und wählte das rauhe Falmouth anstelle des fröhlichen Windsor. Selbst die freundliche Fürsorge ihrer Schwester konnte sie nicht am Hof zurückhalten. Petrus Martyr zeichnet uns Johanna hier wieder mit einem einzigen, scharf formulierten Satz: »Johanna ergötzte sich an der Düsternis und der Einsamkeit und sie entfloh jeglichem Umgang mit Menschen.«[4] Über dieses sonderbare Betragen Johannas entstanden schon bald allerlei Gerüchte.

Uns braucht die Haltung Johannas nicht allzusehr zu wundern, und es besteht noch kein Anlaß zu der Annahme, daß damals ihr Geisteszustand ernsthaft gestört gewesen wäre. Die Seereise mit ihren ernsten Gefahren war für Johanna ein Höhepunkt gewesen. Sie hatte sich in den Stunden der Lebensgefahr absolut eins mit ihrem Mann gefühlt. Der Tod hatte für sie nicht einen solchen Schrecken gehabt wie für die anderen, weil sie ihm mit ihrem geliebten Philipp in ihren Armen gegenübertrat und der Tod sie in eine ewig beseelende Umarmung aufnehmen würde. Die Liebe und der Tod sind immer von leidenschaftlichen lyrischen Naturen als eine mystische Einheit empfunden worden, und viele unter ihnen wähnten und suchten allein im gemeinsamen Tod die wahrhaft befriedigende Umarmung. Leidenschaftlicher Lebens- und Liebesdrang, der in seinem natürlichen Verlauf gehemmt wird, neigt zu solcher »Entwertung« des Lebens. Johannas Vorliebe für die Einsamkeit und das Düstere schließt sich nahtlos an ihre Kaltblütigkeit in der Gefahr an. Es sind zwei Aspekte eines leidenschaftlich liebenden Gemütes.

Der als knausrig in die Geschichte eingegangene englische König verschwendete sein Geld nicht nutzlos während der endlosen Reihe

Der Kampf um die Macht 59

von Festen in Windsor. Er trieb sein Spiel mit Philipp, während dieser mit den Frauen zu spielen vermeinte. Ohne daß Philipp der Schöne die Bedeutung seiner Taten begriffen zu haben scheint, ließ er sich durch König Heinrich VII. bewegen, einen Handelsvertrag mit England namens der Niederlande zu schließen, einen Vertrag, der das für die Niederlande günstige Abkommen von 1496 nichtig werden ließ. Nach Prescott ist dieser Vertrag als ein »malus intercursus« in den Niederlanden berüchtigt geblieben[5]. Ferner ließ sich Philipp dazu herbei, den Herzog von Suffolk, den Prätendenten der englischen Krone, auszuliefern. Dieser Herzog hatte sich nach dem feierlichen Versprechen, ihn am Leben zu lassen und nicht an England auszuliefern, Philipp während des Krieges in Gelderland ergeben.

Der schlaue Heinrich hielt den naiven Philipp in England fest, bis der Herzog von Suffolk dorthin verbracht worden war. Dieser erste Tudor, der so viel getan hat für die Festigung der zentralen Königsmacht in England, sicherte seine Dynastie durch diese bequem erzielte Kaltstellung des Prätendenten.

Im April reisten Philipp und Johanna mit dem Ziel Südspanien ab. Es scheint Philipps Absicht gewesen zu sein, einen andalusischen Hafen, wahrscheinlich Cádiz, anzulaufen, weil Andalusien sich schon seit Jahren in einer aufsässigen Stimmung gegen König Ferdinand befunden hatte. Der Herzog von Medina-Sidonia fühlte sich dort wie ein souveräner Fürst und wartete auf eine günstige Gelegenheit, um die weitgehend unabhängige Position seiner Vorväter wiederzugewinnen. Er schlug sich auf Philipps Seite, weil die Macht der Krone unter Philipp bestimmt geschwächt sein würde, was seinem Streben nach Unabhängigkeit als Vasall zugute kommen würde.

Ungünstiges Wetter zwang Philipp, in den Hafen von La Coruña einzulaufen. Hier wurden Johanna und Philipp festlich eingeholt. Sie nahmen an Ort und Stelle viele Ergebenheitsbekundungen der galicischen und kastilischen Städte und Edlen entgegen. Auch Kolumbus, der kurz zuvor von seiner vierten Reise zurückgekehrt und krankheitshalber verhindert war, Johanna und Philipp entgegenzureisen, schrieb ihnen einen Brief, in dem er Treue und Untertänigkeit bezeugte.

Philipp verfolgte eine Zeitlang den Lauf der Dinge, um sich zu vergewissern, daß, wenn er es zum offenen Bruch mit König Ferdinand kommen ließe und die Entscheidung durch Waffengewalt gesucht werden müßte, er auf genügend Hilfe des Adels und des

Bürgertums von Kastilien würde rechnen können. Als er dessen sicher war, kündigte er die Übereinkunft, die er mit König Ferdinand getroffen hatte, auf.

König Ferdinand nahm seine Zuflucht zu seiner bewährten diplomatischen Taktik[6], nämlich der Vertagung gewaltsamer Entscheidungen, wenn er sich im Nachteil befand, und der Vorbereitung einer günstigen Gelegenheit hierfür durch politische Aktion. Er wußte, daß viele vornehme Edelleute auf der Suche nach »favores«, Vergünstigungen, sich Philipp angeschlossen hatten, und er begann mit Hilfe von Agenten unter ihnen Wetteifer zu erwecken. Philipp konnte nicht alle gleichzeitig zufriedenstellen, also schuf er sich von Anfang an unzufriedene Geister. Das Beisammensein dieser vielen vornehmen Herren mit ihrem rasch verletzten Ehrgefühl führte obendrein von allein zur Uneinigkeit unter ihnen. Weiterhin kam es wiederholt zu Zwistigkeiten zwischen den burgundischen und spanischen Edelleuten sowie zwischen Philipps deutschen Landsknechten und der spanischen Bevölkerung.

Ein ernsthafter Grund zur Unzufriedenheit für alle Spanier, ob hoch oder niedrig, war Johannas Unzugänglichkeit. Ein besonderes Kennzeichen der spanischen Könige war stets ihre Einfachheit gewesen. Besuchten sie die Städte oder zogen sie durchs Land, dann konnte sich jedermann an sie wenden. Sie sprachen zuweilen nach biblischer Manier Recht auf dem Markt oder an den Toren der Städte. Der König war der Erste im Land, an den sich jedermann freimütig wenden konnte. Die Enttäuschung und demzufolge der Ärger war daher groß, als sich herausstellte, daß sich Johanna überhaupt nicht sehen ließ und unnahbar war. Das Befremden und die Verärgerung hierüber bildeten zusätzliche Nahrung für wilde Gerüchte, die bereits seit langem über Johanna und Philipp im Umlauf waren. Selbstgefühl und der kastilische Stolz ließen die Leute kaum glauben, daß die Tochter der gefeierten Isabella schwachsinnig oder sogar geisteskrank sein sollte. Die traditionelle Ablehnung von Fremdlingen und der Argwohn gegen sie richteten sich nun gegen Philipp, den man für das ungewohnte, unspanische Betragen Johannas verantwortlich machte. Die Agenten und Anhänger Ferdinands werden bei solcher Stimmung unter der Bevölkerung fruchtbaren Boden für ihre Betätigung gefunden haben. Schon bald machte die Mär die Runde, Philipp führe seine Frau als Gefangene mit sich und halte sie in strenger Absonderung.

Der Kampf um die Macht 61

Am 28. Mai reiste Philipp aus La Coruña ab. Er war auf jedwedes Geschehen vorbereitet und ließ in Schlachtordnung marschieren. Die Vorhut des Zuges stellten die deutsche Infanterie und die Artillerie. Das erste Ziel der Reise war Santiago, die alte, malerische Pilgerstadt, in einer Entfernung von fast siebzig Kilometer von La Coruña gelegen. Der Erzbischof dieses Wallfahrtsortes war König Ferdinand sehr ergeben, und zwar aus einem Grund, der sogar in jenen Jahren, als die Christenheit an ärgerliche Mißstände unter der Geistlichkeit gewöhnt war, viel Staub aufgewirbelt hat. Ferdinand von Aragonien hatte nämlich von der Prärogative der kastilischen und aragonesischen Krone, höhere Geistliche vorzuschlagen, d. h. sie in Wirklichkeit zu ernennen, Gebrauch gemacht und den Sohn des Erzbischofs von Santiago zu Lebzeiten seines Vaters zu dessen Nachfolger ernannt und ihn mit dieser Würde bekleiden lassen.

König Ferdinand zog mit einem sehr kleinen Gefolge seiner Tochter und seinem Schwiegersohn langsam entgegen. Ferdinand versuchte den Eindruck zu erwecken, die Meinungsverschiedenheiten auf friedliche Art und Weise regeln zu wollen; er reiste also, ohne irgendwelche Waffen dabei zur Schau zu tragen. Noch einmal hatte er seinem Schwiegersohn ausrichten lassen, daß er die frühere Übereinkunft – gemeinsame Herrschaft unter Ausschluß von Johanna wegen Geistesstörung – erneuern wolle, und auf dessen Bitten den Erzbischof von Toledo, Cisneros, als Bevollmächtigten entsandt, um zu verhandeln. Er jedoch zog in Richtung Toro weiter, damals ein wichtiger Ort in Kastilien, heute nur noch ein malerisches Städtchen, dessen romanische Kirche mit dem zentral angebrachten Turm neben vielen alten Häusern den Besucher über die Vergangenheit nachdenken lassen. In Toro waren die *Cortes* bereits mehrere Male zusammengetreten.

Ein historisches Dokument von größter Bedeutung, ein druckreifes Rundschreiben an die Edlen und Gemeindeverwaltungen von Kastilien, mit dem Aufruf, Philipp den Gehorsam aufzukündigen, deutet darauf hin, daß Ferdinand die Absicht hatte, zu einem ihm geeignet erscheinenden Zeitpunkt einen Staatsstreich durchzuführen und Philipp vom kastilischen Thron fernzuhalten. Dieser Aufruf, den schon der aragonesische Geschichtsschreiber Jerónimo de Zurita im 16. Jahrhundert ans Tageslicht befördert hatte, enthielt die folgenden Punkte:

Erstens wies Ferdinand nochmals nachdrücklich darauf hin, daß er am Tage von Isabellas Hinscheiden den Titel »König von Kastilien (León und Granada) abgelegt habe zugunsten seiner Tochter, der gesetzlichen Nachfolgerin von Königin Isabella.

Zweitens lenkte Ferdinand die Aufmerksamkeit darauf, daß Philipp von Burgund lange Zeit gezögert habe, nach Spanien zu kommen, und daß die wichtigste Ursache hierfür in der Tatsache zu suchen sei, daß er Johanna, seine Frau, gefangenhalte und sie nicht entsprechend ihrer Würde und königlichen Stellung behandele. Es sei allgemein bekannt, daß er sie in strengster Absonderung halte und verhindere, daß sie mündlich oder schriftlich mit ihren Landsleuten in Berührung komme. Ferdinand fügte dabei hinzu, daß es ihm selbst nicht geglückt sei, durch einen Abgesandten oder Sonderbeauftragten mit Johanna in Verbindung zu treten. Er habe alle nur mögliche Mühe aufgewandt, um Johanna zu befreien [sollten dazu u. a. etwa die Schiffe dienen, die er ihnen entgegengesandt hatte?], aber er sei davor zurückgeschreckt bei dem Gedanken, daß eine Gewalttat Bürgerkrieg oder Unruhen in Kastilien auslösen könnten. Deshalb habe er das Abkommen von Salamanca [die gemeinschaftliche Regierung] geschlossen.

Drittens machte Ferdinand bekannt, Philipp habe aus England berichtet, daß er allein, ohne Johanna, kommen wolle, wovon man ihm freilich aufs stärkste abgeraten habe.

Viertens wies Ferdinand auf das Bedenkliche der Tatsache hin, daß Philipp, sobald er in Spanien gelandet war, den früheren Vergleich seiner Wirksamkeit beraubt habe und verhindere, daß man mit Johanna Verbindung herstelle. Johanna werde so schlecht behandelt, daß sie jedermann dauern müsse. Philipps feindselige Absicht gehe, so fuhr Ferdinand fort, auch deutlich aus seiner Forderung hervor, daß alle Festungen und befestigten Plätze Kastiliens seinen Vertrauten übergeben werden sollten, sowie ferner aus der Tatsache, daß er so viel fremdes Kriegsvolk mit nach Spanien gebracht habe.

Zum Schluß teilte Ferdinand mit, daß Philipp offensichtlich beabsichtige, unter Ausschaltung von Johanna zu regieren, und daß er, Ferdinand, es also als seine Pflicht erachte, für die Rechte und die Würde seiner Tochter einzutreten. Darum rufe er die Granden und die Städte auf, ihn mit aller Macht und allen Mannen zu unterstützen . . .

Die Umstände waren für König Ferdinand von Aragonien indessen nicht günstig, um diesen Staatsstreich durchzuführen. Er war

Der Kampf um die Macht 63

niemals in Kastilien so populär gewesen wie seine erste Frau, Königin Isabella, und die große Menge war ihm durch seine Vermählung mit Germaine de Foix, deren politische Absichten man nicht durchschaute, noch mehr entfremdet.

Es ist für eine richtige Beurteilung des Verlaufs der Ereignisse in Kastilien von höchstem Gewicht, sich zu vergegenwärtigen, daß Ferdinand bereits weitgehende Vorbereitungen für einen Staatsstreich getroffen hatte, diesen aber dennoch nicht unternommen hat. Soweit wir den Staatsmann Ferdinand kennen und wissen, daß er von einmal gesteckten Zielen nicht abließ, sondern höchstens seine Taktik änderte, um sie zu erreichen, dürfen wir hieraus schließen, daß er seine Mittel für einen gewaltsamen Staatsstreich als unzureichend ansah. Er hat in seinem erfolgreichen Leben als Staatsmann stets mehr mit List – wenn man will auf politischem Weg, notfalls unter Anwendung amoralischer Mittel – erreicht als mit Gewalt, und in diesem Rahmen von Ferdinands Handlungen müssen wir sowohl das tragische Ende Philipps als auch das Rätsel von Johannas Leben sehen. Wir verfügen jedoch nicht über ausreichende Daten, um beide Tatsachen in vollem Umfang aufklären zu können.

Ferdinand mußte einsehen, daß die Dinge eine für ihn ungünstige Wendung genommen hatten. Nur wenige der Mitglieder des hohen kastilischen Adels waren auf seiner Seite geblieben, und verschiedene Städte weigerten sich, ihn innerhalb ihrer Mauern zu empfangen. Petrus Martyr verleiht seinem Mitleid mit dem aragonesischen König Ausdruck, der wie ein Vagabund ohne Haus oder Unterkunft in den Gebieten herumirrte, wo er einstmals wie ein beinahe allmächtiger Fürst geehrt wurde.

Bis Ende Juni ging Philipp einer Begegnung mit seinem Schwiegervater aus dem Weg. Es hatte den Anschein, als wollte er auf Umwegen das Herz Kastiliens erreichen, um dort, in Burgos oder Salamanca, das Land durch Übernahme der Regierungsgewalt seinem Willen gefügig zu machen.

Durch Vermittlung eines vornehmen kastilischen Edelmannes, Don Juan Manuel, eines Mannes aus königlichem Blut, dessen Persönlichkeit und Wirken einen entscheidenden Einfluß auf die Entwicklung der politischen Beziehungen zwischen Ferdinand und Philipp gehabt zu haben schienen – möglicherweise war er aber nur ein Intrigant, der es auf Vermögen und Ehrenstellungen abgesehen hatte, ein Politiker kleiner Listen und Schlaumeiereien –, einigten sich beide Parteien endlich auf ein Gespräch miteinander. Das gegenseitige Mißtrauen war freilich so groß geworden, daß man nicht innerhalb der Stadttore zusammenzukommen wagte, aus Furcht vor einem Hinterhalt, einem in der spanischen Politik nicht unbekannten Mittel, das einem König dereinst das Leben gekostet hatte.

Als Ort der Zusammenkunft wählte man eine weite, offene Ebene im Grenzgebiet von Galicien und León, unweit des Städtchens Puebla de Senabria. Philipp, der offensichtlich Gewaltanwendung von seiten des Königs Ferdinand vermutete, zog in regelrechter Schlachtordnung dorthin. Er war von einer solchen Menge von Herzögen, Grafen, Marquis, Baronen und Rittern umgeben, sagt der anonyme südniederländische Chronist, »que c'estoit belle chose à veoir«, daß es eine Lust war, es zu sehen, und vor ihm zogen sechshundert gut ausgerüstete, kräftige deutsche Landsknechte her, ferner hundert berittene Bogenschützen und hundert Gardisten zu Pferde. Ferdinand von Aragonien erschien dagegen mit einem kleinen Gefolge und nur zweihundert berittenen Soldaten.

Die Zeitgenossen von König Ferdinand sind sich darüber einig, daß er über ein großes Maß an Selbstbeherrschung verfügte und weder durch Mienenspiel oder Worte noch durch Gebärden zu erkennen gab, was ihn innerlich bewegte. Besondere Freundlichkeit oder selbst Schalkhaftigkeit seitens eines solchen Mannes, dessen Fähigkeit, seine Gefühle zu tarnen, in aller Munde war, dürfte jeden, der ihn näher kannte, unter solchen Umständen mit Sorge oder im Falle geringerer Menschenkenntnis mit Verwunderung erfüllt haben. Ferdinand ging mit munterer Miene dem ungewöhnlich ernst dreinblickenden Philipp entgegen, und für verschiedene der kastilischen Granden, die Philipps Seite gewählt hatten, hatte er eine freundliche, spöttische Bemerkung zur Hand über ihr Äußeres oder ihre Haltung.

Johanna nahm an dieser Begegnung nicht teil. Die Unterredung war von kurzer Dauer und hatte offensichtlich nicht zur Verminderung der Spannung beigetragen, denn unmittelbar danach schrieb Philipp einen äußerst kühlen Brief an Ferdinand, in dem er ihn mehr oder weniger aufforderte, abzureisen.

Am 27. Juni wurde in Villafáfila, einem kleinen Ort in der Nähe von Puebla de Senabria, ein neues Abkommen zwischen Philipp und Ferdinand unterzeichnet. Philipp war dabei nicht anwesend, sondern ließ sich durch Don Juan Manuel und den Erzbischof von Toledo vertreten. Er selbst unterschrieb das Abkommen in Benavente, dem

Der Kampf um die Macht   65

Herrensitz des Geschlechtes Pimentel, an das die Ruinen des hochgelegenen Schlosses heute noch erinnern.

Dieses neue Abkommen wich wesentlich vom vorhergehenden ab, indem in ihm in viel bestimmteren und entschiedeneren Formulierungen von Johannas seelischer Störung die Rede war. Die Unterzeichner kamen dahin überein, daß König Ferdinand die Hälfte der Einkünfte aus den überseeischen Besitzungen erhalten und außerdem in einem ansehnlichen Ausmaß an den übrigen Einkünften Kastiliens teilhaben sollte. Ferner sollte Ferdinand die Führung der drei adligen kastilischen Militärorden behalten. Andererseits bestätigte der König von Aragonien hiermit Philipps Erklärung, daß Johanna sich mit den Regierungsangelegenheiten nicht zu befassen gedenke, und daß dies, sollte sie es dennoch tun, zum Untergang des Reiches führen würde infolge ihrer Leiden und Anwandlungen (enfermedades y pasiones), die »um der Wohlanständigkeit willen« nicht näher umschrieben wurden ... Für den Fall, daß andere Johanna zur Macht verhelfen sollten, würden sich Philipp und Ferdinand zum Widerstand dagegen mit allen ihnen zur Verfügung stehenden Mitteln verbünden.

König Ferdinand von Aragonien unterzeichnete dieses Abkommen bereitwillig, aber er wäre nicht der typische Renaissance-Staatsmann gewesen, der er war, hätte er nicht bereits *zuvor* ein Schriftstück entworfen und unterschrieben, welches das geplante Bündnis für ungültig erklärte ...

Es ist für das rechte Verständnis der ganzen Lage von Interesse, sich in dieses geheime Schriftstück Ferdinands zu vertiefen. Es lautet:

»Da es allen bekannt ist, welche kränkende Behandlung Königin Johanna und mir, Ferdinand ... durch das Abkommen zuteil wird, das den Rechten meiner Tochter und meinen eigenen so sehr Abbruch tut, ein Abkommen, das mir abgepreßt worden ist, weil ich mich im guten Glauben an das Ehrenwort und den Eid König Philipps, meines Schwiegersohns, so sehr in dessen Macht begeben habe, daß meine fürstliche Person ganz offensichtlich in Gefahr ist, und ich auf andere Art und Weise diesen Gefahren nicht entkommen kann, weil mein Schwiegersohn die gesamte Herrschaft über diese Gebiete in seine Hände nehmen will ... und seine Frau, meine Tochter, deshalb gefangenhält und aller ihrer Rechte als Erbin und Eigentümerin dieser Gebiete beraubt, erkläre ich heute am 27. Juni 1506 in dieser

Stadt Villafafila, daß ich dieses Abkommen zwar unterzeichnen werde ... aber daß ich zwecks Behauptung meines Rechtes diese Erklärung abgebe, damit man später mit authentischen Dokumenten dartun kann, warum ich unterzeichnet habe ... und dieses Abkommen demnach von keinerlei Wert ist, so daß ich, wenn ich es vermag, wieder an mich nehmen kann, was mir von Rechts wegen zusteht ...«

Ferdinand zog hierauf nach Tordesillas und sandte an alle seine Gesandten und diplomatischen Agenten ein Rundschreiben, um sie über den Verlauf der Dinge zu unterrichten und sie in den Stand zu setzen, den Regierungen, bei denen sie akkreditiert waren, hierüber Mitteilung zu machen.

Johanna blieb außerhalb all dieser Überlegungen und Besprechungen. Der anonyme südniederländische Chronist, der Philipp und Johanna begleitete, gibt uns das folgende Bild von Johanna auf jenem Zug von La Coruña ins Herz Kastiliens. Jener äußerst diskrete Berichterstatter, der sich immer wieder in seinen politischen Betrachtungen und Bemerkungen kurz faßt, um keinen Anstoß zu erregen, will auch in seinen Mitteilungen über Johanna sehr behutsam und reserviert vorgehen, um vor allem nichts auszusagen, was delikate Frauenohren verletzen könnte. »Je ne désire point dire chose qui displaise aux dames ...« Er führt nach dieser vorsichtigen Einleitung folgendes über Johanna aus:

»Tugendsam war sie, schön und jung, würdig, vom vornehmsten Herrscher der Welt geliebt zu werden, und der bedeutendste Herrscher sowie der gescheiteste und vortrefflichste Mann der Welt hätte sich mit ihr und ihrer Person zufriedengeben können. Aber die Jugend ist jetzt so begierig auf alle freudespendenden Dinge und vor allem auf Frauen, wenn sich das junge Herz ihnen erschließt, daß, obwohl sie sehr schön war und eine durch und durch vornehme Frau sowie die ›plus preudhe femme de son corps‹, die man je hätte finden können, und sie sich so hervorragend der ihr von der Natur auferlegten Pflicht entledigte, indem sie noch kein Jahr brauchte, um ein Kind zu empfangen und Leben in ihrem edlen Leib hervorzurufen, die tugendsame Königin doch ziemlich eifersüchtig wurde,

Der Kampf um die Macht 67

sowohl wegen der Jugend des Königs als vielleicht auch wegen der
jungen Ratgeber, von denen er umgeben war. Die Königin ist derart
eifersüchtig geworden, daß sie diese Leidenschaft gar nicht mehr
hat unterdrücken können, und sie ist mit ihr dermaßen und so lange
Zeit behaftet geblieben, daß sie bei ihr zur schlechten Angewohnheit
geworden ist und sogar zur ›rage d'amour . . .‹ Als sie in ihrem
Königreich Spanien angekommen war, gab sie nicht nach, bis nicht
sämtliche Damen ihres Gefolges weggeschickt waren. Wäre das nicht
geschehen, dann wäre man in aller Öffentlichkeit ihrer Eifersucht
und ›folye‹ gewahr geworden. Sie hat es fertig gebracht, die einzige
zu bleiben. Sie hatte nur eine Waschfrau bei sich, die hin und wieder,
und zwar wenn es ihr [Johanna] zusagte, in ihrer Gegenwart Wäsche
wusch. Unter diesen Umständen, allein und ohne weibliche Gesellschaft, weilte sie bei ihrem Mann. Sie sorgte für sich selbst wie eine
arme Sklavin. Und so folgte sie ihrem Mann durchs ganze Land in
der Gesellschaft von zehntausend, ja zuweilen zwanzigtausend Männern als einzige Frau. Es wirkte lächerlich, eine so vornehme Frau,
die Königin über so viele schöne und wohlhabende Reiche, ohne
weibliche Gesellschaft reisen zu sehen. Der gute König [Philipp]
nahm sich das alles so zu Herzen, daß dies bestimmt eine der Haupt-
ursachen seines Todes gewesen ist«.[7]

Nach Gachard stimmt diese Mitteilung über die Entlassung aller
anderen Frauen aus Philipps Gefolge mit den entsprechenden Berichten des venezianischen Gesandten überein.

Im Anschluß an die Unterzeichnung des Vertrages von Villafafila
reiste Philipp ab in Richtung von Mucientes, einem kleinen Ort, der
fünfzehn Kilometer von Valladolid entfernt ist, und dessen Burg in
früherer Zeit angesehene Gefangene beherbergt hatte.

Unterwegs wollte Philipp die kastilischen Granden dazu bewegen,
ihre Billigung zur Zwangsisolierung von Johanna zu geben, die nach
Philipps Behauptungen die Folge ihrer Geisteskrankheit war. Eine
Anzahl dieser vornehmen Edelleute ging aus was für Gründen auch
immer darauf ein, aber Don Fadrique Enríquez de Cabrera, Träger
des erblichen Titels eines »Admirals von Kastilien«, wünschte nähere
Erläuterungen hinsichtlich der Notwendigkeit dieser harten Maßnahme und wollte außerdem wissen, was andere Standespersonen
bewogen hatte, einen solchen Beschluß zu billigen.

Don Fadrique besaß den energischen Charakter seines Vaters, eines der seinerzeit am mühseligsten zu bändigenden Barone Kastiliens, der nach seiner Unterwerfung durch Königin Isabella in die Verbannung geschickt worden war. In der äußerst peinlichen und delikaten Angelegenheit des für krankhaft erachteten Gemütszustandes von Johanna behielt sich Don Fadrique ein auf eigene Wahrnehmung gegründetes selbständiges Urteil vor. Er gab Philipp auch unverzüglich zu verstehen, daß er zuerst mit Johanna sprechen wolle, um zu sehen, wie es um ihren Verstand und Gemütszustand bestellt sei.

Johanna und Philipp hatten ihren Einzug in die Burg von Mucientes gehalten. Der Historiker Zurita erzählt, daß Don Fadrique, als er Johanna seine Aufwartung machen wollte, den Erzbischof von Toledo in dem Galagemach antraf, dicht bei der Tür. Der saalartige Raum war dunkel gehalten, und die Königin, dunkel gekleidet, saß in der Fensternische. Ihr Gesicht war zum Teil hinter ihrem Kopftuch verborgen. Beim Eintreten des »Admirals von Kastilien« erhob sich Johanna und verbeugte sich, eine ungewöhnliche Gebärde für eine Königin gegenüber einem Untertanen und für eine spanische Frau gegenüber einem Mann. Johanna fragte Don Fadrique, wie es ihrem Vater gehe. Sie war also nicht in Unkenntnis dessen, was sich rings um sie zutrug, und wußte, daß Don Fadrique König Ferdinand vor kurzem gesehen und gesprochen hatte. Während zwei Tagen unterhielt sich Don Fadrique insgesamt etwa zehn Stunden lang mit Johanna und mußte hierauf erklären, daß die Königin ihm niemals eine sinnlose Antwort gegeben habe.

Nicht zuletzt unter diesem Eindruck hielt der »Admiral« Philipp vor, daß es ein unüberlegter Schritt sein würde, Johanna einzuschließen, und daß er doch sicher nicht ohne seine Gemahlin seinen Einzug in Valladolid halten werde. Johanna zu isolieren, von der Philipp seine Rechte auf den Thron herleitete, würde bestimmt Aufregung hervorrufen. Das Volk würde glauben, daß die Königin aus politischen oder persönlichen Gründen gefangengehalten werde. Wir wissen übrigens aus einem Brief eines Sondergesandten Philipps bei Ferdinand, daß die Kunde von Johannas widerrechtlicher Gefangenhaltung lauter wurde, und wir dürfen annehmen, daß Ferdinand sein Teil dazu beigetragen hat, um diese Kunde zu verbreiten.

Hauptsächlich auf den Rat Ferdinands hin begegneten sich Schwiegervater und Schwiegersohn aufs neue, um gleichsam ihre gegensei-

Der Kampf um die Macht

tige Freundschaft zu bezeugen und die hartnäckigen Gerüchte, die über die Entzweiung oder gar Feindschaft innerhalb der königlichen Familie im Umlauf waren, Lügen zu strafen. Es wurde indessen Ferdinand nicht gestattet, seine Tochter zu sehen. Zurita, der mit die wichtigsten Beiträge zur Geschichte Ferdinands geleistet hat, weil ihm viele mit kritischem Verstand verwendete Quellen zur Verfügung gestanden haben, sagt, daß sich Ferdinand während dieser erneuten Begegnung ruhig und mit fürstlicher Würde aufgeführt und sich liebenswürdig sowie offensichtlich ohne Groll mit den vornehmen spanischen Edelleuten aus Philipps Gefolge unterhalten habe.

Rodríguez Villa verdanken wir einen Zusatz zu einem Brief König Ferdinands von Aragonien über seine Unterhaltung mit Philipp von Burgund. Der König von Aragonien äußert sich darüber mit folgenden Worten:

»Nachdem ich diesen Brief geschrieben hatte, sind mein Schwiegersohn, der König, und ich abermals zusammengetroffen, und zwar in einem kleinen Ort namens Renedo, zweieinhalb *leguas*[8] vom Ort meines Aufenthalts entfernt. Ich bin dort früher eingetroffen als er und bin alsdann in die Kirche gegangen. Dort habe ich auf ihn gewartet und dort habe ich ihn auch willkommen geheißen. Wir haben dort die Wertschätzung, die wir füreinander empfinden, im weitesten Umfang gezeigt. Mein Schwiegersohn, der König und ich sind dann allein in einer kleinen Kapelle geblieben, wo wir ein anderthalb Stunden währendes Gespräch miteinander geführt haben. Was dabei zwischen uns besprochen worden ist, betrifft in der Hauptsache Weisungen, die ich ihm hinsichtlich der richtigen Verhaltensweise gegeben habe, der er sich befleißigen muß, um diese Gebiete gut zu verwalten und im Zaum zu halten. Ferner sind noch andere Fragen zur Sprache gekommen, die sich auf die Gebiete beziehen, welche wir im gemeinschaftlichen Besitz haben, sowie auf Gebiete von Freunden von uns. Diese Unterhaltung vollzog sich so, wie ein Gespräch zwischen einem Vater und seinem eigenen Sohn sein soll. Wir sind uns über diese Punkte völlig einig geworden, und alles ist in größtmöglicher Liebe und Einigkeit vonstatten gegangen. Darauf haben wir den Erzbischof von Toledo an unseren Besprechungen teilnehmen lassen, und auch in seiner Gegenwart haben wir es an Zeichen von sehr großer Liebe und an Gefühlen zwischen wahrhaftigem Vater und wahrhaftigem Sohn, die wir füreinander empfinden, nicht fehlen lassen.«

Diese öffentlichen Bekundungen großer wechselseitiger Zuneigung können nicht einmal auf das arglose Volk, das auf dem kleinen Dorfplatz vor der Kirche zusammengelaufen war, tiefen Eindruck von Wahrhaftigkeit gemacht haben, denn es war doch allenthalben im Land bekanntgeworden, daß Philipp ständig von einer aus deutschen Rittern bestehenden Leibgarde umgeben und in geschlossener Schlachtordnung in Richtung Valladolid aufmarschiert war.

Ferdinand verschwand jedoch nach dieser Unterhaltung vom Schauplatz. Die jahrelang im Zaum gehaltene Ablehnung des Aragonesen kam damals im Volk von Kastilien zum Ausdruck. Mehr als ein Ort oder eine Burg hielten ihre Tore vor ihm geschlossen, als er nach Aragonien zurückkreiste, und als ein unerwünschter Fremdling überschritt er Mitte Juli auf dem Weg nach Saragossa die kastilisch-aragonesische Grenze.

Philipp war entschlossen, zusammen mit Johanna in Valladolid einzuziehen, und die alte kastilische Stadt, die in jenen Jahren durch das Aufblühen von Handel und Gewerbe zu neuem Wohlstand gelangte, hatte sich angeschickt, die Königin und ihren Gemahl mit großem öffentlichen Gepräge zu begrüßen.

Johannas gedrückte Stimmung, die auch in ihrer dunklen Kleidung zum Ausdruck kam, wurde selbst durch die bunt verzierte Stadt und den Jubel der Bevölkerung nicht gehoben. Sie muß tief bewegt gewesen sein durch die Bekundungen von Freude seitens der Bevölkerung von Valladolid sowie die feierliche Begrüßung durch die Gemeindeverwaltung, die ihr als Königin huldigte, weil all dies einen solchen Gegensatz bildete zu den Absichten ihres Mannes, des Erzbischofs von Toledo und vieler anderer Granden, die die *Cortes* bewegen wollten, sie von der Regierung auszuschließen. Bereits in Galicien hatte sie voller Ärger gegen diejenigen protestiert, welche den sich in den Vordergrund drängenden Philipp zuerst als König von Kastilien begrüßten, und jetzt, bevor sie in die Stadt einzog, welche so oft als politische Hauptstadt Kastiliens gedient hatte, machte sie mit einer symbolischen und gleichzeitig unbeherrschten Geste allen Umstehenden deutlich, daß sie, Johanna, die Königin war, das einzig berech-

Der Kampf um die Macht 71

tigte und gesetzliche Staatsoberhaupt von Kastilien. Sie ließ eine der
beiden »Guiones«, der königlichen Standarten, vernichten, um
dadurch zu zeigen, daß die königliche Macht allein in ihren Händen
ruhe und Philipp seinen Glanz und seine Machtposition nur von ihr
ableite. Plötzlich schien das Bewußtsein fürstlicher Würde wieder
erwacht zu sein in dieser schwarzgekleideten, jungen Frau, die so
lange als Gefangene behandelt worden war, und wenn sie ihr
Gesicht auch teilweise verbarg und wenig Interesse für den festlichen
Schmuck zeigte, so war sie gerade jetzt weder in ihre trübseligen
Grübeleien versunken noch allem, was sich um sie herum abspielte,
entrückt.

Im Gegenteil. Nun es darauf ankam, ihre Rechte und ihre Persönlichkeit zur Geltung zu bringen, da die Mitglieder der *Cortes* von
Philipps Anhängern bearbeitet wurden, sie für verrückt zu erklären,
erwies sie sich als voll bei Sinnen sowie ebenso sachlich und nüchtern
wie ihre Mutter in kritischen Augenblicken. Bevor die Abgeordneten
zur Ablegung des Treueides zugelassen wurden, prüfte sie deren
Vollmachten und Beglaubigungsurkunden, um zu sehen, ob diese
auch in Ordnung waren. Allem Druck zuwider, den Philipp, der Erzbischof und viele Edelleute auf die Mitglieder der *Cortes* ausübten,
weigerten sich diese, Johanna von der Regierung auszuschließen.
Johanna nahm den Treueid entgegen, als Königin von Kastilien.

Die so plötzlich und kräftig zutage tretende Energie Johannas ist
allerdings offensichtlich nur von kurzer Dauer gewesen, denn wenn
sie später auch nicht offiziell beiseite geschoben wurde, so gerieten
die öffentlichen Regierungsgeschäfte doch in die Hände Philipps, seiner Ratgeber und Günstlinge. Wie später sein Sohn Karl V., so ver-
schenkte Philipp viele hohe Posten und Ämter an seine burgundischen Günstlinge, und der junge, strahlende Prinz wollte in dem
armen, einfachen Kastilien das glänzende Hofleben einführen, auf
das seine Vorväter so erpicht gewesen waren. Seine Fremden gegenüber erwiesenen Vergünstigungen sowie seine hohen Anforderun-
gen zur Finanzierung eines fürstlichen Haushaltes, woran Kastilien
nicht gewöhnt war und was es nicht bezahlen konnte, ließen die
bereits in weiten Kreisen entstandene Unzufriedenheit zu öffentlicher
Aufsässigkeit anwachsen.

Der jugendliche Philipp, der bislang noch wenig Beweise politischer Einsicht erbracht hatte, machte seine bereits ernsthaft
geschwächte Position indessen unhaltbar durch Maßnahmen gegen

Johanna die Wahnsinnige

einen der mächtigsten Regierungsorganismen in Spanien, nämlich die Inquisition. Die Inquisition, die in den Händen Isabellas und Ferdinands eine mit gezielten Zwängen arbeitende Institution zur Beherrschung eines innerlich so uneinigen Volkes wie die Spanier geworden war, hatte sich im Lauf der Zeit zu einem selbständigen Machtapparat entwickelt. Die Katholischen Könige hatten sich zum Ziel gesetzt, nicht nur den Staat, sondern auch eine Nation zu formen aus einem Land, das durch seine natürliche Lage und den Verlauf seiner Geschichte ethnisch, religiös, politisch und wirtschaftlich ein Konglomerat von Widersprüchen war. Dieses bunte Gemisch aus Rassen, Religionen und Völkern wollten die Katholischen Könige zu einem ausgeglichenen Block machen zur Erreichung ihres Zieles, nämlich der absoluten Macht. Die Religion hat ihnen dafür als Instrument gedient, und zur Ausrottung oder totalen, willenlosen Eingliederung in das nationale Ganze von allem, was sich durch Rasse, Religion und persönliches Unabhängigkeitsgefühl der staatlichen Gleichschaltung widersetzte, hatten die Katholischen Könige ein Staatspolizeigericht eingerichtet, das sich nach und nach über den Staat zu erheben begann. Konfessionelle Einheit war die Losung, unter der dieser Gerichtshof arbeitete. Seine Tätigkeit entsprach freilich dieser Losung keineswegs, sondern glich in Wirklichkeit jeder Staatspolizei, die im Dienste der Aufrechterhaltung einer Diktatur wirkt.

Eine Bevölkerungsgruppe, gegen die diese Staatspolizei besonders aktiv war, waren die Juden, die ein großes Kontingent des spanischen Volkes bildeten und weitgehenden Einfluß auf Spanien ausgeübt haben. Die Juden, dem Namen nach bekämpft als Bekenner einer nichtchristlichen Religion, in Wirklichkeit aber als ein nicht völlig im spanischen Volksganzen aufgehendes »corpus alienum« sowie als eine gefährliche ökonomische und daher auch politische Macht, waren teilweise verbannt, teilweise getötet, teilweise wirtschaftlich, mithin auch politisch entmachtet worden. Die emigrierten Juden betätigten sich im Ausland aktiv, um die Institution der spanischen Staatspolizei zu schwächen. In den Niederlanden, wo in den Industrie- und Handelszentren eingewanderte Juden ansässig geworden waren, vor allem in Brüssel und Antwerpen, war auf Philipp zunächst als Kronprinz und darauf als König von Kastilien Einfluß ausgeübt worden, um die jetzt selbständige Tätigkeit der Inquisition wieder unter staatliche Aufsicht zu stellen und dieser Aufsicht mit anderen Normen auszustatten.

Der Kampf um die Macht

Philipp hatte alsdann auch bereits im September 1505 zugleich im Namen seiner Frau von Brüssel aus Weisung erteilt, die Tätigkeit der Inquisition einzustellen. Wörtlich lautet sein Brief folgendermaßen:

»Philipp und Johanna[9], von Gottes Gnaden König und Königin von Kastilien, León usw. An Euch, sehr ehrwürdiger Vater, den Erzbischof von Sevilla, Großinquisitor unserer Königreiche Kastilien usw., und an die anderen Patres-Inquisitoren, die mit Ihnen Sitz im Hofe der Heiligen Inquisition haben, unsere Grüße und Gottes Gnade. Ihr müßt wissen, daß uns berichtet worden ist, daß nach dem Hinscheiden unserer Mutter, der Königin, die Gott in Seine Seligkeit aufgenommen haben möge, Ihr und die anderen Inquisitoren zahlreiche Personen wegen der Missetat ketzerischer Bosheit gefangengenommen oder habt gefangensetzen lassen und diese Personen jetzt in Haft haltet und eingekerkert habt, während hinsichtlich anderer das Recht bereits seinen Lauf genommen hat... Aber weil wir anwesend sein wollen, und auf daß zugleich mit Euch gemäß unserem Rat und Gutdünken verfahren werde... verfügen wir, daß die Tätigkeit der vorgenannten Heiligen Inquisition eingestellt werde... und man die Dinge auf sich beruhen läßt wie sie im Augenblick sind... bis daß wir mit Gottes Hilfe dort in jenen Königreichen von uns angekommen sind. Trotz des eben Gesagten ist es nicht unser Wille, daß man hieraus die Meinung gewinne oder schließe, wir wollten die Inquisition aufheben und aus jenen Ländereien von uns ausweisen. Im Gegenteil, wir wollen sie begünstigen, ihr helfen und mehr Abteilungen von ihr einrichten...«[10]

Das war immerhin noch eine behutsam formulierte Maßnahme, die aber, wenn ihr auch ein die wichtigsten Behörden unterrichtendes Rundschreiben voranging, anfänglich doch einiges Befremden und Unruhe bei den betroffenen hohen kirchlichen Würdenträgern hervorrufen mußte.

Doch nachdem sich Philipp nun einmal in Spanien aufhielt, begannen seine Ratgeber und Vertrauten sich direkt in die schwebenden Fragen der Inquisition einzumischen. Den unmittelbaren Anlaß hierzu boten die in Südspanien ausgebrochenen Unruhen als Folge des Auftretens jenes Gerichtshofes. Über zehn Jahre hindurch hatten Tausende von Menschen, hauptsächlich maurischen und jüdischen Blutes, ihr Leben in den Kerkern der Inquisition gelassen; doch nachdem nunmehr die Mitglieder des Hochadels gefangengesetzt und mit Verlust von Leib und Gut bedroht wurden, kam es zu einem gewaltsamen Aufstand. Eine von der Regierung ernannte Untersuchungskommission förderte zutage, daß viele infolge des unverantwortlichen Auftretens eines Inquisitors grundlos mit äußerster Strenge bestraft worden waren.

Philipp, der bereits in den Niederlanden Bedenken gegen die Inquisition geäußert hatte, begann weiterhin in ihre Arbeit einzugreifen. Auch an anderen Orten wurden Gefangene der Inquisition in die Freiheit entlassen und beschlagnahmtes Eigentum zurückerstattet. Ein großer Teil dieser Gefangenen waren Juden. Einige Juden waren aus Selbsterhaltungstrieb und aus Liebe zum Land ihrer Geburt, wo sie ihre Stellungen und Besitztümer hatten, zum Katholizismus übergetreten, aber ihr Tun und Treiben wurde von Spionen der Inquisition genau beobachtet, und auf die ersten verdächtigen Zeichen von »Judaismus« hin wurden sie eingesperrt. Andere waren überzeugte Christen geworden – u. a. war Erzbischof Talavera ein katholisch gewordener Jude – und aus tiefempfundener evangelischer Frömmigkeit heraus übten sie durch Wort und Tat Kritik an der politisierten Kirche, was ihnen die Feindschaft der Geistlichkeit eintrug. Seit Jahrhunderten gab es einen geregelten Handelsverkehr zwischen Spanien und den Niederlanden – in Burgos bestand seit dem 13. Jahrhundert ein »flämisches« Konsulat – und somit hatte all dieses Elend seinen Widerhall in Gent, Brüssel und Brügge gefunden. Dieser hatte auch Philipps Ohren erreicht, und die zutage geförderten Mißstände in Andalusien veranlaßten ihn, Maßnahmen gegen die Inquisition zu ergreifen.

Wir dürfen aus unserer Kenntnis der Machtstellung der Inquisition und der Mentalität und Wirkungsweise der Inquisitoren heraus annehmen, daß die offene Einmischung Philipps und seiner Ratgeber in die Befugnisse der Polizei- und Justizgewalt dieses Gerichtshofes seit dem vom Großinquisitor Torquemada lebendig erhaltenen Fanatismus zu scharfen Konsequenzen führte. Der ursprünglich vom Staat aus politischem Opportunismus errichtete Gerichtshof wurde jetzt allzusehr durch den ihm eingehauchten Geist beherrscht, als daß er bereit sein würde, den nunmehr geänderten politischen Kurs ein-

Der Kampf um die Macht   75

zuschlagen. Und so sehr hatte die Inquisition bereits Eingang in den
Staatsapparat und in das Bewußtsein des Volkes gefunden, daß sie
sich ihrerseits gegen den Staat selbst wenden konnte.

Auch diese Frage muß geprüft werden, um anschließend das tragische Ende Philipps unter allen Gesichtswinkeln seiner Zeitgenossen
zu betrachten und um außerdem zu verstehen, wieso ernstzuneh-
mende Geschichtsforscher die These verteidigen konnten, Johanna sei
das Opfer der spanischen Inquisition gewesen.

Nach einmonatigem Aufenthalt in Valladolid, währenddessen die
politischen Spannungen immer spürbarer geworden waren und die
Beziehungen zwischen den königlichen Eheleuten an Schärfe zugenommen hatten, reiste Philipp mit seiner Frau in Richtung Segovia
ab. Ganz in der Nähe des kleinen Ortes Cogeces, wo sich eine Burg
mit Besatzung befand, weigerte sich Johanna plötzlich, die Reise
fortzusetzen. Nach dem alten Chronisten Estanques, alias Santa
Cruz, aus dem 16. Jahrhundert soll sie sich selbst vom Pferd geworfen haben. Gemäß Petrus Martyr, der auch jetzt wieder Augenzeuge
war, hielt Johanna jedoch mitten auf offener Flur ihr Pferd an, und
zwar aus Mißtrauen. Sie vermutete plötzlich, daß Philipp, da es ihm
nicht gelungen war, sie unter dem Schein des Rechts einzuschließen,
sie gewaltsam im Schloß von Cogeces gefangensetzen wolle. Petrus
Martyr läßt es dahingestellt, ob Johanna von selbst zu dieser Vermutung gelangt ist, »sive ex ingenuo suo«, oder andere sie ihr ein-
geflüstert haben. Es wurde ein ärgerliches Schauspiel. Johanna irrte
die ganze Nacht im Freien umher, und man konnte ebensowenig mit
Bitten und Flehen, »precibus«, wie mit Drohungen, »minis«, die
Königin dazu bringen, in die Stadt einzuziehen[11]. Am folgenden
Tag zeigte sie sich zur Weiterreise bereit, aber unter der Bedingung,
daß man Richtung auf Burgos nahm.

Am 7. September kamen sie dort an. Einige Tage zuvor hatte sich
König Ferdinand in Barcelona eingeschifft, um nach Italien aufzubrechen. Es hat Befremden ausgelöst, daß König Ferdinand in diesem
prekären Augenblick, als die Spannung in Kastilien so groß war, daß
man jeden Tag den Ausbruch des Bürgerkrieges erwarten konnte,
Spanien verließ. Diese Abreise wird noch unbegreiflicher, wenn man
bedenkt, daß Philipp einen Vertrag mit dem Königreich Navarra
geschlossen hatte, und zwar unter Ausschluß von Ferdinand von
Aragonien. War doch andererseits bekannt, daß die Politik Ferdinands sich darauf richtete, das Königreich Navarra unter sein Szepter

zu bringen – was ihm letztlich auch gelang – und Johanna die desig-
nierte Nachfolgerin Ferdinands war. Der Besitz von Navarra,
wodurch das vereinigte Spanien ganz und gar von natürlichen Grenzen umgeben sein würde, war ein politisches Ideal Ferdinands, aber
auch eine militärische Notwendigkeit. Der Bund des profranzösischen
Philipp mit Navarra mußte auf Ferdinand, den man ausgeschlossen
hatte, den Eindruck machen, als ob Philipp den französischen Druck
auf Navarra noch verstärken und ihn, Ferdinand, an einer gefährlich
offenen Stelle bedrohen wolle.

Trotzdem reiste Ferdinand ab. Bei mehr als einem Geschichtsschreiber hat dies den Eindruck hervorgerufen, Ferdinand habe
genau gewußt, welches Drama sich in Burgos abzuspielen im Begriffe
war, und daß er dadurch, daß er sich fern vom Schauplatz der Ereignisse aufhielt, jeden Anschein habe vermeiden wollen, hiervon
Kenntnis gehabt oder ihren Verlauf bestimmt zu haben.

Bei ihrer Ankunft in Burgos zogen Philipp und Johanna in das
Palais des »Condestable«, des Konnetabels von Kastilien ein, das
zuweilen wegen einer tauförmigen Verzierung über der Tür, einem
den Franziskanern entlehnten Symbol, auch »Casa del Cordón«
genannt wurde. Dieses massive Gebäude – es bildet immer noch
eine Zierde von Burgos – mit seinem imposanten Giebel war in der
zweiten Häfte des 15. Jahrhunderts gebaut worden, und zwar von
einem Mitglied der mächtigen Familie Velasco. Das über der Tür
ausgemeißelte königliche Wappen weist darauf hin, daß man das
Haus ursprünglich dafür bestimmt hatte, die königliche Familie darin
als Gäste zu empfangen.

In diesem vornehmen Adelshaus, in dem Jahrzehnte zuvor Königin Isabella Kolumbus nach seiner ersten Entdeckungsreise empfangen hatte, und wo später der ritterliche Franz I. von Frankreich eine
Zeitlang als Gefangener weilen sollte, starb Philipp der Schöne plötzlich Ende September 1506.

Ein natürlicher oder ein gewaltsamer Tod?

Inmitten der ausgelassenen Festesfreude in Burgos, einige Tage nach der Ankunft von Philipp und Johanna, konnte sich der jetzt achtundzwanzig Jahre alte König von Kastilien nicht verhehlen, daß er sich großen Schwierigkeiten gegenüber sah. Oberhäupter angesehener kastilischer Familien hatten ihm den Gehorsam verweigert, die Verärgerung über Johannas für erzwungen erachtete Absonderung war überall wahrnehmbar, der Widerstand der höheren Geistlichkeit ließ sich allenthalben verspüren und auf diplomatischem Gebiet stieß Philipp auf den von Ferdinand von Aragonien meisterhaft vorbereiteten Widerstand in verschiedenen Hauptstädten. Ein Anzeichen großer Sorgen auf innerpolitischem Gebiet war wohl darin zu sehen, daß, als die Abordnung für den päpstlichen Hof zusammengestellt werden mußte, um nach alter Gewohnheit die fromme Unterwürfigkeit der jungen Königin und des Königs von Kastilien gegenüber dem Papst zu bekunden, keine hierzu geeignete und dessen würdige Person sich bereit erklärte, dieser Delegation anzugehören.

Die Spannung war so groß geworden, daß der Ausbruch eines Bürgerkrieges jeden Tag zu erwarten stand. In jenen Tagen zunehmender Unruhe und Unsicherheit erkrankte Philipp plötzlich. Er bekam Fieber, übergab sich und starb unter den Händen der Ärzte, die ihm nach den Bräuchen der damaligen Zeit Abführmittel gaben und Blut abzapften, binnen einer Woche.

Der Tod Philipps des Schönen ist eines der vielen Rätsel der Geschichte, die der menschliche Scharfsinn wohl niemals zu lösen vermag. Je mehr Tatsachen man sammelt, desto verwickelter wird das Rätsel. Es gibt zahlreiche Gründe, um an den natürlichen Tod des jungen Königs zu glauben, doch ist es nicht richtig, wie einige – darunter auch moderne – Historiker behaupten, daß ein gewaltsamer Tod für *ausgeschlossen* erachtet werden muß. Man wird den Tatsachen gerechter, wenn man zugibt, daß dieses Geheimnis nicht enthüllt werden kann.

Für einen natürlichen Tod gibt es zuverlässige Hinweise. Erstens herrschte in jenen Tagen eine bösartige Fieberepidemie in Burgos. Zweitens existiert ein ausführliches ärztliches Attest über Philipps Krankheit und Tod. Drittens waren die allgemeinen sanitären Zustände zu jener Zeit schlecht und die medizinische sowie hygienische Versorgung sehr mangelhaft. Als Folge davon war die Sterbeziffer unter den jungen Menschen viel höher als gegenwärtig. Man denke doch nur an die jung verstorbenen Verwandten Johannas. Ihr Bruder, Kronprinz Johann, starb im jugendlichen Alter, ebenso ihre Schwester Isabella, die, obwohl sie vor ihrem dreißigsten Lebensjahr starb, bereits zum zweiten Mal verheiratet war. Ihre andere Schwester, Katharina, verheiratet mit dem englischen Kronprinzen, wurde ebenfalls in sehr jungen Jahren Witwe. Prinz Arthur von England starb ebenso jung und unerwartet wie sein portugiesischer und kastilischer Schwager. Katharina von Aragonien selbst verlor fünf ihrer sechs Kinder.

Nach einem Bericht des Hofarztes de la Parra, den dieser unmittelbar an König Ferdinand sandte, vollzogen sich Krankheit und Tod Philipps wie folgt:

»Zwei oder drei Tage, bevor er erkrankte, hatte König Philipp höchst leidenschaftlich ›pelota‹[1] an einem kühlen Ort gespielt und hatte sich abkühlen lassen, ohne sein Haupt zu bedecken. Donnerstag den 17. September stand der König schon einigermaßen indisponiert auf. Man glaubt jetzt, daß er damals schon Fieber hatte. Dieses Fieber hielt bis zu seinem Tod an. An jenem Donnerstag sprach er nicht mit seinen Ärzten. Er aß wie gewöhnlich, wenn er auf die Jagd ging, und ging auch wie sonst auf die Jagd. Freitags darauf sagte er seinen Ärzten ebenfalls nichts, obwohl das Fieber anhielt. Er aß beinahe wie ein gesunder Mensch, aber mit wenig Appetit. Der Sonnabend verlief auf dieselbe Weise bis mittags. Dann begann er zu frösteln, und zwar so arg, daß er es vor seinen Mitmenschen nicht zu verbergen vermochte. Er ließ seine beiden Ärzte[2] rufen, sagte ihnen, was ihm fehlte und was er bis jetzt verschwiegen hatte, nämlich daß er am Donnerstag und Freitag zuvor um dieselbe Stunde auch bereits gefroren habe, sei es auch im geringeren Maß. Diesen Sonnabend bekam er außerdem noch hohes Fieber.

Sonntag morgen hatte er immer noch Fieber und bekam Schmer-

Ein natürlicher oder ein gewaltsamer Tod?

zen in der Seite. Auch spie er Blut. Man ließ ihn auf der anderen Seite zur Ader. Die Schmerzen verminderten sich unverzüglich und verschwanden nachmittags sogar ganz. Bis zwei Uhr mittags blieb das Fieber niedrig, aber dann fror es den König abermals, und gleichzeitig stieg das Fieber wieder an. Am Montag, dem fünften Tag seiner Erkrankung, hatte der König frühmorgens Fieber, und sein Zäpfchen war so dick geschwollen und schlaff, ebenso seine Zunge und Gaumen, daß er kaum seinen Speichel hinunterschlucken und auch nur mit Mühe sprechen konnte. Das behinderte ihn dermaßen, daß er sagte, es sei das einzige Übel, an dem er litte, und daß dies das einzige sei, wovon man ihn heilen müsse. Er sagte, daß, wenn dies vorbei sei, er auch wiederhergestellt sein würde. Dann setzte man ihm Schröpfköpfe an auf seinem Rücken und hinten im Hals. Das erquickte ihn augenblicklich, so daß man sie wieder abnahm. Die Ärzte waren übereingekommen, bei ihm am folgenden Tag, Dienstag, abzuführen, denn an diesem Montag konnte er es nicht ertragen.

Diesen Dienstag, am sechsten Tag seiner Erkrankung also, hatte er auf natürliche Weise Stuhlgang. Man sah deshalb von weiteren Purgierungen ab. Nachmittags begann er wiederum zu frieren, und das Fieber nahm erneut zu wie an den vorangegangenen Tagen. Am folgenden Tag, Mittwoch, also am siebenten Tag seiner Erkrankung – man war dessen nicht sicher, weil man am ersten Tag kein Fieber bei ihm festgestellt hatte –, erstattete man mir Bericht, da das Fieber anhielt und auch die anderen Erscheinungen ernsthafter wurden. Ich weiß nicht, ob man auch anderen Ärzten Bericht erstattet hat. Ich bin allein gekommen. Wohl hat man dann in aller Eile einen Arzt aus Burgos herbeigerufen sowie einen des Erzbischofs von Toledo[3], damit diese allein an Hand der Urinuntersuchung und auf Grund des Berichts der behandelnden Ärzte ihr Urteil über den Fall abgeben sollten, ohne den König zu untersuchen. Sie wurden sich alle darüber einig, daß man den Patienten zur Ader lassen müsse. Das tat man auch, und es kam dickes, schlechtes Blut aus dem Körper. An jenem Mittwoch begann der König zur gewohnten Stunde zu frieren, aber schlimmer als an den Tagen zuvor. Darauf wurde ihm wieder warm, und er fing stark zu schwitzen an. Die Doktoren dachten, dies sei ein Zeichen von Besserung, von bemerkenswertem Fortschritt. Ungefähr sechs Stunden lang dürfte er geschwitzt haben. Alsdann erschlaffte er ganz und gar. Er verlor das Bewußtsein und konnte nicht mehr sprechen. Von diesem Augenblick an hat man ihn nichts Vernehmliches mehr äußern hören. Er ist ohne Bewußtsein geblieben, in einer Art Dämmerzustand, woraus man ihn ab und zu mit ziemlicher Mühe, aber niemals ganz, weckte.

Am Donnerstag darauf verharrte er in diesem Zustand. Ich bin diesen Donnerstag nachts angekommen, um ihn zu untersuchen. Um zwei Uhr nachts traf ich ein. Ich fand ihn in einem derartigen Zustand vor, daß ich den Eindruck gewann, die Krankheit sei bereits so weit fortgeschritten und die Kräfte hätten schon derart abgenommen, daß keine Hoffnung mehr bestand und ich auch kein Mittel zur Wiedergenesung mehr für wirksam hielt. Ich wollte deshalb meine Zustimmung nicht mehr erteilen, ihn mit noch irgendwelchem kräftigen Mittel zu behandeln, womit man, wie zu erwarten war, sein Leben nur verkürzt hätte. Ich bestand mit aller Kraft darauf, daß man ihm die Letzte Ölung erteile. Fünf Stunden lang bin ich bei ihm geblieben und um sieben Uhr weggegangen mit dem Gedanken, daß er höchstens noch bis zu der Stunde würde aushalten können, zu der ihn, wie üblich, das Kältegefühl überkam. Es heißt, er habe ungefähr um zwei Uhr mittags den Geist aufgegeben, an diesem Freitag, dem 23. September 1506.[4]

Alls was ich Eurer Hoheit hier schreibe, beruht auf den sehr genauen, gänzlich miteinander übereinstimmenden Mitteilungen, die mir die Doktoren haben zukommen lassen, im Beisein von anderen Personen, die sich an Ort und Stelle aufhielten. Außerdem füge ich meine Eindrücke während der fünf Stunden bei, die ich an seinem Krankenbett geweilt habe. Infolge des Schwitzens hatten sich am ganzen Körper kleine rot-schwarze Pusteln gebildet, die unsere Doktoren »olattas« nennen. Während seiner Krankheit ist der König nicht sehr verfallen. Da ich ihn gesehen habe, als es mit ihm bereits zu Ende ging, habe ich nicht fragen wollen, wie es während der Erkrankung ums Essen und Trinken bestellt war. Ich glaube, daß keinerlei Irrtümer begangen worden sind, denn seine Ärzte waren sehr fähig, vor allem einer unter ihnen.

Später hat man unter den Niederländern und wohl auch unter den Kastiliern behauptet, man habe den König vergiftet. Dafür habe ich keinerlei Anhaltspunkte gefunden und seine Ärzte auch nicht. Als ich dort war, waren sie gar nicht auf diesen Gedanken gekommen und vermuteten auch dergleichen nicht.«

Ein natürlicher oder ein gewaltsamer Tod?   81

Dieser Bericht des Hofarztes klingt sehr glaubwürdig. Die Krankheit und der Tod Philipps des Schönen werden hierdurch auf annehmbare Weise als eine völlig natürliche Erscheinung erklärt. Wenn freilich Philipps Erkrankung und Ende die Folge verbrecherischen Vorsatzes gewesen sind und Ferdinand der Schuldige gewesen ist, wie sofort in weiten Kreisen vermutet und angenommen wurde, dann wird man auch den Bericht des Ferdinand so ergebenen Leibarztes de la Parra mit argwöhnischen Augen lesen.

Tatsache ist, daß schon lange vorher die Vermutung gehegt und geäußert wurde, Ferdinand, der in dieser Hinsicht einen schlechten Ruf genoß, würde versuchen, seinen lästigen Widersacher Philipp aus dem Weg zu räumen.

Drei Monate, bevor Philipp auf so plötzliche und rätselhafte Art und Weise den Tod fand, schrieb ein hervorragender Utrechter Geistlicher aus Rom, wo er als Abgesandter Philipps weilte, folgenden insoweit sehr bezeichnenden Brief:

»Sire, ich weiß sehr wohl, daß Sie sich verschiedener geheimer Ratschläge erinnern, die Sie bezüglich Ihres körperlichen Wohlbefindens und Ihrer Ernährung erhalten haben. Sire, ich mache Sie darauf aufmerksam, und Antonio [de Acuña] ebenfalls[5], daß es absolut notwendig ist, daß Sie noch viel sorgfältiger sind, als Sie es gewesen sind, und daß Sie diese Ratschläge strikt befolgen. Es darf Sie nur ein einziger Mann bei Tisch bedienen ... und überdies müssen Sie dafür sorgen, daß niemand in Ihre Küche kommt, der nicht zu Ihrem Personal gehört. Denn abgesehen davon, daß die Astrologen Sie bereits auf so wunderbarliche Weise vor dieser Gefahr gewarnt haben, hat man zudem noch auf der Versammlung des Hauptkapitels der Franziskanermönche nach jeder Richtung hin darüber gesprochen. Diese Brüder kommen überall hin. Zuvor haben sie mit Deckworten darüber gesprochen. Ich weiß, daß Sie, sowohl den Bräuchen des Landes entsprechend als auch zwecks Wahrung Ihres körperlichen Wohlbefindens, nicht mehr so daran gewöhnt sind, außerhalb des Hauses zu essen wie in Ihrem Geburtsland. Das ist außerdem auch gar nicht nötig. Bedenken Sie doch, Sire, um Ihres eigenen Wohlbefindens willen, daß es keinen Fürsten in der Welt gibt, der mehr auf der Hut sein muß als Sie. Das ist gar nicht so beschwerlich, wenn Sie sich dazu herbeilassen, denn Sie haben Menschen aus

Ihrem eigenen Heimatland bei sich, und die werden sich gut dieser Aufgabe entledigen. Es ist doch gar nicht notwendig, außer Haus zu essen. Und weil die Gerichte von König Ferdinand Ihnen gar nicht gut bekommen und nicht nach Ihrem Geschmack zubereitet sind, so glaube ich, Sie sollten nicht zu oft zu ihm zum Essen gehen. Sie werden gut daran tun, vor allem im Sommer. Deshalb ist es notwendig, daß Sie Gerichte zu sich nehmen, die Ihnen gut bekommen. Weiterhin mache ich Sie darauf aufmerksam und flehe Sie an, sich nicht so sehr in die Gewalt anderer zu begeben, so daß Sie es gar nicht mehr in der Hand haben würden, zu tun, was Sie wollen, sei es in der Kirche oder anderswo . . .«[7]

Der Verfasser dieses Briefes mag dann wohl auch den Vorbehalt machen, daß er keinen bösen Vermutungen Raum gibt, »j'entends le tout civillement en honneur«, einen Vorbehalt, den er allerdings machen mußte nach einer so durchsichtigen Warnung vor der Tafel des Schwiegervaters seines Fürsten, aber er läßt augenblicklich darauf die Äußerung folgen, daß sehr gute Gründe für allergrößte Vorsicht bestehen.

Wir, die wir an andere politische Mittel gewöhnt sind, können uns nicht so leicht vorstellen, daß es Zeiten gegeben hat, in denen Gift und Meuchelmord übliche, gebräuchliche Mittel im Dienste von innerer und auswärtiger Politik waren. Wenn wir freilich diese Mittel vergleichen mit denen unserer Zeit, Bombenabwürfen auf offene Städte, Maschinengewehrfeuer aus der Luft auf eine wehrlose Bevölkerung, Torpedierung von Handelsschiffen, Gebrauch von Giftgasen und Minen, all dies manchmal außerhalb jeder Kriegserklärung, dann haben wir doch wenig Grund, allzu skeptisch gegenüber Mitteilungen zu sein über frühere gewaltsame Mittel im Dienst der Politik, und gleichzeitig werden wir dann gewahr, daß wir nicht das Recht haben, über frühere Praktiken allzu scharf zu urteilen.

Vor allem im 15. und 16. Jahrhundert waren Gift und Meuchelmord klassische Mittel zur Bekämpfung politischer Gegner geworden. Zu jener Zeit politischer Unmündigkeit der breiten Masse wurde der politische Kampf deutlicher zwischen Einzelpersonen ausgetragen als heutzutage. Die Beseitigung eines Gegners hatte öfters einen vollständigen politischen Umsturz im Feindesland zur Folge, oder brach zumindest vorübergehend den Widerstand, auf den man

Ein natürlicher oder ein gewaltsamer Tod?

stieß. König Ferdinand, den man als Staatsmann im Rahmen der Auffassungen seiner Zeit studieren und beurteilen muß, kann als Realpolitiker, der er war, dieses Mittel als für seine Zwecke dienlich angesehen haben. Betrachtet man eine solche Handlungsweise allein unter dem Gesichtspunkt ihrer Zweckmäßigkeit – also vom rein politischen Standpunkt her – und zieht man dabei in Erwägung, welches Unheil dadurch für ein ganzes Volk verhütet wurde – ein Krieg oder, wie im vorliegenden Fall, ein Bürgerkrieg –, dann läßt sich eine solche Maßnahme im Vergleich mit unserer Kriegsgewalt sogar als humanitär verteidigen, als weniger abscheulich und weniger Leid verursachend.

Derartige Methoden waren damals derart gebräuchlich und medizinisch so schwer nachzuweisen, daß sie auch im gesellschaftlichen Leben wiederholt angewendet wurden. Um nur ein Beispiel anzuführen aus jenen Jahren und aus Kreisen, mit denen wir es zu tun haben, weisen wir hin auf den Tod von Don Bernardino de Velasco, einem angesehenen spanischen Edelmann, der auf Veranlassung von Königin Germaine, Ferdinands zweiter Frau, vergiftet wurde wegen einer bissigen Antwort, die er ihr gegeben hatte. Der Geschichtsschreiber Sandoval macht sogar Mitteilung von einer vornehmen spanischen Dame, die um 1520 eine ganze Gesellschaft, die sie an ihren Tisch geladen hatte, vergiftet haben soll. Zur näheren Illustration des politischen Gebrauchs von Gift und Meuchelmord zur Zeit von König Ferdinand sei auch auf die allseits bekannten Untaten der Borgias hingewiesen, doch zugleich hinzugefügt, daß die moderne kritische Forschung diese Familie einigermaßen entlastet hat.

Eines der Prinzipien gerichtlicher Untersuchung in Sachen vermeintlicher Verbrechen ist das Axiom, daß derjenige, welcher aus einem Verbrechen Vorteile zieht, als der mutmaßliche Täter angesehen werden kann. Ferdinand gewann sofort einen unschätzbar großen Vorteil durch den Tod Philipps. Dieser allein stand zwischen ihm und dem Thron von Kastilien, und alle anderen Mittel, um Philipp davon fernzuhalten, waren versucht worden und hatten sich als zwecklos erwiesen.

Wenn wir also alle Unterlagen, die verfügbar sind, in Augenschein nehmen und zugleich an die politischen Gewohnheiten jener Zeit denken, dürfen wir die Vermutungen hinsichtlich böser Absicht bei Philipps Tod nicht als unbegründet zur Seite schieben. Das einzige wissenschaftlich gerechtfertigte und haltbare Urteil über den

Tod Philipps ist negativer Art. Es ist *möglich,* daß er an den Folgen einer Krankheit gestorben ist. Dafür gibt es Hinweise. Es ist *auch möglich,* daß er vergiftet worden ist. Das müßte noch nachgewiesen werden. Ignoramus: wie sich die Dinge wirklich zugetragen haben, wissen wir nicht.

Philipps Tod hatte weitreichende Folgen. Die spanischen Edelleute, die seine Partei ergriffen hatten, waren ohne Führer. Ferdinand konnte mit Hilfe des Herzogs von Alba, der merkwürdigerweise schon lange zuvor weitgehende Vollmachten für diesen Fall erhalten hatte, seine Innenpolitik fortsetzen. Das niederländische Gefolge Philipps wurde durch den plötzlichen Tod seines Fürsten empfindlich getroffen. Alle, von hoch bis niedrig, waren völlig verstört. Der anonyme Chronist der zweiten Reise Philipps gibt uns eine ergreifende Schilderung der Panik, die alle erfaßte. Ihre Lage war auf den ersten Blick vollkommen aussichtslos. Sie waren umringt von einer ihnen feindlich gesinnten Bevölkerung, ohne ihren natürlichen Führer und Schirmherrn sowie gänzlich ohne Mittel. Philipp hatte den Haushalt seines glänzenden Hofes auf typisch burgundische Weise geführt: Verschwendung und Mangel an Vorsorge. Die großen Herren, die die Hand auf das Tafelsilber und das Geschmeide Philipps des Schönen legen konnten, nahmen es an sich. Des weiteren verkauften sie ihr Gepäck, ihre Reit- und Zugtiere sowie alles, was sie zu Geld machen konnten. Johanna war diesen angesehenen Edelleuten, die Hals über Kopf Spanien verließen, ebensowenig behilflich wie dem niederen Personal und den Soldaten. Sie war außer sich vor Kummer.

Wie stets gehen die Berichte der Augenzeugen über Johanna auseinander. Doktor de la Parra, der im allerletzten Augenblick an Philipps Krankenbett erschienen war, schrieb an König Ferdinand, daß Johanna vollständig ihrer Sinne mächtig gewesen sei und selbst die Sorge für den Kranken auf sich genommen habe. Sie habe ihren Mann auf beherrschte Art und Weise versorgt, sie sei ruhig, taktvoll und freundlich zu allen Umstehenden gewesen. Der Arzt gesteht ein, daß er niemals eine Frau gesehen habe, die sich unter solchen Umständen derartig beherrschte.

Nach anderen Angaben betrug sich Johanna wie eine Wahnsinnige. Der anonyme südniederländische Chronist gibt uns ein zusammenfassendes Bild, das die Extreme zu einem annehmbaren Ganzen fügt. Nach diesem Augenzeugen, der unausgesetzt kritisch genug

Ein natürlicher oder ein gewaltsamer Tod? 85

bleibt, um das Gefühl für das Maß nicht zu verlieren, war Johanna infolge von Philipps Krankheit und der ernsten Wendung, die sie nahm, so betroffen, daß sie dadurch wie abgestumpft war. Sie schien ihre Verrichtungen rein mechanisch vorzunehmen. Sie weilte unausgesetzt am Krankenbett, versorgte ihren Mann und gab ihm selbst zu essen und zu trinken. Sie schien unermüdlich und blieb Tag und Nacht auf ihrem Posten, obwohl sie schwanger war, »tout ançainte qu'elle était«. Ihre Umgebung begann sogar zu fürchten, daß sich diese große Anstrengung für Mutter und Kind als schicksalhaft erweisen würde. Aber, so sagt dieser Augenzeuge, Johanna war eine Frau, die unerschütterlich allen Dingen dieser Welt in die Augen sehen konnte, guten und schlechten, ohne dadurch innerlich aus dem Gleichgewicht zu geraten und ohne den Mut zu verlieren.

Diese beiden Augenzeugen, Doktor de la Parra und der südniederländische Geschichtsschreiber, stimmen somit völlig überein in ihren Schilderungen der ruhigen Ergebenheit, der Abgeklärtheit und der würdigen Selbstbeherrschung Johannas. Hier, am Krankenbett des so leidenschaftlich geliebten Gatten, trug Johanna abermals dieselbe äußere und innere Ruhe zur Schau wie während des Sturmes vor der englischen Küste. Und entgegen den Gerüchten, die hinsichtlich ihrer gestörten Sinne im Umlauf waren, schien es jedoch allgemein bekannt zu sein, daß sie unter allen Umständen sie selbst zu bleiben verstand, ohne »mutacion de son coeur ne son courage«, wie es dieser Chronist so treffend ausdrückt.

Demnach muß diese Selbstbeherrschung und diese Gelassenheit einer Frau, die so oft wegen der heftigen Ausbrüche ihres leidenschaftlichen Gemüts ins Gerede gekommen war, ihre Umgebung eigenartig berührt haben, denn rasch hatte sich das Gerücht verbreitet, Johanna habe gute Gründe gehabt, ihre Ruhe nicht zu verlieren angesichts dieser unerwarteten Erkrankung ihres Mannes ... Diese Krankheit soll für sie nämlich keineswegs unerwartet gekommen oder unerklärlich gewesen sein. Während eines Eifersuchtsanfalls, verursacht vielleicht durch neue Leichtsinnigkeiten Philipps auf den Festveranstaltungen in Burgos, soll sie selbst ihn vergiftet haben ...

Während der fünf Tage, die Philipp krank zu Bett lag, wich Johanna nicht von seinem Lager. Selbst als ihr Mann den Geist aufgegeben hatte, blieb sie immer noch ganz bei Sinnen und übernahm die Leitung der weiteren Verrichtungen sowie der feierlichen Aufbahrung der Leiche des jungen Königs. Sie vergoß keine Tränen. Um ein

Uhr nachts, wahrscheinlich, verschied Philipp, und die ganze Nacht über fuhr Johanna fort, alles zu überwachen und die notwendigen Anweisungen für die Aufbahrung der sterblichen Hülle ihres Gatten in einem anderen Saal, für seine Ausstattung und die Aufstellung des Paradebettes zu erteilen. Die einbalsamierte Leiche wurde daraufgelegt, in ein fürstliches Gewand aus Brokat und Hermelin gekleidet, das Haupt mit einer Mütze bedeckt, die mit glänzenden Juwelen geschmückt war. Auf der Brust prangte ein kostbares, mit Edelsteinen besetztes Kruzifix.

Nach »Estanques«, alias Santa Cruz, ist die Leiche Philipps, nachdem sie zunächst auf einem Paradebett aufgebahrt worden war, auf einen königlichen Sessel gesetzt worden, und Mönche aller in Burgos vertretenen Orden haben die Totenwache gehalten. Wenn Johanna etwa diesem makabren Schauspiel beiwohnte, wenn sie ihren entseelten Gatten dort in prächtige Kleidung gehüllt mit erloschenen, gebrochenen Augen sitzen sah und den trübseligen Klagegesängen der Mönche zuhörte, dann braucht es uns nicht zu wundern, daß sie die folgenden Tage über stumpfsinnig und entgeistert vor sich hinstarrte . . .

Sie hatte ihre Kräfte verbraucht. Solange es noch Leben und Hoffen gegeben hatte, war sie zum Kampf mit dem Tod fähig gewesen. Sie hatte den Sterbenden noch aufgerichtet und ihm Mut zugesprochen, seine Medizin einzunehmen, und wenn Philipp sein Gesicht angewidert abwandte, hatte sie das Heilmittel selbst geschluckt, um ihn davon zu überzeugen, daß es nicht eklig schmeckte. Doch nunmehr war der Kampf ausgekämpft.

Philipp war wie eine Frühlingsblume verblüht, »uti flos vernus evanuit«, wie Petrus Martyr sagt. Wir können uns kaum vorstellen, was im Herzen dieser so leidenschaftlich, so sinnlich liebenden jungen Frau vor sich gegangen sein muß in jener Nacht, beim Anblick dieser aufgeputzten, seelenlosen Karnevalspuppe, sitzend auf einem thronartigen Stuhl und umdrängt von kläglich summenden, düsteren Mönchen. Der Mann, der wegen seiner Schönheit, seinen vornehmen Manieren, seiner Prunksucht und lebenslustigen Unbekümmertheit in ganz Europa berühmt gewesen war, der seine Frau durch seine Liebkosungen in Entzücken versetzt und sie für immer an sich gefesselt hatte, der sie hatte leiden lassen, sie gequält und ihr Unrecht getan, sie zur Raserei gebracht, aber ihre Liebe zu ihm immer leidenschaftlicher hatte emporlodern lassen, dieser Mann war ihr für immer genommen worden. Mit ihm verschwand ihr Lebenszweck. Alles wurde ihr gleichgültig. Ihr Reich, ihre Würde, ihre Kinder. Sie hatte durch und für ihren Mann gelebt, und mit ihm starb ihr Herz.

Da saß sie nun, ebenso gleichgültig gegenüber dem, was um sie herum vorging, wie ein neugeborenes Kind, sagt der südniederländische Augenzeuge. Und solange der Leichnam noch mit königlichem Gepränge aufgebahrt lag, ging sie immer wieder dorthin, berührte ihn zart und liebkoste ihn, bis man sie mit sanfter Gewalt von ihm wegzog. Dann setzte sie sich wieder nieder, wie entgeistert, in ihrem eigenen Gemach, still vor sich hinstarrend, Tag und Nacht, ohne sich zur Ruhe zu begeben, ohne sich zu entkleiden.

Fing ihr Geist jetzt wirklich an, umdüstert zu werden? Ihre Verrichtungen in den erstfolgenden Monaten rechtfertigen die Meinungen derjenigen, welche sie »schlechtweg für wahnsinnig« hielten. Doch öfters haben Menschen im Verlaufe von heftigen Gemütsbewegungen Handlungen vorgenommen, die auf den nüchternen Zuschauer den Eindruck von Taten eines Verrückten machten, während der Betreffende nur in einem Augenblick von Fassungslosigkeit, von Bewußtseinstrübung handelte, als Folge von Kummer, Aufregung oder Schmerz.

Es ist nicht ausgeschlossen, daß Johanna nicht allein schmerzlich getroffen war durch Philipps Tod, sondern gleichzeitig gequält wurde von ihrem Argwohn hinsichtlich der Ursache seiner Erkrankung und seines Sterbens. Sie war bereits einige Jahre lang Zeugin gewesen von den immer schärfer werdenden Gegensätzen zwischen ihrem Gemahl und ihrem Vater. Aus der anfänglichen Uneinigkeit war zuerst verhehlte, dann offene Feindschaft geworden. Sie hatte beobachtet, wie sich die beiden Männer auf politischem Gebiet befehdeten, sie hatte gesehen, wie sie kein politisches Mittel verschmähten, um einander zu schwächen und sich wechselseitig Schaden zuzufügen. Sie hatten sich gegenseitig in kriegerische Wirren gestürzt, Ferdinand den Schwiegersohn in Gelderland, Philipp den Schwiegervater in Italien, und sich wechselseitig in Gestalt ihrer Helfershelfer getroffen. Hatten sie sich auch nach dem Leben getrachtet?

Man vergesse nicht, daß Johanna ein halbes Jahr lang ihren Gatten auf einem Zug begleitet hatte, der in Schlachtordnung daherzog. Sie wußte, daß Philipp eine Begegnung mit Ferdinand gehabt und sich dabei vor allen Gewaltmaßnahmen gesichert hatte. Hatte Ferdinand Philipp schließlich doch getroffen?

Es ist unwahrscheinlich, daß diese Frage die arme Johanna *nicht* gequält hat. Ihre maurischen Sklavinnen hatten sie im Gebrauch von »Zauberkräutern« unterwiesen, sie hatte diese selbst zusammengestellt und Philipp zukommen lassen, um seine erkaltete Liebe wieder aufflammen zu lassen. Sie wußte auch von anderen Kräutern, worüber in ihrer Umgebung manchmal gemunkelt worden war.

War es möglich, daß etwa ihr Vater . . .?

Hat diese zur Verzweiflung gebrachte Frau nicht an die Krankheit des ersten Mundschenks ihres Gatten, Bernard d'Orley, denken *müssen*, der auf rätselhafte Art und Weise langsam dahingesiecht war? Hatte nicht der ganze Hofstaat den ursprünglich kraftvollen Mann zu einem kränklichen armen Häuflein zusammenschrumpfen sehen, und hatte man nicht mehrmals die Vermutung geäußert, daß er vergiftet worden sei? Dieser Mundschenk starb kurz nach Philipp, und ist dadurch das tragische Ende ihres Gemahls für Johanna nicht noch erschütternder geworden?

»Dieu scèt comment il en est«, Gott weiß allein, wie sich alles zugetragen hat, sagen wir mit dem südniederländischen Chronisten. Wir dürfen allerdings annehmen, daß das, was für uns nur ein wissenschaftliches, historisches Problem oder ein ergreifendes Schauspiel ist, für die arme junge Frau, die vor Kummer fassungslos einsam in ihrem verdunkelten Gemach saß, eine folternde Frage gewesen ist, die ein robusteres Gemüt als das ihre hätte zerrütten können.

Nächtliche Irrfahrten mit einer Leiche

Alte Autoren berichten über ein sonderbares Vorkommnis, eines jener Ereignisse, auf die man öfters in alten Urkunden und Chroniken stößt, und die auch in unserem Leben weniger selten sind, als es sich die Menschen gewöhnlich vorstellen.

Als Philipp der Schöne nach seiner gefährlichen Reise zum zweiten Mal in Spanien seinen Fuß an Land setzte und seine neuen Untertanen in Erstaunen und Bewunderung versetzte durch seine Zurschaustellung höfischer Pracht, seine vornehmen, eleganten Manieren, sein einnehmendes Äußeres und seine Jugend, soll eine alte Frau auf ihn zugegangen sein und ihm gesagt haben, daß er nach seinem Tod längere Reisen durch Kastilien machen würde als zu Lebzeiten.

Diese rätselhafte Voraussage – sofern hier wirklich von einer Voraussage die Rede sein kann – ist auf eine so erschütternde Weise in Erfüllung gegangen, daß sie jahrhundertelang Maler, Dichter und Dramaturgen inspiriert hat.

Die sterblichen Überreste Philipps, des ersten Königs dieses Namens in Kastilien, wurden vorläufig im Kartäuserkloster Miraflores bestattet in Erwartung der endgültigen Beisetzung in der Kathedrale von Granada, entsprechend einem Wunsch von Philipp selbst.

Das Kartäuserkloster liegt ungefähr fünf Kilometer außerhalb von Burgos. Es ist ein reizvolles Bauwerk, das in der Mitte des 15. Jahrhunderts von den bekannten Baumeistern Johann und Simon von Köln auf einem sanft ansteigenden Terrain errichtet worden ist. Vor dem Hochaltar der im gotischen Stil erbauten Klosterkirche erhebt sich ein prächtiges weißes Marmormausoleum. Dieses Prunkgrab, das außer mit den liegenden Nachbildungen des dort ruhenden Königs Johann II. und seiner Gemahlin Isabella – den Eltern von Königin Isabella der Katholischen – überreich mit Bildhauereien verziert ist, bildet zusammen mit dem Altar im Hintergrund ein schönes Ganzes der plastischen Kunst Spaniens im 15. Jahrhundert. Der Altar, der von der Hand der berühmten Künstler Diego de la Cruz und Gil de Siloé stammt, verdankt seine Goldverzierung den ersten Schätzen, die Kolumbus aus Amerika mitgebracht und in Burgos Königin Isabella übergeben hatte. An der rechten Wand hängt ein großes flämisches Triptychon aus derselben Zeit, und ihm gegenüber erblickt man auf einem Alabastergrabmal ein schönes Standbild, das den jung verstorbenen Bruder von Königin Isabella darstellt.

In diesem friedlichen, freundlichen Kartäuserkloster wurde Philipps Leichnam bestattet, und kaum konnten die ernsten Mönche, die für die Seelenruhe des jungen Königs beteten, ahnen, was für empörende oder vielmehr herzzerreißende Szenen sie kurz danach mitmachen sollten.

Es scheint, daß die sterbliche Hülle Philipps nach Miraflores überführt wurde, ohne daß sich Johanna dessen bewußt geworden ist. Es ist möglich, daß man sie darüber in Unkenntnis gelassen hat, um die offensichtlich vor Schmerz völlig gebeugte Frau zu schonen. Man hatte sie bereits wiederholt daran hindern müssen, den entseelten Körper des Königs mit in ihr Gemach zu schleppen, und man befürchtete vielleicht, sie könne sich wie eine Besessene aufführen, wenn ihr Mann eingesargt und überführt würde.

Dies dürfen wir den Worten des anonymen Chronisten entnehmen, der sagt, »daß sie, sobald sie erfahren hatte, ihr Mann solle ins Kloster zu Miraflores überführt werden, auch dorthin gehen wollte«. Sie ließ sich dann Trauerkleidung anfertigen, und es verdient hervorgehoben zu werden, daß diese Frau, die bereits einige Jahre lang ihrem Äußeren viel zu wenig Aufmerksamkeit gewidmet und dadurch die Gerüchte über ihren Wahnsinn weiter genährt hatte, jetzt auf einmal eine ganze Auswahl von Trauertoiletten herstellen ließ für ihre Besuche im Kloster ... Jeden Tag verfiel sie auf eine andere verdrehte Idee, was für ein Kleid sie dabei anziehen sollte.

Für etwas anderes hatte sie weder ein Auge noch Interesse. Daß das ganze Reich in Unruhe geraten war, daß sich die kastilischen Granden in Burgos gegenseitig scheel und drohend anblickten, daß der Primas von Spanien diese Herren nur mit Mühe beschwichtigen konnte und sie eine vorläufige Urkunde, in der von friedfertigen Beratungen die Rede war, hatte unterzeichnen lassen, vollzog sich durchweg ohne jegliche Teilnahme Johannas. Die Staatsgeschäfte ruhten, weil Johanna kein Aktenstück lesen oder unterzeichnen wollte; Deputationen wurden entweder gar nicht erst empfangen

Nächtliche Irrfahrten mit einer Leiche

oder konnten unverrichteter Dinge wieder von dannen ziehen. Es herrschte eine derartige Verwirrung und Spannung, daß der kleine Prinz Ferdinand beinahe wie ein Gefangener weggeführt wurde, um bei einer allfälligen Umwälzung als politisches Unterpfand zu dienen. Johanna blieb hierüber in Unkenntnis oder sie kümmerte sich überhaupt nicht darum. Sie war in Gedanken über ihren Besuch an der Grabstätte ihres geliebten Mannes versunken. Selbst als man, ohne sie einzuschalten, die *Cortes* einberufen wollte, eine Handlung, die sich zu den Gesetzen Kastiliens im Widerspruch befand, ließ sie darüber weder Verärgerung noch Unwillen erkennen. Ebensowenig störte es sie, daß der Primas, die bedeutendsten Granden und die Städte öffentlich zu erkennen gaben, daß sie König Ferdinand mit der Wahrnehmung der laufenden Regierungsgeschäfte betrauen wollten, um der herrschenden Anarchie ein Ende zu bereiten.

Hinsichtlich Johannas galten im buchstäblichen Sinn die Worte Dantes: »Wände von Gleichgültigkeit«, umgaben sie, sie hatte nur noch ein Auge und ein Herz für das, was ihren verstorbenen Gatten anging. Petrus Martyr beschreibt uns den äußeren und inneren Zustand Johannas mit einigen Worten so meisterhaft, daß uns ist, als würde sie leibhaftig vor uns stehen: »Als schwangere Witwe zurückgelassen sitzt sie da, ihr Kinn auf die Hand gestützt, schweigsam, am liebsten in der Düsterkeit und in der Abgeschiedenheit verweilend.«[1]

Über fünf Wochen nach dem Hinscheiden Philipps, am Allerheiligentag, ging Johanna zum Kartäuserkloster, um dort am Gottesdienst teilzunehmen und hierauf die Grabstätte ihres Gatten zu besuchen. Der anonyme Chronist sagt, sie sei in das Grabgewölbe hinabgestiegen und habe, nachdem sie dort einige Zeit verweilt hatte, versucht, den Sarg freizulegen und ihn zu öffnen. Dies geschah auch. Der Sarg wurde geöffnet, und die Leiche wurde von den Tüchern, in die sie gewickelt war, befreit. Hierauf begann Johanna die Füße ihres Gemahls zu küssen, und zwar so lange, daß man genötigt war, sie unter einiger Gewaltanwendung aus dem Gewölbe mit dem tröstenden Versprechen wegzubringen, daß sie, wann sie wolle, zurückkommen könne.[2]

Johanna hatte sich lange Zeit nicht auf den Straßen gezeigt, und die Menschen liefen zusammen, um sie sehen, ihr zuzujubeln und sogar, um ihr nach den formlosen Bräuchen des Landes Bittschriften zu überreichen oder um ihr begangenes Unrecht persönlich vorzutragen mit der flehentlichen Bitte, ein Urteil zu fällen. Johanna selbst machte einen ruhigen, würdigen Eindruck, sowohl während ihres Ganges zum Kloster als auch auf dem Weg zurück. Das ermöglichte, ihre Handlungen wie das Öffnen des Sarges und das Betasten und Küssen der Füße des Toten nicht als Wahnsinnstat abzutun, sondern andere Beweggründe dafür zu suchen.

Zur selben Zeit wurde bereits die Meinung laut, Johanna fürchte, daß die niederländischen Edelleute den Leichnam Philipps nach seinem Geburtsland mitgenommen hätten, um ihn dort zu bestatten. Es sei deshalb lediglich ihre Absicht gewesen, sich mit eigenen Augen davon zu überzeugen, daß ihr Mann wirklich in der Gruft von Miraflores lag. Ihre leidenschaftliche Natur habe sie dann im weiteren Verlauf zu allzu feurigen und überspannten Äußerungen ihrer Zuneigung verleitet.

An denselben Novembertagen erwies sich Johanna auch plötzlich wieder als die beherzte und souveräne Königin, die rasch eine Situation durchschaute und entsprechend wirkungsvolle Maßnahmen zu treffen wußte. Sie erfuhr, daß der Erzbischof von Toledo während ihres apathischen Zustandes allzu eigenmächtig als Regent aufgetreten war, und sie wies ihn an, ihre Wohnung auf der Stelle zu verlassen. Großes Ärgernis erregte sie dadurch, daß sie ihr Personal entließ und dafür niederländisches in Dienst nahm. Auch empfing sie den burgundischen Gesandten wieder, der lange vergeblich um eine Unterredung nachgesucht hatte. Das Gerücht ging um, sie wolle Kronprinz Karl nach Spanien kommen lassen und mit Hilfe niederländischer Berater die Herrschaft selbst wieder in ihre Hände nehmen.

Dies ist gerade das Rätselhafte im Leben Johannas, daß man jedesmal, wenn man auf eine Handlung von ihr stößt, die auf einen völlig verwirrten Geisteszustand weist, Unterlagen zur Hand hat, die diese Handlung in einem anderen Licht erscheinen lassen, und daß man obendrein Beweise besonnener Überlegung von ihr findet, die Geistestrübung ausschließen. Ständig sind rings um Johanna politische Kräfte am Werk, die sie zur Seite schieben wollen und dafür Voraussetzungen zu konstruieren scheinen. Inwieweit der Erzbischof von Toledo, der sich selbst zum Regenten ernannt und die Ernennungsurkunde Johanna zur Unterschrift vorgelegt hatte, aus persönlicher Ehrsucht oder im Einvernehmen mit Ferdinand die Ausschaltung Johannas betrieben hat, ist nicht mit absoluter Sicherheit

Nächtliche Irrfahrten mit einer Leiche 93

auszumachen. Nur das ist sicher, daß Johanna, als der Erzbischof gerichtlich feststellen lassen wollte, sie sei wahnsinnig, ihn selbst für nicht ganz zurechnungsfähig hielt und ihm mit ironischer Geste die Tür wies, ja ihn sogar Burgos verlassen hieß.

Nicht minder zutreffend ist, daß diese Frau, nachdem sie wochenlang vor Kummer schier gebrochen in ihrem dunklen Gemach gesessen hatte, plötzlich Rechenschaft über die Finanzgebarung in den überseeischen Gebieten verlangte und deren Verwaltung für sich beanspruchte. Man raunte sich jedoch zu, Johanna sei nur das Werkzeug des burgundischen Gesandten, der eine neue politische Kombination anstrebte, um König Ferdinand von Aragonien aus den kastilischen Geschäften herauszuhalten. Er wollte, so behauptete man, eine Allianz mit England, Frankreich und dem deutschen Kaiser Maximilian von Österreich zustande bringen, und es war bereits die Rede von Verhandlungen über eine Vermählung Johannas mit dem König von England. Dies alles geschah ohne Mitwissen Johannas, behaupteten die Anhänger König Ferdinands, die es im Interesse Kastiliens und der Bewahrung der erzielten Einheit Spaniens für am besten hielten, daß Ferdinand die Herrschaft über Kastilien in seine Hand nahm.

Aus den verschiedenartigen Berichten über die abwechselnden Perioden von Gleichgültigkeit und energischer Aktivität Johannas und die auf ihre Verantwortung hin getroffenen, sich widersprechenden Regierungsbeschlüsse kann man, als sicherste Vermutungen, annehmen, daß Johanna ganz und gar durch ihr eigenes Leid und ihre eigenen Sorgen in Anspruch genommen war und aus diesem Zustand nur ab und zu von jemand wachgerüttelt wurde, der genügend Takt und Überlegenheit besaß, ihre Gedanken in eine andere Richtung zu lenken. Im Streit um die Person Johannas gewannen schließlich die Anhänger Ferdinands die Oberhand, und der burgundische Gesandte mußte sich immer mehr zurückziehen. Die früheren Günstlinge Philipps verloren nach und nach Macht, Einfluß und Stellungen. Die tatsächliche Regierungsgewalt geriet allmählich in die Hände von König Ferdinand, der immer noch den Primas von Spanien und einige angesehene kastilische Edelleute vorschob.

Mitte Dezember 1506 beschloß Johanna, Burgos zu verlassen. Ein längerer Aufenthalt dort war für die hochschwangere und empfindliche Frau nicht tunlich. Der Aufruf zum Zusammentritt der *Cortes* hatte viele Menschen in Burgos zusammenströmen lassen, und es kam, wie in jenen Zeiten wegen des Mangels an hygienischer Vorsorge wiederholt, zum Ausbruch von ansteckenden Krankheiten.

Johanna hatte den Plan gefaßt, nach Torquemada zu gehen, jenem kleinen Ort, der in einer Entfernung von rund sechzig Kilometern von Burgos günstig in einer offenen Landschaft gelegen ist. Johanna beschloß, den Leichnam ihres Mannes mitzunehmen. Dieser Beschluß und seine Ausführung scheint wohl den unwiderlegbaren Beweis für ihren Wahnsinn zu liefern. Wir besitzen einen zuverlässigen Augenzeugenbericht darüber, was sich an jenem historischen Sonntag, dem 20. Dezember 1506, im Kloster Miraflores zugetragen hat. Dieser Bericht stammt vom Humanisten Petrus Martyr. Er schreibt, Johanna habe sich zum Kloster begeben, um die Herausgabe von Philipps Leichnam zu fordern und ihn dann nach Granada überführen zu lassen, wo er in dem für ihn bestimmtem Grab beigesetzt werden sollte. Die Mönche weigerten sich, den Leichnam auszugraben. Der Bischof von Burgos wurde hinzugezogen und erschien in aller Eile, um zu erklären, daß es gesetzlich verboten sei, eine Leiche auszugraben und zu überführen, bevor sie nicht sechs Monate unter der Erde gelegen habe. Johanna geriet hierauf vor Wut derart außer sich, daß die Umstehenden befürchteten, sie würde eine Fehlgeburt erleiden. Also beschloß man, ihrem ausgefallenen Wunsch nachzugeben. Die Leiche wurde ausgegraben. Johanna ließ zuerst den Bleisarg öffnen und hierauf den darin enthaltenen Holzsarg. Dann bat sie die anwesenden Autoritäten, sich davon zu überzeugen, daß es sich wirklich um die sterbliche Hülle Philipps handelte, die sich in dem Sarg befand. Anwesend waren einige Bischöfe, die Gesandten des Papstes, Kaiser Maximilians und König Ferdinands sowie Petrus Martyr selbst. Auch dieser beugte sich über den Sarg mit dem schaudererregenden Inhalt und stellte kaltblütig fest: »Wir sahen nichts weiter als die vagen Umrisse eines liegenden Menschen. Menschliche Gesichtszüge waren nicht mehr zu erkennen.« Der Sarg wurde anschließend auf einen Wagen mit einem friesischen Vierergespann geladen, und im weiteren Verlauf begab sich der Zug auf den Weg nach Torquemada.[3]

Johanna hatte Befehl gegeben, nur des Nachts zu reisen. Es muß ein grauenhaftes Schauspiel gewesen sein, dieser Wagen, mit einem Sarg beladen, gezogen von vier prächtig aufgezäumten friesischen Pferden, umgeben von Mönchen mit brennenden Fackeln. So hat der romantische Maler Pradilla Johanna dargestellt, mitten im freien

Feld, am Sarg ihres Mannes. Ein ergreifendes Bild innerer Bestürzung, eines durch Trübsinn und Angstvisionen zerrütteten Geistes.

»Eine Stunde nach Sonnenuntergang ist die Königin aus Miraflores abgezogen mit der Leiche ihres Mannes, die nicht nach civet [Parfüm] riecht . . .«, schreibt einer der Sekretäre des königlichen Hauses mit typisch kastilischer Nüchternheit. Diese Bemerkung eines Mannes, der an Ort und Stelle gewesen sein muß, als der unheimliche Zug die Brücke von Burgos über den Arlanzón überschritt und sich ihm viele hochgestellte Edelleute anschlossen, hebt einen Sachverhalt hervor, der die ganze Tragödie noch trübseliger und beklemmender erscheinen läßt. »Infolge dieser Torheit, die die Königin begangen hat, sind sich groß und klein darüber einig, daß sie ihren Verstand und ihre Besinnung verloren hat«[4], fügt er hinzu.

Im Schritt bewegte sich der Zug weiter, so daß es einige Tage dauerte, bis man Torquemada erreichte. Tagsüber verweilte man in dem einen oder anderen Kloster, und der Sarg wurde in der Kirche oder Kapelle abgestellt. Johanna ließ den Sarg durch eine bewaffnete Garde bewachen und verbot, daß Frauen in seine Nähe kamen. Sie wurde noch derartig von Eifersucht gequält, daß sie den Sarg in aller Eile wegbringen ließ, als sie einmal entdeckte, daß der Zug auf dem Vorplatz eines Nonnenklosters haltgemacht hatte . . .

Grauenhafte Einzelheiten erzählen Augenzeugen von diesen nächtlichen Szenen. Zuweilen ließ Johanna nachts mitten auf offener Flur den Zug anhalten und gab Befehl, den Sarg zu öffnen. Dann beugte sie sich über den schauerlichen Inhalt, um beim vagen, flackernden Licht der Fackeln, die von vor Furcht und Entsetzen zitternden Händen festgehalten wurden, das zu liebkosen, was von ihrem Gemahl übrig geblieben war. Manchmal wurden die Fackeln durch Windstöße ausgeblasen und die ängstliche Gesellschaft stand rings um den offenen Sarg im Dunkeln.

Nach Petrus Martyr hatte ein Kartäuser in der armen Johanna die Wahnvorstellung hervorgerufen, daß ihr Mann vom Tode wiederauferstehen würde, eine wunderbarliche Auferstehung, wie sie bereits früher stattgefunden habe, und zwar Jahre nach dem Hinscheiden des Betreffenden . . .

Am 14. Januar 1507 brachte Johanna ihr sechstes Kind zur Welt, ein Mädchen, das Katharina genannt wurde und in seinen Kinder- und Jungmädchenjahren ihrer unglücklichen Mutter in ihrer Einsamkeit Gesellschaft leisten sollte.

Torquemada wurde aus einem stillen, ländlichen kleinen Ort in wenigen Wochen zu einem übervölkerten Mittelpunkt politischer Intrigen. Kastilien begann in die Anarchie der Zeit vor Königin Isabella zurückzufallen. Die großen Herren betrugen sich wieder höchst eigenmächtig. Ihre Banden führten offenen Krieg miteinander. Die Städte wurden im Inneren beunruhigt durch den Widerhall des politischen Parteienstreites. Das einstmals so friedliche Torquemada wurde Tag und Nacht aufgeschreckt durch das Waffengeklirr der verschiedenen Parteianhänger und der hitzköpfigen jungen Edelleute. Dies veranlaßte den Primas von Spanien, eine bewaffnete Macht aufzustellen und aus eigenen Mitteln zu unterhalten, um, wie er sagte, die Person der Königin zu schützen, in Wirklichkeit aber, um mit einem winzigen Heer, das nur ihm persönlich gehorchte, eine zentrale Obrigkeit zu bilden.

Im Frühjahr brach die Pest aus, die sich rasch über ganz Spanien ausbreitete. Berichte aus jener Zeit sprechen von Tausenden von Opfern. Mitte April beschloß Königin Johanna auf das Drängen ihrer Ratgeber hin, das gefährlich gewordene Torquemada zu verlassen. Sie hatte vorläufig ihren Plan, bis nach Granada in einem durchzureisen – was eine Reise von Monaten geworden wäre –, aufgegeben und ging nach Hornillos, ein Dörfchen in einer Entfernung von etwas mehr als fünf Kilometern von Torquemada. Die Bischöfe und vornehmen Herren ihres Gefolges wollten Johanna veranlassen, nach dem benachbarten Palencia zu ziehen, einer alten Universitätsstadt, oder nach einer anderen Stadt zu gehen, wo alle eine geeignete Unterkunft würden finden können. Johanna weigerte sich jedoch, dorthin zu gehen, »weil es einer Witwe nicht gezieme, in schöne Städte zu reisen«. Hornillos war und ist immer noch ein Weiler, in dem kaum eine angemessene Wohnung zu finden war. Dort zog sich Johanna wieder in die Einsamkeit zurück. Meist saß sie im Dunkeln und erging sich in ihren trübsinnigen Grübeleien. Das einzige, was sie noch einigermaßen aufmuntern konnte, war Musik und Gesang. Sie hatte auch eine Anzahl von Musikanten bei sich sowie einige Sänger, die König Philipp noch aus den Niederlanden hatte kommen lassen. Großzügige Entlohnung hatte diese Menschen dazu bringen können, die triste Existenz der Königin zu teilen.

König Ferdinand von Aragonien bewies in all diesen Monaten nach Philipps Tod größte Geduld und ebnete sich den Weg zur Regentschaft von Kastilien mit äußerster Behutsamkeit. Er hielt sich von der

Bühne des Streites entfernt, um sein Prestige zu erhöhen. Der Vergleich der gegenwärtigen chaotischen Zustände mit der Ruhe unter dem kräftigen Regime aus der Zeit seiner Gemahlin Isabella mußte sich zu seinem Vorteil auswirken. Auch die Tatsache, daß er außerhalb des Kampfgetümmels blieb, mußte auf diejenigen, welche nur die Außenseite der Dinge sahen, den Eindruck machen, daß er sich da nicht hineinmischen und allenfalls seine Autorität geltend machen wollte, sobald die Stellung seiner Tochter in Gefahr geriet. Deshalb begannen vor allem die Städte, die wirtschaftlich durch die im Land zunehmende Unruhe schwer getroffen waren, nach der Ankunft Ferdinands Ausschau zu halten, damit dieser das Ansehen der Krone wiederherstellen würde.

Eine Anzahl angesehener kastilischer Edelleute blieb der Rückkehr Ferdinands des Katholischen noch abgeneigt. Sie hegten die Meinung, Johanna befände sich nur in einer Periode moralischen Zusammenbruchs mit Zeichen von Überspanntheit und würde sich wohl innerhalb nicht allzu langer Zeit davon erholen.

Der Primas von Spanien und die Häupter einiger angesehener kastilischer Familien hatten sich jedoch zum Ziel gesetzt, Ferdinand zum Regenten und selbständigen Herrscher Kastiliens ausrufen zu lassen. Sie versuchten, den Widerstand mit Überredung und, wenn nötig, durch Zugeständnisse, die Bestechung gleichkamen, zu brechen. Die Berichte, die über Johannas Zustand aus diesen Kreisen stammen, lassen keinen Zweifel an ihrer Geisteskrankheit. Es lag ganz offensichtlich im politischen Interesse dieser Gruppe, die Dinge so darzustellen und entsprechend zu verbreiten, weil dadurch Ferdinands Regentschaft als die gebotene Regierungsform legitimiert werden würde.

Nach einer Periode gegenseitigen Überbietens gewann Ferdinand von Aragonien schließlich die Partie gegen Kaiser Maximilian. Ferdinand hatte ebenfalls Zugeständnisse machen und manche Gunst erweisen müssen, was später sein Gewissen schwer bedrückte.

In der zweiten Julihälfte des Jahres 1507 kam König Ferdinand in Valencia an. Er reiste durch bis nach Kastilien, an dessen Grenze er nach einer Abwesenheit von beinahe einem Jahr durch einige führende Edelleute sowie Abgesandte einiger Städte willkommen geheißen wurde. Die alten Geschichtsschreiber äußern sich ausführlich über die Machtdemonstration Ferdinands bei seinem Einzug in Kastilien. Er reiste jetzt mit sämtlichen äußeren Kennzeichen seiner königlichen Stellung, umgeben von Amtspersonen und Höflingen, allen voran bewaffnete Truppen.

Derselbe Mann, den man kaum ein Jahr zuvor beinahe als unerwünschten Fremdling gezwungen hatte, Kastilien zu verlassen, und der unfreundlichen Begegnungen und sogar schmerzlichen Kränkungen ausgesetzt war, wurde jetzt wie ein geliebter Fürst eingeholt.

Johanna hatte die Ankunft ihres Vaters tatenlos abgewartet. Ihr Aufenthalt in Hornillos, schon angefüllt genug mit Unbequemlichkeiten wegen des Fehlens von guten Unterkünften für ihr Gefolge, war noch beschwerlicher geworden infolge eines Brandes in der Kirche, wo die Leiche ihres Gemahls vorübergehend untergestellt worden war. Die Gemüter der einfachen Landbevölkerung wurden bereits durch das Abscheu hervorrufende Schauspiel mit dem toten König, der nachts von seiner für wahnsinnig gehaltenen Frau in das kleine Dorf gebracht worden war, in Unruhe versetzt. Sie sollten noch mehr betroffen werden durch das Feuer, das plötzlich aus dem Turm und dem Dachstuhl ihres Gotteshauses schlug, als sich die Bahre mit dem Toten darin befand. Was für den nüchternen, kritischen Beschauer die Folge unverantwortlicher Unvorsichtigkeit eines derjenigen war, welche die Wache bei dem Leichnam hielten, muß für die Bauernbevölkerung, in deren Gedanken- und Gefühlsleben das Übernatürliche ein vertrautes Element war, ein Zeichen überirdischer Kräfte gewesen sein. Was für ein Vorwurf zudem für einen romantischen Dichter! Der nächtliche Einzug der trübsinnigen Kolonne, der Leichenwagen, die lodernden Fackeln, die vor Schmerz wahnsinnig gewordene Königin, Mönche, Prälaten, Edelleute, Soldaten und Musikanten ... Ein friedliches Dörfchen in sanft ansteigender Landschaft. Ein erschrockenes Bauernvolk. Alte Frauen, die im Flüsterton von der geheimnisvollen Macht rund um den Tod sprechen. Und dann plötzlich, während verängstigte Augen furchtsam und scheu nach der dunklen Silhouette der Kirche blicken, wo der tote König aufgebahrt ist, schlagen die Flammen aus dem Turm und versetzen das Kirchengebäude in rötliche Glut ...

Auf die Nachricht von der Ankunft König Ferdinands hin ließ Johanna einen Dankgottesdienst abhalten und zog darauf ihrem Vater entgegen, abermals mit dem Sarg ihres Mannes. Auch jetzt wieder reiste sie des Nachts, weil sie es nicht für schicklich erachtete, daß Witwen bei Tageslicht, für jedermann sichtbar, auf öffentlichen Straßen wandelten ... In Tórtoles, einem Dörfchen in etwa sechzehn

Kilometer Entfernung von Hornillos, trafen sich Ferdinand und Johanna. Der König hatte seine Tochter einige Jahre lang nicht mehr gesehen und war Berichten aus jener Zeit zufolge entsetzt über die Veränderung von Johannas Äußerem. Sie war sehr abgemagert, doch was ihren Vater vor allem peinlich berührt haben dürfte, war ihr allgemein vernachlässigter Zustand. Ihre Kleider waren liederlich und zerlumpt.

Ein zeitgenössischer Geschichtsschreiber erzählt, Johanna, die schon so lange Zeit kaum mehr irgendeine Seelenrührung habe erkennen lassen, sei ganz offensichtlich ungemein erfreut gewesen über das Wiedersehen mit ihrem Vater. Nach den feierlichen Bräuchen jener Tage kniete sie nieder, um ihren Vater zu begrüßen und ihm ehrerbietig die Hand zu küssen. Der König aber richtete sie gleich auf, umarmte sie, und gemeinsam betraten sie das Adelshaus des kleinen Ortes. Sie verbrachten den Abend im angeregten Gespräch. Johanna war offenbar noch genügend bei Sinnen, um die wichtigsten Staatsgeschäfte zu besprechen und ihre Regelung zu bestimmen. Diese Regelung fiel zugunsten Ferdinands aus, der dafür bereit war, anzuerkennen, daß die Gerüchte über die Geisteskrankheit seiner Tochter stark übertrieben waren, denn sie besaß genügend gesunden Menschenverstand, um sich von ihm leiten zu lassen ... In Wirklichkeit war die Macht in Ferdinands Hände übergegangen, und er besetzte unverzüglich die wichtigsten Posten des Landes mit Männern aus den Reihen seiner Anhänger.

Nach einem Aufenthalt von einer Woche reiste König Ferdinand frühmorgens aus Tórtoles wieder ab. Johanna wartete bis zum Anbruch der Dunkelheit, bevor sie sich mit ihrem schauerlichen Zug abermals auf den Weg machte.

Beinahe zwei Monate lang weilten Ferdinand und Johanna mit ihrem Hofstaat an kleinen Orten, bis es Ferdinand für notwendig hielt, sich in eine der großen kastilischen Städte zu begeben, um die Zentralgewalt mit ihrer Verfügung über alle Regierungsorgane zu festigen. Sie machten sich also auf den Weg, Ferdinand reiste am Tage, Johanna dagegen des Nachts, bis sie bemerkte, daß man auf dem Wege nach Burgos war. Petrus Martyr zufolge weigerte sie sich dann, weiterzugehen, und erklärte, sie wolle niemals mehr die Stadt wiedersehen, in der sie ihren Mann verloren hatte. Johanna ließ mit ihrem Gefolge anhalten. Petrus Martyr, der sich offensichtlich schon monatelang darüber geärgert hatte, daß er in diesem Zug mitgehen

mußte, und der sehr über die Ankunft Ferdinands erfreut war, weil
dieser den Launen Johannas wohl ein Ende machen würde, wird den
König gewiß mit kummervollen Augen haben vorbeiziehen sehen,
während er selbst mit Johanna zurückbleiben mußte.

Johanna blieb in Arcos, einem kleinen Ort in der Nähe von Burgos, nicht zu verwechseln mit anderen Orten dieses Namens, z. B.
mit Arcos in Andalusien. In dieses Dörfchen kam nach einiger Zeit
König Ferdinand mit seiner zweiten Frau zu Besuch, ein Besuch, der
ohne Zwischenfälle verlief.

Ungefähr um diese Zeit hielt der König von England offiziell um
die Hand Johannas an. Wohl hatten die Gerüchte von Johannas Gei-
stesgestörtheit auch ihn erreicht, aber eine Vermählung mit der anerkannten Königin von Kastilien, León und Granada, Herrscherin über
ausgedehnte überseeische Gebiete, Kronprinzessin von Aragonien
und Herzogin von Burgund, würde von einer derartigen politischen
Tragweite sein, daß er bereit war, sich mit einer persönlichen Unbe-
quemlichkeit abzufinden.

So jedenfalls schrieb König Ferdinands Gesandter mit Nachdruck
aus England und fügte überdies noch hinzu, daß die englische Regierung gleichermaßen darüber dächte. »Sie möchte sehr gern, daß diese
Heirat zustande käme, auch wenn man noch ärgere Dinge über die
Krankheit von Ferdinands Tochter sagen würde ...«

König Ferdinand setzte Johanna zwar von diesem Heiratsantrag
in Kenntnis, aber es ist klar, daß er bei seiner Tochter nicht darauf
drang, ihn ernsthaft in Erwägung zu ziehen. Ebensowenig wie Johannas Gesundheitszustand ließen seine eigenen politischen Belange
diese Verbindung mit dem König von England wünschenswert
erscheinen. Die Erinnerung an alle durchstandenen Schwierigkeiten
mit Philipp beschäftigten noch allzu lebhaft Ferdinands Geist, als daß
er Kastilien aufs neue einer Politik auszusetzen gedachte, die den
nationalen Interessen widersprach.

Bezüglich Johannas Gemütsverfassung zu jener Zeit besitzen wir
ein bemerkenswertes Zeugnis in Gestalt eines Briefes des Bischofs
von Málaga, der auf Bitten von König Ferdinand bei Johanna in
Arcos weilte. Dieser Bischof schrieb einen Bericht über Johanna an
den König, der im Sommer 1508 nach dem Süden Spaniens gezogen
war, um einen der aufständischen Barone zu unterwerfen. Der Brief
enthielt zu viele Besonderheiten, die in ein bestimmtes Krankheitsbild passen, als daß man annehmen möchte, er sei eine böswillige

Übertreibung, um durch eine ungünstige Darstellung der Dinge Ferdinand ein gewichtiges Dokument für den Fall zu verschaffen, daß die *Cortes* ihn wegen der Ausschaltung der Königin zur Verantwortung ziehen sollten. Der Brief lautet folgendermaßen:

»Es kommt mir gelegen, Ihnen unter Inanspruchnahme aller verfügbaren Kuriere zu schreiben, um Sie von dem, was hier passiert, in Kenntnis zu setzen. Ich habe Ihnen bereits mitgeteilt, daß die Königin seit Ihrer Abreise ruhig ist, sowohl was ihre Handlungen als auch was ihre Äußerungen betrifft. Sie hat demzufolge niemand mißhandelt und keinem gegenüber beleidigende Worte fallen lassen. Ich habe versäumt, Ihnen zu sagen, daß sie seitdem noch kein sauberes Hemd angezogen hat, und ich glaube, daß sie ebensowenig ihr Haar in Ordnung gebracht oder ihr Gesicht gewaschen hat. Man behauptet auch, daß sie stets auf dem Fußboden schläft, wie früher. Man hat mir gesagt, daß sie sehr oft Wasser läßt, so oft, wie man es bei niemand anders bemerkt hat. Einige dieser Erscheinungen weisen darauf hin, daß ihr Leben rasch verläuft, andere werden die Ursache eines schnellen Todes sein. Ich hoffe, daß Eure Hoheit für alles Vorsorge treffen wird, denn meines Erachtens läuft ihre Gesundheit ernsthaft Gefahr. Es würde nicht richtig sein, ihr die Sorge für ihre Person allein zu überlassen, denn man sieht ja, wie schlecht sie für ihre eigene Gesundheit sorgt. Der Mangel an Reinlichkeit in ihrem Gesicht und, wie man sagt, auch an anderen Stellen ihres Körpers ist sehr groß. Sie ißt mit den Tellern auf dem Fußboden, ohne Tischtuch oder Schüssel ... Tagelang hintereinander wohnt sie keiner Messe bei, denn die Stunde, zu der sie sich hinbegeben müßte, ist mit ihrem Frühstück ausgefüllt, und so wird es Mittag, und da ist keine Gelegenheit mehr dazu.«[5]

Die Beschreibung, die hier von Johanna gegeben wird, läßt uns an jemand denken, der die Grenzen der Idiotie schon sehr bald erreicht, wenn nicht gar schon überschritten hat. Johanna, längst sehr nachlässig, was ihre eigene Person betraf, verlotterte auf ärgerliche Weise. Ihre Gleichgültigkeit war so groß geworden, daß sie auf dem Fußboden saß oder lag, um zu essen und zu schlafen, und es besteht Grund zu der Annahme, daß sie an einer *incontinentia urinae* litt. Ab und zu scheint die Gleichgültigkeit durch blinde Wutanfälle unterbrochen worden zu sein, wobei sie in grober Manier handgreiflich wurde und ihr Personal anfuhr.

König Ferdinand schien durch diese Sachlage gerechtfertigt zu sein, gegenüber seiner Tochter wirksame Maßregeln zu ergreifen. Er hatte bereits, höchstwahrscheinlich ohne ihr Wissen, ausgedehnte Vorsichtsmaßnahmen für die Sicherheit ihrer Person angeordnet. Es war immer noch zu befürchten, daß einer der kastilischen Edelleute Johanna gefangennehmen und wegführen würde, um mit Hilfe der Autorität, die ihm durch ihre Anwesenheit zuteil wurde, Regierungsbeschlüsse zu verkünden und Ferdinand als Regenten abzusetzen. Um allem Unheil, das hieraus entstehen könnte, beizeiten zuvorzukommen, hatte Ferdinand vor seiner Abreise nach Andalusien Truppen rings um Arcos zusammengezogen und Befehl gegeben, niemand unkontrolliert hinein- und herauszulassen. Dadurch verhinderte er gleichzeitig, daß seine Tochter mit ihrem trübseligen Zug ihre Rundreise wiederaufnahm.

Inzwischen näherte sich der Winter, der in der offenen Landschaft Altkastiliens sehr kalt sein kann. Schwerer Schneefall behindert oft den Verkehr zwischen den Dörfern. Königin Johanna war in dem kleinen Ort Arcos nicht, wie es sich gehörte, behaust, und ihr seelischer und körperlicher Zustand machten es erwünscht, sie in einem größeren Ort und einer behaglicheren Wohnung mit zweckentsprechender Bewachung und Versorgung unterzubringen.

König Ferdinand faßte infolgedessen den Plan, seine Tochter zu bewegen, Arcos zu verlassen, und er erwog, sie nach Tordesillas, einen Ort in der Nähe von Valladolid, bringen zu lassen. Zu diesem Zweck erschien er im Januar 1509 bei ihr auf Besuch. Die Berichte, die aus dem König wohlgesinnten Kreisen kamen, vermitteln uns ein solches Bild von Johannas Zustand, daß man in Ferdinand nichts anderes als den fürsorglichen, liebenden Vater, in Johanna dagegen ein mitleiderregendes, armseliges Geschöpf erblicken kann.

Johanna, die im Dezember die Unbilden der Kälte nur mit Mühe hatte ertragen können, sah schlecht aus, und ihre Kleider waren so schmutzig und ärmlich, daß Ferdinand und seine nächste Umgebung darüber entsetzt waren. Der König verstand es, seine Tochter taktvoll so weit zu beeinflussen, daß sie sich bereit erklärte, Arcos zu verlassen und sich nach dem Ort zu begeben, den ihr Vater als für sie geeignet ansah.

Nächtliche Irrfahrten mit einer Leiche   103

Tags darauf verließ Johanna wirklich den kleinen Ort Arcos, nachdem es dunkel geworden war. Aufs neue bewegte sich der unheimliche Zug in der nächtlichen Stille dahin. Rund um den prächtig verzierten Wagen herum mit seinem reich aufgezäumten friesischen Vierergespann liefen die Mönche und summten ihre Klagegesänge. Große, flackernde Fackeln warfen ihr grelles Licht über die düstere Prozession.

Nach einer Reise von zwei Nächten erreichte man Tordesillas. Der Sarg mit Philipps Leiche wurde im Kloster Santa Klara beigesetzt, und Johanna in dem sich ans Kloster anschließenden Palast untergebracht. Die Tore der Stadt und die Pforten des festungsartigen Palastes wurden hinter ihr geschlossen. Sie war jetzt eine Gefangene, gefangen für ihr ganzes weiteres Leben, das sich noch über fünfundvierzig Jahre hin ausdehnen sollte, in grauer Eintönigkeit und unter trübseligen Umständen.

Zu Ende war nun auch das triste Umherschweifen mit dem Leichnam Philipps. Die dichterische, dramatische Phantasie, die durch das ergreifende Schauspiel nächtlichen Umherstreichens einer wahnsinnigen Frau mit ihrem toten Mann geweckt wurde, hat aus diesem Umherirren Johannas innerhalb eines kleinen Bereichs in Kastilien ein monatelanges Umherirren in ganz Spanien gemacht.

In Wirklichkeit stimmt das nicht. Die Entfernungen, die Johanna zurückgelegt hat, sind gering: von Burgos nach Torquemada gute sechzig Kilometer; von Torquemada nach Hornillos nur einige Kilometer; von Hornillos nach Tórtoles ungefähr sechzehn Kilometer; von Tórtoles über Santa Maria del Campo nach Arcos ebenfalls nur wenige Kilometer; und von Arcos nach Tordesillas eine Reise von zwei Nächten.

Und doch, wenn man die der inneren Rührung entsprechenden dichterischen Abmessungen auch auf das nüchtern zusammengerechnete Meilenmaß reduziert, dann behalten diese Irrfahrten weiter ihre Schrecken, denn sie sind das Sinnbild des Wahnsinns infolge eines unerträglichen Leidens.

Fast zweieinhalb Jahre nach dem Tode Philipps des Schönen wurde Johanna als eine Geisteskranke, die vom Thron entfernt gehalten werden mußte, in Tordesillas eingesperrt.

Tordesillas liegt beinahe dreißig Kilometer südöstlich von Valladolid. Noch heute kann man in diesem friedlichen, abgelegenen kleinen Ort das königliche Santa Clara-Kloster besuchen, wo Philipp der

Schöne jahrelang begraben lag, und zwar so, daß seine unglückliche Frau von einem Fenster ihres Gefängnisses aus die Gruft sehen konnte.

Tordesillas gleicht selbst einem Abbild Spaniens samt seiner dramatischen Geschichte. Allein schon der Name des kleinen Ortes ist ebenso rätselhaft und ebenso suggestiv wie Spanien selbst. Ist die Vermutung richtig, daß Tordesillas eine Verballhornung von zwei hebräischen Worten, nämlich Thor-Silah, ist, dann würden wir in diesem Namen ebenso wie in den Wörtern Spanien, Toledo u. a. eine Spur der ursprünglichen, hebräischen Bewohner der iberischen Halbinsel gefunden haben, einen Beweis, daß Spanien die Wiege sein würde der Iberim, der Ebräer oder Hebräer, wie alte Sagen erzählen und moderne Theorien vermuten.

Nach einer anderen Hypothese ist der Name Tordesillas zwar semitischen Ursprungs, datiert aber nicht aus grauer Vorzeit, sondern ist nur der Name eines befestigten Platzes einer der zahlreichen Banden der Shilahes, die im 8. Jahrhundert durch das eroberte Spanien zogen. Die zierlichen, gut erhaltenen maurischen Patios in dem Städtchen künden bis heute von einer afrikanischen Bevölkerung.

Im Mittelalter hieß das Städtchen Otero de Siellas. »Otero« bedeutet der Aussichtsposten, eine Höhe, von der aus man die Umgebung übersehen kann, und mit »Siellas« können breite, sattelförmig ausgehauene Granitbrocken gemeint sein. Das Stadtwappen, ein spitzer Felsen, wellenumspült, von zwei goldenen Schlüsseln flankiert und von drei Sätteln mit kurzen Steigbügeln bekrönt, ist von der Ableitung des Namens inspiriert.

Welchen Ursprung der Name des kleinen Ortes auch haben möge, es scheint sicher zu sein, daß seine Anlage in vorgeschichtliche Zeiten zurückreicht. Es liegt in einer Gegend, die schon zur Zeit des griechischen Geographen Strabo wohlhabend und dichtbevölkert war.

Seit dem 12. Jahrhundert kommt der Name des Städtchens häufig in historischen Dokumenten vor. Die kastilischen Könige weilten dort gern, sie gewährten ihm Privilegien und befestigten es, weil es eine geeignete Operationsbasis im Kampf gegen die Mauren war.

Im 14. Jahrhundert war Tordesillas dann auch eine wichtige Festung geworden, und hier wurde König Pedro belagert, jener Don Pedro, der von der offiziellen Geschichtsschreibung, die sich auf von Anhängern seines Nachfolgers und Mörders sowie dessen Nachkommen stammende Unterlagen stützt, der Grausame genannt wird,

Nächtliche Irrfahrten mit einer Leiche

während er in den Volksballaden fortlebt als König Pedro der Gerechte.

In der ersten Hälfte des 15. Jahrhunderts, einer Periode des Schaugepränges, ritterlicher Spiele und empörenden Sittenverfalls in Kastilien, wurden in Tordesillas große Feste gefeiert auf Veranlassung von Don Álvaro de Luna, dem Günstling König Johanns II. Noch war die Erinnerung daran bei den Einwohnern lebendig, als Königin Leonora in der Stadt gefangengesetzt wurde. Kurze Zeit darauf sah sich König Johann II. innerhalb der Mauern von Tordesillas eingeschlossen, und sein Günstling Don Álvaro suchte vergeblich nach einem Zufluchtsort, als die Ungnade des Königs ihn traf und der Tod ihn bedrohte.

Isabella und Ferdinand hatten Tordesillas etliche Male besucht. Hier hatte Isabella die Nachricht erhalten, daß die Schlacht bei Toro gewonnen und ihre königliche Macht gefestigt war. Barfuß war sie in aller Öffentlichkeit in einer Prozession mitgezogen, um Gott für diesen Sieg zu danken. Innerhalb der Mauern von Tordesillas unterzeichneten die Katholischen Könige auch den von Papst Alexander VI. entworfenen Vertrag, wodurch die Neue Welt zwischen Spanien und Portugal geteilt wurde. Während der Regierung von Isabella und Ferdinand, die so viel für die Verbesserung des Verkehrswesens getan haben, wurde Tordesillas auch durch den Bau jener berühmten Brücke mit zehn Bogen und einem Turm mit Zinnen in der Mitte begünstigt. Unter einem verlorengegangenen Wappenschild war eine Inschrift angebracht, die besagte, Tordesillas habe vielen Städten geholfen, indem es für den König und die Königin ein zuverlässiger Aufenthaltsort in aufgewühlten Zeiten war. Es besteht jedoch Grund zu der Annahme, daß diese Inschrift aus späterer Zeit stammt.

Den königlichen Palast, in dem Johanna von 1509 bis zu ihrem Tod im Jahre 1555 gelebt hat, gibt es nicht mehr. Er wurde Ende des 18. Jahrhundert wegen Baufälligkeit geschleift. Nur ein Turm steht noch, im Volksmund »Torre de Juana«, der Turm von Johanna, geheißen.

Das Kloster Santa Clara, wo Philipp jahrelang begraben war, ist jedoch erhalten geblieben. Es war im 14. Jahrhundert von Beatriz, der Tochter von König Pedro I. und der berühmten Maria de Padilla, gestiftet worden. Diese Doña Beatriz hatte ihre fürstliche Wohnung in Tordesillas dreißig Clarissinnen zur Verfügung gestellt, »damit sie für sie, ihren Vater, ihre Mutter und ihren Bruder beteten«. Viele angesehene Frauen, mit Doña Beatriz an der Spitze, haben dort den Schleier genommen, und verschiedene Königinnen haben an diesem Ort, nicht ganz freiwillig, geweilt.

Das Kloster Santa Clara ist eines jener bemerkenswerten, in der für den mittelalterlichen spanischen Stil typischen Manier errichteten Bauwerke, eine Mischung aus Gotik und maurischer Architektur. Im Innenhof befindet sich ein Säulengang mit hübschen halb maurischen, halb byzantinischen Säulen, verziert mit prächtigem Laubwerk, das bis zur Decke reicht. Eine einzelne hufeisenförmige Tür verstärkt die maurische Stimmung. Die Klosterkirche im luftigen gotischen Stil hat eine sehr künstlerisch gestaltete Decke, die in Fächer aufgeteilt und reich vergoldet ist.

Doch Johanna dürfte für die Schönheit dieser Architektur kaum ein Auge gehabt haben, nicht einmal für die Kapelle, die Jahrzehnte zuvor gebaut und verziert worden war, und deren Fenster vor allem ein Meisterwerk künstlerischer Verfeinerung bilden, mit ihren Säulchen und den hübschen durcheinandergehenden Wellenlinien, die sich über den Fensteröffnungen rautenförmig schneiden.

Hat Johanna, als sich die Tore der Stadt hinter ihr schlossen und die Türen des Palastes verriegelt wurden, wohl an ihre Großmutter Isabella gedacht, die zwanzig Jahre von aller Welt abgeschlossen in Arévalo zugebracht hat, dessen grimmige Burg noch heute den Besucher mit Entsetzen erfüllt?

Ihre Rolle in der Welt war ausgespielt. Ihr einziger Horizont war die Gruft ihres Gemahls. Ihre königliche Macht war von anderen Händen übernommen worden.

Wie weit ist sie sich dessen bewußt gewesen und hat sie sich als Opfer der Ehr- und Herrschsucht anderer gefühlt?

Johanna, die Verhexte

Der erwähnte Brief des Bischofs von Málaga, der sich als Seelsorger bei Johanna aufhielt und in seinem Schreiben an König Ferdinand ein so trauriges Bild von Johanna entwirft, gibt Ferdinand recht, wenn dieser seine offensichtlich geisteskranke Tochter in Tordesillas einschließen läßt. Hier, in einem königlichen Palast, unter guter Fürsorge, war sie ja sicherer, und es bestand bessere Aussicht auf eine Wiederherstellung, als wenn sie in dem unwirtlichen, ländlichen Arcos geblieben wäre, um möglicherweise erneut des Nachts umherzuirren.

Es ist aber auch eine andere Lesart möglich. Im gleichen Augenblick, in dem Ferdinand beschloß, seine Tochter in Tordesillas gefangenzusetzen, war im Süden Spaniens der Bürgerkrieg am Schwelen oder gar schon ausgebrochen, und in Kastilien führten die Häupter angesehener Adelsfamilien Verhandlungen mit Vertretern des deutschen Kaisers Maximilian, um mit seiner Hilfe Ferdinand aus Kastilien zu vertreiben, Johanna zur einzigen Thronanwärterin zu erklären und ihren Sohn Karl, der bereits König von Kastilien genannt wurde, nach Spanien bringen zu lassen.

Ferdinand hat dies gewußt und sich die Gefahr, die diese Verhandlungen für Spanien bedeuteten, wohl klar vor Augen geführt. Die einzige Art und Weise, dem ihm feindlich gesinnten Einfluß von außen und innen Einhalt zu gebieten, war, Johanna als völlig ungeeignet zur Ausübung der Macht auszuschalten und ihre Person in Sicherungsverwahrung zu nehmen. Die von Burgund und Maximilian von Österreich ausgehenden Intrigen würden in Kastilien wenig ausrichten können, wenn erst einmal über die zweifelhafte Stellung Johannas Klarheit erzielt und es jedem deutlich geworden war, daß die Königin von Kastilien an Geisteskrankheit litt. Ferdinand von Aragonien konnte dann mit vollem Recht als Regent auftreten, denn Karl war ein Kind.

Mit Ferdinand als Regent von Kastilien, León und Granada sowie als König von Aragonien war die politische Einheit Spaniens wieder gesichert und die Gefahr einer neuerlichen Feindschaft zwischen Kastilien und Aragonien infolge einer Einmischung Frankreichs, das Spanien als Großmacht zerschlagen wollte, erst einmal gebannt. Es gab indessen noch einen zwingenden Grund, der Ferdinand zu dieser Einschließung Johannas bewogen haben kann. Germaine, seine zweite Frau, war schwanger. Würde sie ihm einen Sohn schenken, könnte Ferdinand vielleicht ganz Spanien für seine eigene Dynastie bewahren und das Ergebnis von mehr als dreißig Jahren politischer Arbeit für sein Haus sicherstellen. Diese Hypothese darf nicht unerwähnt bleiben. Daß Ferdinand allenfalls nicht vor einer Usurpation und einer gewaltsamen Lösung zurückgeschreckt sein würde, um Kastilien für diesen Sohn zu gewinnen, dürfte sich wohl aus seiner politischen Vergangenheit ableiten lassen.

Im Mai 1509, einige Monate nach Johannas Einschließung in Tordesillas, schenkte Königin Germaine einem Sohn das Leben. Ferdinand gab dem Kind den Namen Juan, Johann, denselben Namen, den sein erster Sohn, der jung gestorbene Kronprinz von Kastilien und Aragonien, getragen hatte. Man könnte in dieser Namensgebung eine Bestätigung der von uns weiter oben geäußerten Vermutung sehen. Verschiedene Könige von Kastilien, Aragonien und Navarra hatten diesen Namen getragen, und er war schon einmal für den Kronprinzen beider Länder Kastilien und Aragonien vorgesehen worden. Kann die Wahl diese Namens deshalb eine symbolische Bedeutung gehabt haben?

Der kleine Prinz blieb jedoch kaum eine Stunde am Leben, und sein Tod vereitelte schlagartig die dynastischen Illusionen, die sich Ferdinand gemacht haben kann.

Es können also bei König Ferdinand alle möglichen politischen Erwägungen im Spiel gewesen sein, als er beschloß, seine Tochter in einem abgelegenen, befestigten Städtchen einzuschließen und sie durch einen ihm vollkommen ergebenen Diener, einen geborenen Gefängniswärter, bewachen zu lassen.

In diesem Zusammenhang sollten wir auch die Worte von Petrus Martyr lesen. Der ruhige Kommentator dessen, was rings um ihn vor sich ging, läßt manchmal in Gestalt einer feinen Nuance seine Bedenken, Zweifel oder Ironie durchschimmern, wenn er es nicht wagt, seine Meinung frei herauszusagen. In dem Brief, in dem er mitteilt, daß Ferdinand seine Tochter zu bewegen suchte, Arcos zu

Johanna, die Verhexte

verlassen und nach Tordesillas zu gehen, sagt er, daß sich der König nicht gescheut habe, Drohungen zu äußern. Worin diese Drohungen bestanden haben – man vergesse nicht, daß Arcos von italienischen, im Dienste Ferdinands stehenden Truppen umgeben war – sagt Petrus Martyr nicht, auch nicht, ob die Umstände Ferdinand wirklich das Recht verliehen haben, zu diesem äußersten Mittel Zuflucht zu nehmen[1].

Ferdinand hat den Beschluß, den er hinsichtlich Johannas gefaßt hatte, nicht durch die *Cortes* ratifizieren lassen. Die *Cortes* sind auseinandergegangen, ohne der Entscheidung des Königs Rechtskraft verliehen zu haben, und Ferdinand hat sie zu diesem Ende auch nicht mehr einberufen.

Es ist ganz klar, daß die Städte und die Granden ihre Beschwerden erhoben und eine nüchterne Untersuchung gefordert hätten, und zwar ebenso, wie sich zu Philipps Zeiten einflußreiche Personen geweigert hatten, der vorgeschlagenen Einschließung Johannas ihre Zustimmung zu erteilen. Ferdinand hat kraft früherer Beschlüsse der *Cortes* sowie unter Berufung auf das Testament von Königin Isabella und seine Abmachung mit Philipp die Regierung von Kastilien übernommen. In Wirklichkeit war es ein Staatsstreich und während der letzten Jahre seines Lebens hat er diktatorisch regiert. Die Macht, die er sich angeeignet hatte, versetzte ihn in die Lage, sich des Königreichs Navarra zu bemächtigen sowie seine Eroberungen in Italien zu erweitern und zu festigen.

Das Volk von Kastilien vergaß indessen seine Königin Johanna nicht. Es wußte, daß sie in Tordesillas gefangengehalten wurde. Die Kunde davon war schnell genug durchs Land geeilt, ebenso wie die Gerüchte von Johannas Irrfahrten mit der Leiche ihres Mannes und von anderen launischen Einfällen dieser unglückseligen Frau.

Doch weigerte sich das Volk, an den Wahnsinn seiner Königin zu glauben. Sein eigener Stolz und seine hohe Auffassung von königlicher Würde ließen es ganz einfach nicht zu, die Tochter von Königin Isabella für geistig minderwertig zu halten. Teilweise tuschelte man, Johanna werde widerrechtlich gefangengehalten, damit der Vater, der Fremdling, der von vielen gehaßte Aragonese, die königliche Macht ausüben könne, und teilweise schenkte man den Erzählungen von Johannas Verhexung Glauben.

»Juana la Embrujada«, »Juana la Hechizada«, Johanna, die Verhexte, nannte man sie, und die fruchtbare, rasch reizbare Volksphantasie suchte und fand andere überzeugende Fälle von bösartiger Zauberkraft, die jedermanns Geist und Körper schaden kann.

Das spanische Volk war im 16. Jahrhundert nicht abergläubischer als andere europäische Völker auch, wenn es an die wirkliche, objektive Kraft von Verfluchungen, an die Wirksamkeit von allerlei magischen Praktiken, wenn es an »kräftige Kräuter« glaubte, die Einfluß ausübten nicht allein auf den Körper, sondern auch auf den Geist, auf den Verstand.

Ferner war das spanische Volk infolge seiner Jahrhunderte währenden Gemeinschaft und Verschmelzung mit Mauren und Juden mehr noch als die westeuropäischen Völker eng vertraut mit orientalischen Auffassungen und östlichen magischen Praktiken geworden. Ebenso wie im maurischen Spanien die Zubereitung von Kräutern, Salben, Riechwassern und allen möglichen anderen Mitteln zur Vervollkommnung der weiblichen Schönheit zu einer derartigen Vollendung gelangt war, daß wir bei der Aufzählung der Schönheitsmittel auf dem Toilettentisch einer kastilischen Frau in einem literarischen Werk jener Zeit nur ein ganzes Bündel arabischer Worte zu hören kriegen, war in den maurischen Frauengemächern sowie den Arbeitsstätten maurischer und jüdischer Alchimisten manch kräftiges Gift und manches für wirksam gehaltene Zaubermittel gefunden worden.

Der Volksaberglaube war grob. Eine eigenartig verwachsene Pflanze, einen bizarr geformten Stein, ein monströses Gebilde in der Natur sah man mit geheimnisvollen Kräften ausgestattet. Aufgehängten Verbrechern riß man die Zähne heraus, weil man sie für mächtige Zaubermittel hielt, man grub die Gebeine von Toten aus und benutzte Friedhofserde zur Herstellung von Heil- und Zaubermitteln. Der Fluch, die Beschwörung, die Verwünschung, der böse Blick, die verborgene Drohgeste, allesamt waren sie dieselben fürchterlichen Realitäten wie in jeder »primitiven« Welt, die in magischem Fetischismus gefangen lebt.

Die Kirche hatte viel davon »christianisiert«, aber sie hatte ihm seine Schrecken nicht genommen. Die Erzählungen von Beschwörung und Verhexung bildeten einen Teil des alltäglichen Lebens. Die Verbindung mit der Natur und ihren jedesmal aufs neue überraschenden Wundern war noch so unmittelbar und innig, daß die einfachsten Erscheinungen im Leben eher eine Bestätigung als eine Abschwächung des magischen Empfindens bewirkten.

Bei den ersten Gerüchten über Johannas Launenhaftigkeit, die in

Johanna, die Verhexte

Spanien laut wurden, hatte also das Volk sofort an geheimnisvolle, bösartige Einflüsse gedacht, denen seine Prinzessin ausgeliefert sein würde. Das ferne fremde Land dahinten hoch im Norden mit anderen Gewohnheiten und die Phantasie ansprechenden Bräuchen, von denen die Kaufleute und Seefahrer berichteten, dazu das Äußere dieser Nordländer, deren hünenhafte Gestalt, blondes Haar und helle, blaue Augen den dunkel aussehenden Kastiliern befremdlich vorgekommen waren, hatten bereits vorher die dichterische Phantasie angeregt und verliehen den Prüfungen, denen Johanna ausgesetzt war, einen geheimnisvollen Hintergrund.

In dem Umfang, in welchem sich die Gerüchte über Johannas eigenartige Einfälle verstärkten und die Erzählungen über ihre inneren Heimsuchungen deutlicher und farbiger wurden, drang der Glaube an ihre Verhexung immer tiefer durch. Das Volk denkt nicht kritisch und analytisch. Es denkt in Bildern. Seine Gedanken und Erklärungen sind freilich deshalb keineswegs immer falsch.

Beinahe ein halbes Jahr lang war Johanna mit ihrem Gemahl durch Spanien gezogen. Philipp hatte auf seinem Zug von La Coruña nach Burgos peinlich darauf gesehen, daß Johanna nicht mit Behörden in Verbindung trat. Doch wer immer bis zu ihr vorzudringen wußte, hatte eine stille, trübselig vor sich hin grübelnde Frau vorgefunden, die am liebsten verträumt in einem abgedunkelten Gemach saß oder mit verschleiertem Gesicht ihrem Gemahl zu Pferde folgte. Wer mit ihr sprach, sah ihre dunklen Augen starr und wehmütig auf sich geheftet. Weder Worte noch Gebärden ließen den Gedanken an Wahnsinn aufkommen. Sprach sie, dann gab sie vernünftige, ernste Worte von sich. Hörte sie zu, dann machte sie den Eindruck eines dem Sprecher aufmerksam folgenden Zuhörers.

Ihre Irrfahrten mit dem Leichnam ihres Gemahls hatte das Volk als die Verzweiflungshandlung eines untröstlichen Gemüts angesehen. Leidenschaftliche Exzesse sind dem Volk nicht fremd. Es weiß, daß Äußerungen der Leidenschaft in dem Umfang abnehmen, in welchem sich die Gefühlsstürme legen, und es weiß, daß der vorübergehend verdunkelte Verstand wieder zur Besinnung kommt, wenn sich das Herz beruhigt. Spanien ist das für die Tat aus Leidenschaft sprichwörtlich gewordene Land. Der Selbstmord und das Verbrechen aus enttäuschter Liebe sind in Spanien vielfältig vorkommende Erscheinungen. Verdruß, Liebe und Haß äußern sich je nach Lage der Stimmung. Die unmittelbare, emotionale Reaktion eines leicht entflammbaren Gemüts kann mit einer Heftigkeit zum Ausdruck kommen, die an orientalische Leidenschaft denken läßt.

Daß eine junge Frau, deren leidenschaftliche und wiederholt verletzte Liebe zu ihrem Mann überall bekannt war, ihre Verzweiflung über seinen jähen Tod auf solch heftige und launische Art und Weise zeigte, erwartete das spanische Volk von dieser harten Frau weit eher, als daß es die Menschen befremdet hätte. Diese Handlungsweise paßte in den Rahmen der Vorstellungen, die man sich von ihr gemacht hatte.

Von der Liebe Gequälte und von diesem Dämon Beherrschte haben stets das Herz des Volkes eingenommen und seine Phantasie lebhaft beschäftigt.

Das Drama Johannas vollzog sich ganz und gar nach der immerwährend romantischen Auffassung der breiten Masse. Es war das Drama des Menschen, der von geheimnisvollen Mächten getrieben wird. Jede von Zauberkräften genährte Phantasie und andere bösartige Einflüsse bekamen darin freies Spiel. Eine Zauberkraft war Philipps Schönheit und sein aufreizender Leichtsinn. Über Zauberkräfte und Zaubermittel verfügten seine Geliebten, die die legale und liebende Gattin von ihm fernhalten wollten. Und eine abscheuerregende dämonische Kraft hing über dem Tod des Gatten, der die arme Frau wie ein Sturmwind mitriß in die dunklen Nächte, über die verlassene kastilische Hochebene hin.

So hat das spanische Volk Johanna gesehen, und deshalb konnte es sich mit der Verfügung und der Erklärung von König Ferdinand nicht abfinden. Mochten sich auch lange Zeit hindurch bösartige Einflüsse auf Johanna geltend machen, mochte ihre Seelenruhe auch ernsthaft gestört und sogar ihr Verstand dadurch zeitweise umnachtet sein, das war ja nur eine vorübergehende Qual, die wieder abnahm und, selbst wenn sie herumwütete, von ruhigen Intervallen vernünftiger Überlegungen unterbrochen wurde ...

Johanna »die Verhexte« hat von dem düsteren Turm ihres Palastes in Tordesillas aus die Herzen der Spanier noch jahrelang beherrscht. Sie blieben bei ihrem Glauben an sie, sie haben nach ihr Ausschau gehalten, sie haben ihr Leid geteilt, sie warteten weiter auf ihre Rückkehr. Zehn Jahre nach der Gefangensetzung Johannas war der Ruf »Vorwärts für Johanna, vorwärts für Kastilien!« ausreichend, um Tausende zu den Waffen greifen zu lassen und Johanna wieder in ihre Macht und Würde einzusetzen.

Johanna, die Verhexte 113

Sowohl um die kastilischen Behörden zu beruhigen als auch um seine persönliche Willkür fremden Höfen in anderem Licht erscheinen zu lassen, hat König Ferdinand ein einziges Mal in Begleitung spanischer Granden und ausländischer Gesandter Tordesillas einen Besuch abgestattet. Der Eindruck, den Besucher gewöhnlich gewannen, war, daß sich Johanna gehen ließ. Sie sah liederlich aus, und die Menschen ihrer Umgebung erzählten, sie esse schlecht und unregelmäßig, gehe ungern zu Bett und sei ganz allgemein nachlässig und lustlos. Sie verhielt sich weiblicher Bedienung gegenüber ablehnend. Nur unter Zwang duldete sie Frauen in ihrer unmittelbaren Umgebung.

Es fehlen allerdings regelmäßige und zuverlässige Berichte über Johannas seelischen Zustand während der ersten Jahre ihrer Gefangenschaft. König Ferdinand hat sie streng bewachen lassen. Mitteilungen über sie oder von ihr sind in jenen Jahren gar nicht oder kaum aus dem Palast nach außen gedrungen, wenn es der mürrische Gefangenenaufseher für unerwünscht erachtete. Nur die Berichte, die König Ferdinand rechtfertigten, sind bekanntgeworden, desgleichen sein Befund nach seinen Besuchen 1509 und 1513. Beide Male konnten sich Ferdinand und seine Begleitung von der Richtigkeit der getroffenen Maßregeln überzeugen, denn das Betragen und das Auftreten der Königin ließen an jemand denken, dessen Geisteskräfte sehr ernst gestört waren. In dieser Fassung drückt sich Prudencio de Sandoval, der Geschichtsschreiber aus dem 16., Anfang des 17. Jahrhunderts ebenfalls aus. Er berichtete gleichzeitig, daß der König eine Anzahl von adligen Damen angestellt habe, damit sie sich um Johanna kümmerten. Nach Sandoval wandten diese Damen sogar Gewalt an, wenn Johanna sich nicht geneigt zeigte, von den ihr angebotenen Diensten zur Reinhaltung ihrer Person Gebrauch zu machen.

Wir haben freilich Grund, an die Einseitigkeit oder Übertreibung in diesen Mitteilungen zu glauben. Uns wird kein übersichtliches Bild von Johannas Zustand vermittelt, immer wieder wird nur von ihrem exzentrischen Verhalten berichtet. Dieses kann doch periodischer Natur und von kurzer Dauer gewesen sein, unterbrochen von Zeitläuften besonnenen Verhaltens und geistiger Klarheit.

In diesem Zusammenhang ist es bemerkenswert, daß unmittelbar nach dem Bekanntwerden der Nachricht von König Ferdinands Tod im Jahre 1516 ein kleiner Aufstand in Tordesillas ausbrach gegen den von Ferdinand als Aufseher über Johanna angestellten Ferrer, und daß es Klagen über ihn bei den Behörden hagelte.

Der Schein spricht auch gegen Ferdinand, weil er aus der Ausschaltung seiner Tochter Vorteile zog, und so ist der Eindruck entstanden, daß sie und ihr Sohn für immer vom Thron ferngehalten werden sollten. Nach dem Tod des kleinen Prinzen Johann hatte Ferdinand nicht alle Hoffnung verloren, noch ein Kind mit seiner zweiten Frau zu zeugen. Aus jener Zeit, die in diesen Dingen nicht die Zurückhaltung unserer Tage aufwies, sind uns hierzu pittoreske Einzelheiten überliefert.

Der über sechzig Jahre alte König, der zudem durch ein aufreibendes Leben geschwächt war, hat versucht, der unwilligen Natur nachzuhelfen. Die Mittel, die man seinerzeit hierfür anwandte – wir wissen das von den bei jungen Königinnen, die rasch schwanger werden sollten, im 16. Jahrhundert angewandten – waren nicht ungefährlich. Ferdinand jedenfalls erkrankte 1513 ernsthaft nach ihrem Gebrauch.

Es war ein Zeichen der Zeit und ein Hinweis auf die bis in die höchsten Kreise angewandten Praktiken, daß unmittelbar darauf der Verdacht aufkam, Königin Germaine habe ihren Mann vergiftet. Schon einige Jahre vorher war überall die Vermutung aufgetaucht, Germaine habe einen der hohen Würdenträger Kastiliens vergiftet, und jetzt hegte man den Argwohn, die für ihren Leichtsinn bekannte Frau habe ihren bejahrten Gatten töten wollen. Zur Erklärung des ernstlichen Unwohlseins des Königs wurde von ihr indessen auf das kräftige Heilmittel verwiesen, das man ihm zur Stärkung seiner Potenz verschrieben hatte.

Die Chronisten jener Zeit nehmen, was Königin Germaine betrifft, kein Blatt vor den Mund. Sie erzählen treffende Beispiele ihres leichtsinnigen Betragens während der letzten Lebensjahre König Ferdinands. Es ist möglich, daß sie das Leben dieser frivolen Frau im stillen mit der traurigen Existenz Johannas in Tordesillas verglichen, und daß sie auf diese Weise ihrer Ablehnung der Maßnahmen Ferdinands gegen seine Tochter Ausdruck verliehen haben, die sie nicht bei ihrem wahren Namen zu nennen wagten, nämlich Usurpation.

So lesen wir, daß Germaine, als sie 1515 Alcalá de Henares besuchte, die Bewohner, darunter die Professoren der jungen Universität, durch ihr frivoles Benehmen verärgerte, während ihr Mann krank darniederlag und der Tod nahe herbeigekommen schien.

Johanna, die Verhexte

Alvaro Gómez de Castro bemerkt mit feinem Spott, daß sie sich darüber in der Öffentlichkeit wenig Kummer anmerken ließ und, sobald sie den Blicken kritischer Zuschauer entschwunden war, unaufhörlich Feste feierte und Gelage abhielt. Die spanischen Hofdamen waren daran nicht gewöhnt und dem nicht gewachsen, und wenn sie müde waren, setzte Königin Germaine ihr Treiben fort mit ihrem Dienstpersonal, mit dem sie tanzte und herumschäkerte.

Der alte König machte dabei eine klägliche Figur, und es ist ihm nicht einmal der öffentliche Skandal erspart geblieben, einen Würdenträger, von dem getuschelt wurde, er erhalte mehr Gunsterweisungen von Königin Germaine als sich gehörte, gefangensetzen zu müssen.

Das Lebensende von König Ferdinand ist düster gewesen. Es ist ihm sehr schwer gefallen, es zulassen zu müssen, daß die vereinigten spanischen Königreiche in die Hände einer fremden Dynastie gelangen sollten. Er hat seinen Enkel Karl von Gent als einen Fremdling angesehen, und zwar so sehr, daß er sich auf seinem Sterbebett weigerte, Karls Vertreter, Adriaan van Utrecht, zu empfangen.

In Hofkreisen und außerhalb davon hat man es für möglich gehalten, daß König Ferdinand seinen in Alcalá de Henares geborenen Enkel und Namensvetter Ferdinand, den jüngeren Bruder Karls, durch letztwillige Verfügung zum König von Kastilien und Aragonien designieren würde, um durch diesen Staatsstreich noch auf dem Sterbebett zu verhindern, daß Spanien nur zum Werkzeug habsburgischen Ehrgeizes werden würde.

Diesem Ferdinand, für den der König immer eine besondere Zuneigung gezeigt hatte, war eine völlig spanische und sehr gediegene Erziehung zuteil geworden. Diejenigen, welche in ihm den zukünftigen König zu sehen vermeinten, erblickten eine lebhafte Bestätigung ihrer Vermutungen in Ferdinands Ernennung zum Gouverneur von Kastilien im Jahre 1512, eine in der Tat herausragende Auszeichnung eines Knaben von zehn Jahren.

Im Gedanken an die unübersehbaren Folgen einer derart willkürlichen Entscheidung wagte König Ferdinand von Aragonien es nicht, die Verantwortung hierfür auf sich zu nehmen, und er überließ dem Erstgeborenen seine Rechte zur bitteren Enttäuschung, wie es heißt, des jugendlichen Ferdinand, der sich indessen ohne Widerstand damit abgefunden hat. Daß in dem Testament als erste Anwärterin auf den Thron von Aragonien und Navarra die bereits seit einigen

Jahren wegen Geisteskrankheit eingesperrte Königin genannt war, wurde als toter Buchstabe angesehen. In seinem letzten Brief an Karl, einem Schreiben vom 22. Januar 1516, einen Tag vor seinem Tod, erwähnt Ferdinand Johanna nicht einmal mit auch nur einem Wort, während er sich ausführlich über Germaine ausläßt . . . In die Formulierung »Johanna und ihre Erben« wurde Karl von Gent hineingelesen, und darin hat man einen Wendepunkt der Geschichte Spaniens vorauszusehen vermeint.

Johanna wurde über all dies in Unkenntnis gehalten. Im Jahre 1513 befürchtete man bereits König Ferdinands Ableben, doch seine Tochter unterrichtete man nicht. Ferdinand erholte sich allerdings, aber es war klar, daß diese Erholung nur von kurzer Dauer sein würde. Wiederholt erkrankte er aufs neue, bis er im Januar 1516 verschied, in dem kleinen Ort Madrigalejo, einem Weiler in Estremadura.

Autoren jener Zeit berichten, daß Ferdinand von Sterndeutern prophezeit worden war, er würde in einem kleinen Ort mit Namen Madrigal den Tod finden. Ferdinand soll deshalb stets vermieden haben, diesen Ort zu betreten, obgleich Königin Isabella in einem Dorf gleichen Namens, Madrigal de las Altas Torres, in der Nähe von Medina del Campo, geboren war. Jetzt, auf seiner letzten Reise durch Estremadura, dessen Klima als heilsam für ihn angesehen wurde, kam er, nachdem er Trujillo verlassen hatte, in einen Weiler mit nur wenigen Häusern, Madrigalejo genannt. Die Endung »ejo« hat im Spanischen durchweg eine ungünstige Bedeutung. »Hier starb«, so sagt Petrus Martyr voller Rhetorik, »der Herrscher über so viele Reiche in einem Landhäuschen.«

Ein Beweis für die Abergläubischkeit in jenen Tagen war, daß der König, dem sehr fähige italienische Ärzte zur Verfügung standen, kurz zuvor eine alte Frau um Rat gefragt hatte, ob er noch lange zu leben habe. Die Antwort lautete, er würde noch zahlreiche Eroberungen machen, das sei ihr auf übernatürliche Weise geoffenbart worden . . .

Der Erzbischof von Toledo, Kardinal Cisneros, wurde bis zur Ankunft Karls zum Regenten von Kastilien ernannt, der Erzbischof von Saragossa zum Regenten von Aragonien. Die Regierungsbehörden beschlossen, Johanna nicht vom Tode ihres Vaters zu unterrichten. Die Dokumente hierüber aus jener Zeit widersprechen einander. Aus einigen könnte man folgern, daß Johanna nicht vom Tode

Johanna, die Verhexte

König Ferdinands in Kenntnis gesetzt worden ist. Sie selbst erklärte im Jahre 1520, vier Jahre nach dem Hinscheiden ihres Vaters, sie habe niemals gehört, daß ihr Vater nicht mehr am Leben sei. Aus anderen Unterlagen jener Zeit müssen wir freilich den Schluß ziehen, daß Johanna unmittelbar nach dem Ableben König Ferdinands davon in Kenntnis gesetzt worden ist, und zwar von einem Teil der Garnison, die damals versucht hat, Ferrer, den Schloßvogt, zu verjagen.

Dieser Ferrer, ein harter, starrköpfiger Aragonese, hatte sich sowohl im Palast als auch im Städtchen Tordesillas verhaßt gemacht. Er hatte sich mehr wie ein Gefängniswärter als wie ein verantwortlicher Betreuer Johannas aufgeführt. Man warf ihm in der kleinen Stadt vor, er habe nichts versucht, um die arme »verhexte« Königin zu heilen, vielmehr sei er ihr roh begegnet, kurzum, nicht als eine kranke Fürstin, sondern als eine gewöhnliche Gefangene habe er sie behandelt, die streng bewacht und in vollständiger Isolierung gehalten werden mußte.

Ein Hauptmann der Garnison setzte mit einer Anzahl Soldaten zum Sturm gegen das Schloß an, als bekanntgeworden war, König Ferdinand, in welchem viele den Usurpator und den Verfolger seiner Tochter erblickten, sei gestorben. Das Ziel der Meuterer war, Ferrer gefangenzusetzen und die Wache zu entwaffnen.

Mit der Bewachung Johannas waren Angehörige der königlichen Leibgarde, der »Monteros de Espinosa«, betraut worden, wozu nur Mitglieder einiger bevorrechtigter adliger Familien gehören durften. Der Widerstand dieser Garde bezwang die Meuterei, aber Ferrer wurde genötigt, das Schloß zu verlassen.

Aus einem Bericht, den eine der Hofdamen Königin Johannas dem neuen Regenten, Kardinal Cisneros, übersandt hat, wissen wir, daß der aufrührerische Hauptmann mit Wissen der Bürger von Tordesillas Johanna hatte befreien wollen, weil man es für möglich hielt, daß sie von ihrem Leiden geheilt werden könnte.

Wenn, wie man glaubte, Johanna »verhext« war, so mußte es doch möglich sein, diesen Bann zu brechen durch das Einwirken anderer höherer Mächte ... Es gab einen Geistlichen in Tordesillas, der mit Bestimmtheit versichert hatte, er könne Johanna von der bösen Macht, die sie gefangen hielt, erlösen. Sobald die Bürger freien Zugang zum Schloß hatten, brachte man diesen Geistlichen zu Johanna. Es wurde ein teils trauriges, teils törichtes Schauspiel.

Die königliche Garde weigerte sich, den Geisterbeschwörer und seine Gehilfen mit Johanna allein zu lassen. Der Exorzist ließ die Hofdamen und das weibliche Personal entfernen, und in Begleitung von zwei Mitgliedern der Garde betrat er das Gemach der Königin. Dort fing er mit seinen Versuchen an, die bösen Geister aus Johanna herauszutreiben, aber alle seine Beschwörungen halfen nichts. Johanna selbst hat den zweifellos gut gemeinten exorzistischen Versuchen des naiven Priesters keinerlei Aufmerksamkeit gewidmet.

Von Kardinal Cisneros war keine Veränderung in den Lebensumständen Johannas zu erwarten. Er war überzeugt, daß ihr Geist getrübt war. Schon zur Zeit Philipps des Schönen hatte er mitgewirkt, Johanna unter Aufsicht stellen zu lassen und sie von der Regierung auszuschließen. Er hatte damals sogar persönlich versucht, etliche Vertreter von Städten in den Cortes sowie einflußreiche Granden für seine Ansicht zu gewinnen. Nach Philipps Tod hatte Cisneros unverzüglich die Leitung der Staatsgeschäfte übernommen. Er wollte die verschiedenen kastilischen Gruppen miteinander versöhnen, um einen geschlossenen Block gegen die burgundische Partei zu bilden, und er hatte, nachdem eine vorläufige Übereinkunft zustande gekommen war, sich selbst zum Regenten ernannt in Erwartung der Ankunft von König Ferdinand. Die Darstellung, die er von Johannas seelischem Zustand gab, hatte damals bei vielen keinen Zweifel mehr an ihrem gestörten Geisteszustand aufkommen lassen. So bestimmt und ohne jedes Wenn und Aber waren seine entsprechenden Mitteilungen, daß sie immerhin auf diejenigen, welche nicht unbedingt an die Geisteskrankheit Johannas glaubten und Raum für günstigere Deutung ihres launenhaften Verhaltens gewinnen wollten, den Eindruck fester Entschlossenheit machten, Johanna, koste es, was es wolle, vom Thron auszuschließen. Einige schrieben diese Handlungsweise persönlicher Ehr- und Herrschsucht zu.

Kardinal Cisneros handelte auch nach Ferdinands Tod als legal ernannter Regent entsprechend den Vorstellungen, die er von Johanna hatte. Wir haben keinen Grund, an seinem guten Glauben zu zweifeln. Er hat Johanna, wenn auch nicht für geisteskrank, so doch für geistig schwach und unausgeglichen gehalten und demnach für ungeeignet zur Wahrnehmung der Staatsgeschäfte. Die ersten Maßnahmen, die er hinsichtlich Johannas ergriff, beweisen, daß er ihr menschlich und als Fürstin so viel Recht wie nur möglich hat zuteil werden lassen wollen. Er versuchte ihre Lebensumstände erträglich

Johanna, die Verhexte 119

zu gestalten, hat es aber nicht für ratsam gehalten, die Tore von Tor-
dessillas für sie zu öffnen.

Kardinal Cisneros entsandte einen Bischof nach Tordesillas mit
dem Auftrag, zu untersuchen, auf welche Art und Weise Johanna
behandelt würde, damit Ordnung in die Geschichte komme, und
dafür zu sorgen, daß die gestörte Ruhe in der Stadt und im Palast
wiederhergestellt werde. Auf Befehl von Cisneros übernahm erneut
ein Arzt, Dr. Soto, der schon jahrelang im Dienst der königlichen
Familie stand, die körperliche Sorge für Johanna, und ein Mönch,
Juan de Ávila[2], der Beichtvater Johannas, wurde wieder für ihre
geistliche Betreuung verantwortlich gemacht. Dadurch sollte einer
Wiederholung von peinlichen Szenen wie der mißglückten Geisterbe-
schwörung zuvorgekommen werden.

Der Schloßvogt Ferrer wurde auf seinem Posten belassen, fühlte
sich aber durch die mißtrauische Einstellung des inspizierenden
Bischofs, der Hofhaltung und der Bürgerschaft von Tordesillas derartig gekränkt, daß er um seine Entlassung einkam. Er hatte sich
nach eigener Überzeugung auf die beste Art und Weise der äußerst
delikaten Aufgabe entledigt, die ihm von König Ferdinand übertragen worden war. Der Brief, den Ferrer zu seiner Verteidigung und
Selbstrechtfertigung an Kardinal Cisneros gerichtet hat, ist für die
Kenntnis von Johannas Lebensumständen in Tordesillas von höchstem Interesse. Nicht am wenigsten auch wegen eines darin vorkom-
menden Satzes, der zu sehr widersprüchlichen Auslegungen Anlaß
gegeben hat. Dieser Brief Ferrers, der erhalten geblieben ist und im
großen spanischen Staatsarchiv zu Simancas aufbewahrt wird, lautet
wie folgt:

»Sehr durchlauchter und ehrwürdiger Herr, Sie haben den Bischof
von Mayorca hierher entsandt, um den Wirren und Unruhen, die
hier entstanden waren, ein Ende zu bereiten, und auch, um jedermann wieder mit der Aufgabe zu betrauen, die er zu Lebzeiten unseres seligen Herrn und Königs übernommen hatte. Ferner sollte der
Bischof dafür sorgen, daß hier keine Änderungen im Geschäftsgang
eintreten und keine Neuerungen eingeführt werden . . . Genannter
Bischof hat mich beauftragt, mein Amt weiterhin zu bekleiden wie
bisher, und er hat allen befohlen, mir insoweit zu gehorchen. Dabei
hat er ihnen den schriftlichen Befehl vorgelegt, den er von Ihnen

120 *Johanna die Wahnsinnige*

erhalten hatte. Diejenigen, welche mich, wie ich Ihnen geschrieben habe, aus der Stadt haben verjagen wollen, bedauerten diese Verfügung sehr. Sie sind mir seitdem noch böswilliger gesinnt und noch eifersüchtiger auf mich. Sie sind sogar dazu übergegangen, anzunehmen, ich sei die Ursache dessen gewesen, daß sich unsere Königin nicht gebessert hat und daß sie [so behaupten sie] zu Lebzeiten ihres Vaters gefangengehalten worden ist. In diesem Stil haben sie allerlei von sich gegeben, was Ihnen wohl zu Ohren gekommen ist. Anstatt daß der vorerwähnte Bischof diese Leute zurechtgewiesen und die Schuldigen bestraft hat — weshalb er ja gekommen war —, hat er die eifersüchtigen Mitbewerber, die ich hier habe, soweit wie möglich begünstigt. Er hat verschiedenen Personen Gelegenheit gegeben, zusammenzukommen und Berichte [über das Geschehen hier] zu versenden, die eher den Zweck gehabt haben, mir zu schaden als irgendeinen Nutzeffekt zu erzielen. Aus dem Bericht, den Sie selbst angefordert haben[3], müssen Sie gar den Eindruck erhalten haben, daß ich in der Tat so bin, wie man mich dargestellt hat. Aber durch Ihre umfängliche Inanspruchnahme haben Sie vielleicht nicht daran gedacht, daß, wenn ich so ein schlechter Mensch bin, wie man sagt, ein so weiser König [wie Ferdinand], den Sie so gut gekannt und geliebt haben, nicht so viel Vertrauen in mich gesetzt haben würde. Wie ist es möglich, daß Sie, der so gut über die Beschaffenheit und die Krankheit unserer Königin Bescheid weiß, haben glauben oder denken können, es sei etwas durch meine Schuld unterblieben, was für das Wohlbefinden Ihrer Hoheit notwendig war? Ich bin ihr gegenüber nie in Verzug geblieben und habe nie Fehler begangen. Wer könnte außerdem, nun Ihre Hoheit [ihrem Vater] in das Königreich Aragonien, von wo ich herstamme, gefolgt ist, größere Vorteile von ihrer Wiederherstellung erwarten als ich, nach all den Diensten, die ich ihr erwiesen habe, und nach dem langwährenden und regelmäßigen Umgang, den ich mit ihr gepflegt habe? Aber wenn Gott selbst sie nun so gemacht hat, daß man nicht mehr für sie tun kann, als es Gott gefällt und seinem Willen entspricht, und daß ihr Vater, der König, ebensowenig mehr hat ausrichten können — so sogar, daß er, um zu verhindern, daß sie infolge Nahrungsverweigerung sterben würde, sie, weil sie nicht tat, was er wollte, hat zwingen müssen, damit sie am Leben bleibt — muß man denn dann mir die Schuld an etwas geben, dem abzuhelfen nicht in meiner Macht steht? ...«

Johanna, die Verhexte

Diego Ferrer beklagt sich des weiteren darüber, daß, auch wenn er dem Namen nach in seinem Amt und seinen Befugnissen bestätigt worden sei, Dr. Soto, Pater Juan de Ávila und der genannte Bischof jegliche Autorität verliehen erhalten und ihm seine Verrichtungen aus den Händen genommen haben. »Sie sehen in mir einen verdächtigen Menschen«, bemerkt er mit Bedauern, und er habe als ein Mann, der im Dienste des Königs ergraut sei, eine derartige Behandlung nicht erwartet. In den sieben oder acht Jahren, in welchen er die Verwaltung des Hauses der Königin innegehabt habe, sei dieses wie ein strenges Kloster regiert worden ...

Nachdem Ferrer wiederholt um Entlassung gebeten hatte, wurde er einige Monate nach dem Tode von König Ferdinand seines Postens enthoben. Aus seinem Brief und den anderen Dokumenten jener Zeit erhält man den Eindruck, daß Johanna in Tordesillas ein trauriges Dasein gehabt haben muß, mit einem Schloßvogt, der seine Ehre darein setzte, die erhaltenen strengen Anweisungen mit der bürokratischen Genauigkeit eines Gefängnisdirektors zu befolgen, und als höchstes Lob von sich selbst zu sagen weiß, der Haushalt und das Leben Johannas könnten mit dem Tageslauf eines Klosters mit den allerstrengsten Lebensregeln verglichen werden.

In der Tat, wenn etwas die zu lustlosem Herumsitzen und zu wehmütigen Grübeleien neigende Königin noch mehr niederdrücken konnte, dann mußte es diese freudlose, mechanisch geordnete Klosterexistenz sein, mit einem barschen Aufseher, einem Arzt, der kein Auge für ihre Krankheit hatte, einem quengeligen Hauskaplan, der vor allem mit seinen kleinlichen Sorgen um seine kostbare Gesundheit und dergleichen beschäftigt war, sowie mit untereinander intrigierendem Personal und Gekeif auf den Korridoren ...

Der bemerkenswerteste Teil des wiedergegebenen Briefes von Ferrer ist freilich der Satz, in dem er über Johannas periodische Weigerung, zu essen, spricht. Er sagt, daß König Ferdinand selbst diesem Verhalten machtlos gegenübergestanden sei und, um seine Tochter am Leben zu erhalten, »le huvo de mandar dar cuerda«. Diese Worte haben im vorigen Jahrhundert zu sehr unterschiedlichen Auslegungen Anlaß gegeben.

Bergenroth, ein Deutscher in englischen Diensten, der aus den spanischen Archiven Schriftstücke die spanisch-englischen Handelsbeziehungen betreffend veröffentlichte, hat auch eine Anzahl Dokumente bezüglich Johannas ans Tageslicht gefördert. Jene Worte aus

Ferrers Brief übersetzte er mit »er ließ sie auf die Folter spannen«.
Diese Übersetzung Bergenroths steht im Zusammenhang mit seiner
Auffassung von Johanna als Opfer der Inquisition, worüber im letz-
ten Kapitel dieses Buches gesprochen werden wird.

Gachard, der eine sehr genaue und hervorragend dokumentierte
Widerlegung dieser Auffassung verfaßt hat, übersetzt die fraglichen
Worte mit »er war genötigt, nicht weiter darauf zu dringen«[4]. Zwischen diesen beiden Extremen schwanken andere Auffassungen, je
nachdem, welche Standpunkte die Verfasser einnehmen.

»Mandar dar cuerda« *könnte* in der Tat bedeuten »geißeln lassen«
oder das straffere Anziehen schneidender Schnüre um die Schläfen
zum Beispiel, eine bekannte Marterart aus jener Zeit. Dieser Ausdruck kann jedoch auch bedeuten »den Strick oder das Tau locker lassen«, ein bildliches Nachgeben gegenüber den Neigungen oder
Anwandlungen eines anderen. In dieser Bedeutung lebt dieser Ausdruck noch im heutigen Spanisch fort.

Angesichts des Gesamtzusammenhanges dieses Satzes, Johannas
Weigerung, zu essen, auf die Gefahr hin, zu sterben, und Ferdinands
Wunsch, sein Kind am Leben zu erhalten, sowie seine notwendiger-
weise getroffene Feststellung, daß dieses seine Anweisungen nicht zu
befolgen gedenke, ist es möglich, wenn nicht gar wahrscheinlich, daß
die Worte hier bedeuten: »Er mußte einigen Zwang auf sie ausüben.« Wir haben sie auch mit »zwingen« übersetzt, weil andere
Zeitgenossen Johannas, die sehr gut über ihre Lebensumstände
Bescheid wußten, oder Autoren, die kurz nach ihr lebten, wie Sandoval, das Wort »forzar«, nötigen, zwingen, in ähnlichen Fällen der
Apathie Johannas anwenden.

Der Abgang von Diego Ferrer schloß eine Periode in Johannas
Gefangenschaft ab. Der erste ernsthafte Versuch, sie zu befreien, war
fehlgeschlagen. Man hatte Berichte, Briefe und Eingaben an Regie-
rungspersonen geschrieben. Die Frage von Johannas möglicherweise
widerrechtlicher Gefangenhaltung stand auf der öffentlichen Tages-
ordnung. Man war um ihretwillen sogar zur Meuterei übergegangen. Die naive Bürgerschaft hat ihre Zuflucht zur Erlösung der »ver-
hexten« Königin nehmen können. Es war vergeblich gewesen. Es traten einige personelle Veränderungen ein, aber die Lebensumstände
blieben dieselben.

Doch wirkten die Erzählungen und Klagen über Johannas Behandlung bis in breitere Kreise hinein. Johanna war jetzt von Rechts

wegen Königin von Kastilien und Aragonien. Ganz Spanien, ein Teil Italiens und die überseeischen Gebiete anerkannten sie als die legitime Herrscherin, aber sie blieb in den dunklen Gemächern des Schlosses von Tordesillas eingesperrt.

Dieser krasse Widerspruch sowie die geheimnisvolle Sphäre rings um die unglückliche Fürstin reizten die Einbildung der großen Menge, die gern in bequemen, scharfen Widersprüchen denkt und durch das Mysterium von gefangengehaltenen Standespersonen angezogen wird.

Johanna, die eigene Landesmutter, blieb gefangen, während die Regierungsgewalt in die Hände eines unerfahrenen Knaben übergehen sollte, der in Spanien ein Fremdling war und in Spanien wie in ein besiegtes Land einzog.

Es lag auf der Hand, daß sich die Sympathien der großen Menge der beklagenswerten Frau zuwandten, deren vor Tränen stumpf gewordene Augen nach der Gruft ihres Gemahls Ausschau hielten. Tordesillas wurde zur Losung, und in dem Ausmaß, in dem sich die tatsächlich über Spanien Herrschenden verhaßter machten, wurde diese Losung ein zündender Ruf zu den Waffen, der schließlich an allen Ecken und Enden erhoben wurde.

Die Torheiten eines junges Königs

Karl von Gent war vorzeitig für mündig erklärt worden, um die Herrschaft über seine ausgedehnten Territorien übernehmen zu können. Es ist hier nicht der Ort, um tiefer auf die Gründe einzugehen, die zu dieser vorzeitigen Volljährigkeitserklärung führten. Ebensowenig können wir hier die Intrigen entwirren, die sich dahinter verbergen, Intrigen, aus persönlicher Ehrsucht, Herrschsucht und Habgier derjenigen gewoben, welche den gekrönten Knaben nach eigener Ansicht und eigenem Gutdünken zu lenken versuchten.

Die Jugendporträts von Karl V. geben uns ein deutliches Bild seines damals sowohl schlaffen als auch widerspenstigen Charakters. Sein schwerer, nach vorn gestreckter Unterkiefer läßt an infantile Aufsässigkeit denken, und der halboffene Mund macht den Eindruck von einer zurückgebliebenen geistigen Entwicklung. Die ziemlich herausquellenden Augen haben einen starren, beinahe wesenlosen Ausdruck. Zeitgenossen sprechen von seiner bleichen, ungesunden Gesichtsfarbe, die die Folge fortwährender Verdauungsstörungen des gefräßigen, schlecht kauenden jungen Mannes gewesen zu sein scheint. Die verstandesmäßige Entwicklung des jungen Prinzen lag weit unter dem Niveau, das von jemand gefordert wird, auf den solch hohe Pflichten warten. Er sprach das Niederländische nur stammelnd und das Französische nur kümmerlich im Augenblick seiner Volljährigkeitserklärung. Des Spanischen, der Sprache seiner Mutter, war er ebenso wie des Deutschen völlig unkundig. Im Lateinischen und Italienischen war er schwach unterrichtet. In späteren Lebzeiten hat sich Karl V. wohl verächtlich über die Erziehung und den Unterricht ausgelassen, die man ihm hatte zuteil werden lassen. Schwerlich hätte man sich vorstellen können, daß aus diesem verschlafenen, stammelnden Prinzen ein Mann emporwachsen würde, der nach der Diktatur über Europa greifen sollte.

Im Jahre 1515 wurde Karl im Alter von fünfzehn Jahren an die Spitze der Regierung des burgundischen Reiches gestellt und 1516, im Sterbejahr von König Ferdinand von Aragonien, konnte er von Rechts wegen Anspruch auf die Erbfolge in den vereinigten spanischen Königreichen erheben. Seine Mutter, Johanna, war wegen Geistesverwirrung in Tordesillas eingesperrt und wurde seit langer Zeit für ungeeignet gehalten, Staatsoberhaupt zu sein.

In Spanien sah man der Ankunft des in der Fremde erzogenen Thronfolgers mit Besorgnis, wenn nicht gar mit Widerwillen entgegen. Die kurzfristige Herrschaft seines Vaters, Philipps des Schönen, hatte in Kastilien einen schlechten Eindruck gemacht und unangenehme Erinnerungen hinterlassen. Philipp der Schöne hatte viele kastilische Gefühle verletzt, er hatte im Widerspruch zum Geist und zum Buchstaben der Landesgesetze regiert, er hatte bei Ernennungen für wichtige Posten die Kastilier hinter die Burgunder gestellt und er hatte obendrein dem Land noch viel Geld entzogen.

Johanna und das Wappen von Aragon

Viele fürchteten demnach, daß sein Sohn Karl, der ganz und gar unspanisch unterrichtet und erzogen worden war, der weder die Sprache noch die Sitten des Landes kannte und deshalb wenig Liebe empfinden konnte für ein Land und Volk, die außerhalb seiner Interessensphäre geblieben waren, in dieselben Fehler wie Philipp der Schöne verfallen würde, und daß deshalb die Ruhe des Landes abermals gestört werden könnte durch angetanes Unrecht und wachgerufene Eifersucht.

König Ferdinand von Aragonien hatte gewußt, daß eine kleine Gruppe hauptsächlich aus politischen Gründen emigrierter Kastilier in Brüssel gegen ihn konspiriert und ihn, den »aragonesischen Usurpator«, als einen Feind von Kronprinz Karl, »den er seiner Rechte zu berauben gedachte«, hingestellt hatte.

Außer diesem kleinen Kreis von kastilischen, in Brüssel ansässigen Aristokraten, die von Karl Ehren und Einkünfte erwarteten, gab es indessen in Spanien nur wenige, die hoffnungsvoll oder mit irgendwelcher Erwartung nach dem Regierungsanstritt eines jungen Mannes Ausschau hielten, der für sie ein Fremdling war, und über dessen Gaben und Charakter sie nur wenig Gutes vernommen hatten.

Nach dem Tod von König Ferdinand von Aragonien wurde Kastilien mit diktatorischer Gewalt von Kardinal Cisneros regiert, der alle Bestrebungen des feudalen Landadels, die zentralisierende Macht der Krone zu brechen, vereitelt hatte. Gegenüber seiner beeindruckenden kraftvollen Persönlichkeit und seiner absoluten Machtstellung, die er im Namen von Königin Johanna und Prinz Karl einnahm, gerieten Aragonien und sein Regent in den Hintergrund. Die entscheidende Vorherrschaft Kastiliens in der inneren und auswärtigen Politik Spaniens begann sich geltend zu machen.

Im Frühjahr 1517 beschlossen Karl und seine Ratgeber, unter denen der Minister Willem van Croy, Herr auf Chièvres, als Freund seines Vaters und als sein, Karls, Erzieher einen ersten Platz einnahm, nach Spanien aufzubrechen.

Diese vornehme Gesellschaft zog in Spanien ein wie in eine exotische Landschaft, die der burgundischen Macht als Anhängsel beigegeben war. Am luxuriösen Hof zu Brüssel, im reichen Flandern, das auf einem Höhepunkt seiner wirtschaftlichen und kulturellen Blüte angelangt war, pflegte man geringschätzig von Spanien zu sprechen. Wenn man in den Niederlanden auch alte Handelsbeziehungen mit Spanien unterhielt, und wenn auch, vor allem unter der Regierung von Ferdinand und Isabella, viele niederländische Künstler und Handwerker nach Spanien gezogen waren, um dort eine auskömmliche, ja reiche Existenz zu begründen, so waren die Bewohner aus diesen wohlhabenden Gegenden dennoch gewohnt, recht abschätzig über ein Land wie Spanien zu sprechen, das in so vieler Hinsicht hinter ihrem zurückgeblieben war.

Die Erzählungen der Begleiter von Philipp dem Schönen und Johanna hatten den Niederländern Spanien erneut als ein beinahe noch barbarisches Land erscheinen lassen, mit endlosen, unbewohnten Flächen sowie rauhen, beinahe unwegsamen Bergstrecken, bewohnt von

Die Torheiten eines jungen Königs 127

Menschen, die wenig mit einer westeuropäischen Bevölkerung gemein zu haben schienen. Der Lebensstandard in Spanien war im großen und ganzen genommen so niedrig, daß es auf die verwöhnten Niederländer den Eindruck von Armut und Not machen mußte. Wenn sie nach einer langen, ermüdenden Reise an eine Herberge kamen, fanden sie dort kaum ein Bett vor und an Nahrungsmitteln höchstens etwas hartes Brot, ein mageres Huhn und andere für sie ungenießbare Speisen, die die reichlich versorgten Herbergen in Flandern gleich einem betörenden Zufluchtsort in den Gedanken der ermüdeten und hungrigen Gesellschaft erstehen ließen. Selbst für königliche Gäste und ihr Gefolge waren nicht immer so reichhaltige Bewirtung und ein so versorgtes Bett vorhanden, wie man sie im reichen Flandern in vielen Unterkünften schon dem gewöhnlichen Reisenden zu bieten hatte.

Die Reisegefährten Philipps des Schönen, die vor allem von der letzten, so traurig zu Ende gegangenen Reise trübselige Erinnerungen bewahrten, hatten von dem Zug voller Beschwernisse und Unbequemlichkeiten quer durch Kastilien hindurch gesprochen und geschrieben, von einem Zug, auf dem Lebensmittelmangel nicht ungewöhnlich sowie Auseinandersetzungen und sogar blutige Gefechte mit den Landesbewohnern nicht selten waren.

Die Niederländer, die ihre Künstler nach Spanien hatten ziehen sehen, damit sie dort Kirchen und Klöster ausschmückten, die gesehen hatten, wie man ihre Kunstschlosser, Glaser, Zimmerleute, Setzer und Buchdrucker mit der Aussicht auf große Aufträge und hohe Entlohnungen nach Spanien gelockt, wie man Niederlassungen niederländischer Bauern, Arbeiter und Kaufleute angelegt hatte, mußten sich angesichts der augenscheinlich hinter ihnen zurückgebliebenen Spanier einfach für ein begabteres, besser entwickeltes und vor allem reicheres Volk halten.

Dieses innere Bewußtsein und das überschäumende Betragen der glänzenden Reisegesellschaft, das in den Augen der gemessenen, stolzen Spanier als Überheblichkeit und Arroganz gegenüber ihnen, den unbedeutenden Bewohnern Spaniens, galt, hatte in den Tagen Philipps des Schönen die Spanier wiederholt in ihrem eigenen Wertgefühl verletzt.

Beiderseits hegte man jetzt Vorurteile, die durch schmerzliche Erfahrungen noch verstärkt wurden. Zudem wußte man in Spanien, daß in Brüssel ein Feilschen um spanische Ämter, kirchliche und

128   *Johanna die Wahnsinnige*

weltliche, in Gang gekommen war. Sogar die Stelle eines Schloßvogtes in Tordesillas hatte Anlaß zu allerlei Intrigen gegeben.

Kardinal Cisneros war es nicht vergönnt, Karl V. zu begegnen. Er starb auf der Reise zur Bewillkommnung des jungen Königs, und zwar zeitig genug, um vor der Lektüre des kühlen Briefes bewahrt zu bleiben, mit welchem ihm Karl seine Entlassung als Lenker Kastiliens mitteilte.

Es war eine erlauchte Gesellschaft, die im September 1517 in Vlissingen mit dem Reiseziel Spanien an Bord gegangen war. Eine große Anzahl angesehener niederländischer Edelleute begleiteten Karl, ferner seine Schwester Leonore sowie sein Minister, der Herr von Chièvres. Das Schiff, auf dem Karl nach Spanien reiste, war mit typisch burgundischem Gepränge ausstaffiert. Mit augenscheinlichem Stolz werden in dem Bericht von Karls Reise die Besonderheiten des königlichen Fahrzeuges mit seinen hübsch bemalten Segeln und seinem sorgfältig ausgestatteten Inneren beschrieben. Es muß den Passagieren und der Besatzung nach einer Reise auf solch einem Schiff und unter Umständen, die durchweg von niederländischem Wohlstand und behaglicher Existenz zeugten, als ein um so größerer Gegensatz aufgefallen sein, an einem unwirtlichen Ort zu landen, wo man auf ihre Ankunft überhaupt nicht bedacht war. Sie waren außer Kurs geraten und warfen Anker vor einem kleinen Ort, dessen Bevölkerung beim Anblick der fremden Schiffe zu Tode erschreckt war und sich in die Berge flüchtete. Es dauerte eine Weile und kostete einige Mühe, bis man den in Panik geratenen Menschen begreiflich gemacht hatte, daß es keine türkischen oder französischen Seeräuber waren, die da an ihrer Küste landeten, sondern der jugendliche Karl, der nach Spanien gekommen war, um als König von Kastilien und Aragonien anerkannt zu werden.

Die illustre Gesellschaft vermeinte in der zerlumpten Küstenbevölkerung und den armseligen Behausungen ein Sinnbild Spaniens zu sehen, worüber so viele Erzählungen in den Niederlanden die Runde machten. Die Frauen liefen barfuß und mit zerzausten Haaren umher, die ihnen der Wind um Gesicht und Schultern wehte. Und die vornehmen Herren mußten nach einer Seereise mit vielen zu jener Zeit seltenen Bequemlichkeiten nunmehr an Land allerlei Entbehrungen auf sich nehmen. Betten standen keine zur Verfügung. Die Herrschaften mußten auf Stroh auf dem nackten Fußboden schlafen, und statt daß ihnen in einem festlich geschmückten Saal ein

Die Torheiten eines jungen Königs   129

schmackhaftes, erlesenes Mahl vorgesetzt wurde, mußten sie sich
selbst eine armselige Kost zubereiten. Das sich häufende Ungemach,
das sie zu überstehen hatten, machte sie nicht gerade zu besonders
begeisterten Zuschauern eines Stierkampfes, der zu ihren Ehren
einige Tage nach ihrer Ankunft stattfand. Eher werden sie wie so
viele Fremde nach ihnen in diesem ursprünglich symbolisch-liturgi-
schen Fest, dessen tiefere Bedeutung sie nicht verstanden und dessen
Spielregeln sie nicht gekannt haben, ein bezeichnendes, barbarisches
Vergnügen einer noch beinahe wilden Bevölkerung gesehen
haben ...

Unterwegs von Villaviciosa, dem asturischen Küstenstädtchen, bis
nach Tordesillas im Herzen Kastiliens, eine Entfernung, die von der
vornehmen Gesellschaft in fast anderthalb Monate dauernder Reise
zurückgelegt wurde, hatten die niederländischen Reisenden Grund
genug, sich zu ärgern oder spöttisch erstaunt zu sein. Die Höflichkeit
gegenüber dem jungen König und die Festlichkeiten hier und da zu
seinen Ehren ließen die zahlreichen Entbehrungen und Ungelegen-
heiten während der Reise nicht in Vergessenheit geraten. Erreichte
die Gesellschaft, die aus etwa zweihundert Personen bestand, endlich
nach beschwerlicher Reise ein Städtchen, wo man von all den über-
standenen Beschwernissen hoffte ausruhen zu können, dann fand
man kaum Gelegenheit, sich zu erfrischen, das Essen war dürftig und
wenig schmackhaft und es gab nicht genügend Unterkünfte. Im
Bergland, das man erst zu durchqueren hatte, mußten viele zu Fuß
gehen, da Pferde rar waren. Die Frauen nahmen auf Ochsenkarren
Platz, und wer heutzutage einmal in einem Ochsenkarren über spanische Gebirgspfade gefahren ist, wird sich die Stimmung dieser vornehmen Damen vorstellen können, die das Gefühl gehabt haben
müssen, daß alle Knochen und alle Muskeln ihres Körpers durch das
Stoßen der massiven Räder ohne federnde Achsen aus ihrer Lage
gerückt wurden. Ob sie wie Sir Thomas Spinelly, der als Gesandter
des Königs von England die Reise mitmachte, so viel Bewunderung
für die malerische Landschaft empfunden haben, um darüber die
Unannehmlichkeiten zu vergessen und sich munter vorwärts zu
bewegen, darf füglich bezweifelt werden. Der Reisebericht von Vital
macht auf uns eher den Eindruck eines wiederholt mit viel Mühe
unterdrückten Ärgernisses[1].

Die Armut und das Elend der spanischen Landbevölkerung war in
jenen Tagen möglicherweise noch größer als heute. Angesichts der

Tatsachen, daß bis in die neueste Zeit hinein Zehntausende in Löchern und Höhlen wohnen, braucht es uns nicht zu befremden, daß damals die Behausung der Landbevölkerung geradezu erbärmlich war, und nachdem noch lange Zeit viele am Rand der Hungersnot lebten, sind wir geneigt, den erschütternden Berichten von Karls Reisegefährten Vital Glauben zu schenken. Dieser spricht von kleinen Kindern, die in der Kälte ihrem Schicksal überlassen wurden. Kurz vorher hatte außerdem wieder einmal die Pest in Spanien gewütet, und Hungersnot hatte eine chaotische Verwirrung unter der von ihren Wohnplätzen aufgescheuchten Bevölkerung angerichtet.

Karls erstes wichtiges Reiseziel war Tordesillas, wo er seine Mutter zu besuchen gedachte, deren er sich nur verschwommen erinnert haben dürfte. Es war nunmehr zwölf Jahre her, daß Johanna Brüssel verlassen hatte, und Karl war damals ein Kind von fünf Jahren.

Nichts deutet darauf hin, daß Karl eine ernsthafte Untersuchung des Geisteszustandes seiner Mutter hat einleiten lassen. Im Gegenteil, der ganze Besuch sowie die Art und Weise, wie der Herr von Chièvres ihn hat ablaufen lassen und die Unterredungen gelenkt hat, lassen vielmehr die Vermutung aufkommen, daß beide von dem Gedanken ausgegangen sind, Johanna vom Thron fernzuhalten, und daß es nur ihrer förmlichen Zustimmung bedürfe, um Karl zu Lebzeiten seiner Mutter und unter ihrer Ausschaltung als König von Kastilien und Aragonien anerkennen zu lassen.

Mit Recht sagt Merriman[2], daß das vorherrschende Motiv bei diesem Besuch politischer Ehrgeiz war und nicht kindliche Liebe. In der ausführlichen Beschreibung, die von diesem Besuch erhalten geblieben ist, sehen wir Herrn von Chièvres als einen sehr behenden Regisseur, der die günstigen Augenblicke auszuwählen, die richtige Stimmung hervorzurufen, das gewünschte Wort hervorzulocken weiß, um die beabsichtigte Situation zu erzeugen, und die Bewegungen und Worte aller nach eigenem Gutdünken und eigenen Absichten regelt. Aufs neue entsteht jetzt der Eindruck, daß Johanna mehr das Opfer der Herrschsucht anderer war als ihres erschütterten Gemütszustandes. Aufs neue sind andere daran interessiert, die seelischen Störungen Johannas so ernsthaft wie möglich darzustellen, um sich den Weg zur Macht zu bahnen.

Die Worte, in welche Vital – der dort, wo er selbst nicht Augenzeuge sein kann, seine Ohren scharf spitzt – die Beschreibung der Rührigkeit des Herrn von Chièvres kleidet, enthalten unseres Erach-

Die Torheiten eines jungen Königs 131

tens manch feine Anspielung auf die Motive, die Chièvres und Karl beseelt haben. Und diese Beweggründe hatten weniger die Interessen Johannas im Auge als die unverzügliche Erhebung Karls zur königlichen Würde, mit allem, was daraus erfließt.

Die erste Unterhaltung zwischen Mutter und Kindern war kurz. Von Herrn von Chièvres war der Besuch behutsam angemeldet worden, und Königin Johanna hatte erklärt, sie würde ihre Kinder Karl und Leonore gern empfangen. Sie machten beim Eintreten drei tiefe Verbeugungen, doch dann setzte Johanna aller weiteren Erfüllung höfischer Pflichten ein Ende und umarmte ihre Kinder. Sie hörte, wie Vital berichtet, zunächst lächelnd und mit dem Kopf nickend einem langen Satz zu, mit dem Karl sie begrüßte, um ihr mitzuteilen, daß sie bereits längst hätten kommen wollen, um Zeugnis von ihrer Ehrerbietung und ihrem Gehorsam abzulegen. Da schien es jedoch plötzlich dieser armen Frau, die nun schon acht Jahre einsam lebte, bewußt zu werden, daß diese beiden jungen Menschen, die eine neunzehn, der andere siebzehn Jahre alt, ja ihre eigenen Kinder waren, die sie in Brüssel zurückgelassen hatte. Sie hielt sie an den Händen fest und sagte mit gerührter Stimme: »Seid ihr wirklich meine Kinder? Was seid ihr groß geworden ...«

Die Mutter war in ihr erwacht, aber mit den wach gewordenen mütterlichen Gefühlen, mit der Wiedererkennung ihrer Kinder sind vielleicht andere Erinnerungen wiederaufgelebt an das ferne Brüssel, wo sie so sehr gelitten hatte. Denn unmittelbar nachdem Johanna diese Worte gesprochen hatte, gab sie Karl und Leonore zu verstehen, daß sie allein zu bleiben wünsche.

Weitere Besuche verliefen befriedigend. Der Herr von Chièvres hatte Johanna bereits so zu bearbeiten verstanden und Karls Tugenden und Gaben derart herausgestellt, daß sich Johanna bereit erklärte, die Regierungsgewalt auf ihren Sohn zu übertragen. Sie sagte, Karl erscheine ihr als Ebenbild Philipps, ihres Gemahls, den sie immer noch betrauerte.

Karl und Leonore waren indessen zutiefst betroffen durch die armseligen Umstände, in denen ihre Mutter lebte. Das dadurch für ihre Mutter erwachte Mitleid kann aber nicht sehr groß gewesen sein, denn keiner von beiden hat darauf ernsthafte Anstrengungen unternommen, um das Leben der beklagenswerten Frau zu erleichtern und angenehmer zu machen. Wohl sahen sie sich veranlaßt, unverzüglich Maßregeln zu ergreifen, um die kleine Katharina, die einige Monate nach Philipps Tod in Torquemada geboren war und das traurige Dasein von Königin Johanna ständig geteilt hatte, aus diesem Dasein zu erlösen.

Die kleine Prinzessin, die damals elf Jahre alt war, trug bereits die gleiche ärmliche Kleidung wie ihre Mutter und sie muß, so klein sie auch war, einen für sie schmerzlichen Vergleich angestellt haben zwischen ihrer prächtig gekleideten Schwester, die soeben eine lange Reise hinter sich hatte, und sich selbst, einem allzu einfach gekleideten Mädchen, das seine Tage in Gesellschaft einer betrübten Mutter und bejahrten Dienstpersonals verbrachte. Ihr kleines Zimmer grenzte an Johannas Gemach, und der Schloßvogt war so freundlich gewesen, ein Fenster durchschlagen zu lassen, um dem armen Kind mehr Ablenkung zu verschaffen. Jetzt konnte sie hinausblicken, auf den Fluß, wo Kinder spielten und Pferde zur Tränke geführt wurden. Sie konnte die Menschen vorbeigehen sehen und sich an allem erfreuen, was ihre Aufmerksamkeit von dem traurigen Bild im angrenzenden Gemach abzulenken vermochte, von ihrer Mutter, die manchmal tagelang schwieg und, in ihre trübsinnigen Grübeleien vertieft, weder aß noch sich zu Bett begab.

Das elfjährige, sehr lebenslustige Mädchen erzählte von dieser freudlosen Existenz, und vor Entzücken darüber, daß ihr der ältere Bruder und die Schwester zuhörten, hat sie sich so ausführlich ausgelassen, daß Karl und Leonore das arme Kind dauerte. Diese beiden schon in frühester Jugend gefeierten jungen Menschen hatten Mitleid mit dem Schicksal des reizenden kleinen Mädchens, das niemals ein anderes Dasein als das Leben in jenem trübseligen Schloß gekannt hatte, zusammen mit einer Mutter, die für wahnsinnig galt.

Karl und Leonore beschlossen, ihre Schwester aus diesem niederdrückenden Dasein zu erlösen, und sie ließen sofort nach ihrer Abreise ihrem Beschluß die Tat folgen. Die Entführung der kleinen Prinzessin aus dem Schloß, wo ihre Mutter gefangen saß, ist eine romantische Episode im tragischen Geschehen, das wir hier beschreiben. Darin findet man alle Elemente, die es zu einem Drama aus der Blütezeit der Romantik machen könnten. Eine Königin, vor Kummer schier ihrer Sinne beraubt und vielleicht durch den politischen Ehrgeiz anderer widerrechtlich gefangengehalten ... ein junges und hübsches Prinzeßchen, das diese düstere Leben der Mutter teilt ... ein Prinz und eine Prinzessin, die unerwartet Rettung bringen ... eine nächtliche Entführung durch ein Loch in der Mauer ... ein Ritt

Die Torheiten eines jungen Königs 133

im Dunkeln, unter dem Geleit von zweihundert Reitern . . . dann
eine kurze glorreiche Periode im Feste feiernden Valladolid in der
Umgebung vornehm und prächtig gekleideter Edelleute, die für das
Prinzeßchen, das sich selbst in Seide, Spitze und Brokat gekleidet
kaum wiedererkennt, eine Traumwelt ist . . . aber dann . . . die
wahnsinnige Angst vor der Mutter, die herzzerreißenden Szenen der
doch schon so schwer getroffenen Frau, die sich ihres letzten Trostes
und ihres letzten Bandes mit dem Leben beraubt sieht . . . und dann
das Ende, das Prinzeßchen, das freiwillig in das trostlose Gefängnis
zurückkehrt und wiederum die Pforten und Türen hinter sich verrie-
geln hört . . .

Johanna war außer sich vor Angst geraten durch das Verschwin-
den ihres Töchterchens, sie wurde von furchtbaren Schreckensbildern
gequält und sah ihr Kind schon in der Gewalt von Bösewichten und
Banditen. Während einiger Tage war der ganze Palast in Aufregung
infolge der Schreie der Königin, die untröstlich über den Verlust
ihrer Katharina war und jegliche Nahrungsaufnahme verweigerte.
Karl wurde hiervon unterrichtet und ließ hierauf, obwohl er inniges
Mitleid mit seinem Schwesterchen empfand, das Kind wieder nach
Tordesillas bringen. Er machte sich persönlich auf, um seiner Mutter
darzulegen, was sich zugetragen hatte, und ihr seine Entschuldigung
anzubieten.

Kurz vor der Entführung der kleinen Prinzessin war Karl mit seinem Gefolge aus Tordesillas nach Valladolid gezogen, um dort von
den *Cortes* als König von Kastilien anerkannt zu werden. Einige
Wochen lang wurden hier große Feste veranstaltet, wobei die vornehme Reisegesellschaft die Mühen und Entbehrungen ihres Zuges
durch Spanien vergaß. Karl konnte sich von seiner besten Seite zeigen. Der scheue junge Mann, der auf einen englischen Gesandten
den Eindruck eines Idioten gemacht hatte und wegen seiner verlege-
nen Schweigsamkeit von seinem Großvater mit einem Götzenbild
verglichen worden war, bekam bei den ritterlichen Spielen und auf
der Jagd ein stolzes Gefühl von Selbstbewußtsein und männlicher
Fertigkeit.

Die Turniere, die in Valladolid zu Karls Ehren abgehalten wurden,
waren mehr als eine simple Zurschaustellung von Reitkunst oder
Behendigkeit beim Führen der schweren Stoßlanze und des Schwer-
tes. Auf einem der Turniere, die zwischen spanischen und niederländischen Edelleuten stattfanden, und bei denen das Blut vielleicht

mehr erhitzt war, als es sich bei einer Spiegelfechterei gehörte, fielen viele verwundet vom Pferd. So grimmig waren einige Begegnungen gewesen, daß eine Anzahl Pferde tödlich getroffen in den Staub sanken.

Karl selbst hinterließ einen günstigen Eindruck auf das Publikum, das damals wie heute männlichen Mut besonders hoch schätzte. Chronisten aus jener Zeit wissen zu erzählen, daß sich Karl, der doch damals erst siebzehn Jahre alt war, prächtig herausgeputzt und auf einem schön aufgezäumten Pferd aufgesessen in diesen ritterlichen Spielen hervorgetan und einige Lanzen gebrochen habe.

Im Januar 1518 traten die *Cortes* von Kastilien zusammen. Die Eröffnungsversammlung hatte bereits einen stürmischen Verlauf genommen, weil es die Kastilier als einen Einbruch in ihre alten Rechte ansahen, daß ein Fremder, der Niederländer Le Sauvage, den Vorsitz ausübte. Der schon lange schwelende Widerstand gegen die drohende Vorherrschaft ausländischer Elemente rings um den König, der selbst ein Fremder war, loderte jetzt empor, in feurigen Protesten vor allem des Abgeordneten von Burgos, Dr. Zumel. Vor versammeltem Haus der *Cortes* wurde dieser Abgeordnete unter Androhung strenger Strafen aufgefordert, Stillschweigen zu wahren. Der sich seiner Rechte und Würden bewußte Kastilier ließ sich jedoch keineswegs erschrecken und sich das Wort entziehen. Er verteidigte hartnäckig seinen Standpunkt, bis sein Widerstand durch Mittel, die sich immer wieder als wirksam in der Politik erwiesen haben, gebrochen wurde, nämlich durch Geld und Vergünstigungen seitens der Regierung.

Die wichtigsten Punkte, über die auf der Tagung der *Cortes* gestritten wurde, bevor Karl als König von Kastilien anerkannt wurde, waren die rechtliche Stellung von Johanna, der obligatorische Treueid auf die Landesgesetze und die Sonderprivilegien, den Karl leisten mußte, und die Bekleidung kastilischer Ämter durch Ausländer. Punkte von wesentlichem Interesse waren außerdem die Fragen, die sich aus der innigen Verknüpfung von Staat und Kirche ergaben. Der zu große Einfluß der Geistlichkeit auf die Politik wurde getadelt, Maßregeln zur Einschränkung der Willkür der Inquisition wurden erörtert und es wurde versucht, dafür zu sorgen, daß nicht zuviel Privatbesitz in die Hände der Kirche überging, weil der Grundbesitz der toten Hand als schädlich für die Entwicklung der Wohlfahrt des Landes angesehen wurde.

Die Torheiten eines jungen Königs 135

Unter dem Druck der *Cortes* mußte sich Karl zu mehr Zugeständnissen herbeilassen, als er sich vorgenommen hatte, obgleich diese so vager Natur waren, daß er sie zu einem von ihm für günstig erachteten Zeitpunkt ohne weiteres hat zurückziehen können. Der Widerstand der Abgeordneten hat ihn jedoch, wie es scheint, so geärgert, daß er von Valladolid aus direkt bis Saragossa durchgereist ist, ohne Burgos, ganz augenscheinlich der Ausgangspunkt des Widerstandes gegen ihn, zu besuchen. In Aragonien stieß Karl auf noch größeren Widerstand gegen seine Anerkennung als König, aber nach langen Diskussionen wurde ihm im Mai durch die in Saragossa zusammengetretenen *Cortes* von Aragonien als König gehuldigt. Der kräftigere Widerstand der Aragonesen und Katalanen erklärte sich hauptsächlich aus ihrer besseren Einsicht in wirtschaftliche Gegebenheiten, wodurch sie die großen Gefahren erkannten, die die Vergabe wichtiger Verwaltungs- und Finanzposten an Karls Günstlinge mit sich brachte, denn diese würden dem Land zuviel Geld entziehen, der Korruption Vorschub leisten sowie das Vertrauen in die Regierung und den Kredit untergraben. Die Aragonesen, vor allem aber die Katalanen, waren ein kommerziell und gewerblich höher entwickeltes Volk als die Kastilier und waren sich schon lange über die schicksalhaften Folgen einer bestechlichen Günstlingsherrschaft im klaren. Ihr Widerstand war daher auch geschlossener und demzufolge zweckmäßiger als jener der Kastilier, die schon sehr bald der Ausbeutung durch die ausländischen Schützlinge Karls ausgeliefert waren.

In Kastilien wurden viele gewinnbringende Posten Niederländern übertragen. Der Herr von Chièvres wurde selbst Administrator der königlichen Einkünfte mit einem Gehalt von viertausend Dukaten. Seinem kleinen Neffen, einem Kind noch, wußte er den erzbischöflichen Stuhl von Toledo zu sichern; um das jahrhundertealte Recht, daß dafür nur ein Spanier in Frage kam, der Form nach nicht zu verletzen, wurde der kleine Junge naturalisiert. Auch Karl selbst zog aus Spanien große Summen. Auf der Sitzung der *Cortes* in Valladolid wurden ihm sechshunderttausend Dukaten geschenkt, und kurz darauf nahm er abermals ansehnliche Beträge auf.

Die noch vage Unzufriedenheit der breiten Masse über den Verlauf der Dinge, die Anerkennung Karls als König zu Lebzeiten seiner Mutter sowie die Besetzung wichtiger und gewinnbringender Posten durch Ausländer führten zum bewußten Widerstand, als sich herausstellte, daß die neue Regierung sich nicht nach den Interessen des Landes richtete, sondern sich teils der auswärtigen Politik Karls gefügig zeigte und teils der Bereicherung von Karls Günstlingen diente. Es war bereits während vieler öffentlicher Besprechungen klar und deutlich geworden, daß Karl hauptsächlich danach strebte, zum deutschen Kaiser gewählt zu werden, und daß seine Stellung als König der vereinigten spanischen Reiche nur ein Mittel war, um dieses Ziel zu erreichen. Hierfür wurde das spanische Gold, vor allem aber der spanische Kredit, der durch die Entdeckung der Neuen Welt so ansehnlich gestiegen war und einen Wendepunkt im europäischen Geldwesen bedeutete, im vollen Umfang eingesetzt.

Die öffentliche Meinung zeigte sich schockiert, und die spanischen Politiker, die besorgt auf den neuen Kurs der auswärtigen Politik blickten, verliehen der vagen und gefühlsmäßig bestimmten Unruhe und Unzufriedenheit der breiten Masse dadurch Form und Inhalt, daß sie davon auf den Sitzungen der *Cortes* und der kommunalen Verwaltungsorgane kritisch Zeugnis ablegten.

Auf diese Weise wurde auch die Aufmerksamkeit bewußter auf das persönliche Verhalten Karls und seine Beweggründe gelenkt, und die Gedanken der breiten Masse wanderten erneut nach Tordesillas hin zu dem Johanna umgebenden Mysterium.

Wiederum fragten sich die Menschen, warum Königin Johanna von den Staatsgeschäften ferngehalten wurde und warum sie in solch strenger Abgeschlossenheit in Tordesillas verharrte. In Saragossa wurde über diese delikate Frage in aller Öffentlichkeit auf den Sitzungen der *Cortes* gesprochen. Die Abgeordneten waren peinlich berührt durch die Weigerung des Schloßvogtes von Tordesillas, den Erzbischof von Saragossa bei der Königin vorzulassen. Die Frage erhob sich, was wohl die tiefere Bedeutung dieser Weigerung sein könnte, die aus vielerlei Gründen unerklärlich blieb. Der Erzbischof von Saragossa hatte das gute Recht, sogar vor der ernstlich erkrankten Königin vorgelassen zu werden. Er war ihr Halbbruder, Regent von Aragonien und ein Kirchenfürst. Was also kann wohl den Schloßvogt bewogen haben, diesem vornehmen Besucher den Zugang zu Johanna zu verweigern? Mußte etwas in Tordesillas verborgen gehalten werden? Fürchtete man eine Untersuchung unparteiischer Behörden? War Karl etwa ebenso wie vielleicht sein Vater und Großvater darauf aus, aus politischem Ehrgeiz seine Mutter für ernstlicher geisteskrank zu halten, als sie es in Wirklichkeit war?

Die Torheiten eines jungen Königs   137

Karl hatte geschworen, seine Mutter wieder an die Regierung zu lassen, sobald sie genesen sein würde. War ihr Geisteszustand tatsächlich so sehr erschüttert, daß sie nicht für fähig gehalten werden konnte, die Geschäfte des Landes selbst in die Hand zu nehmen?

Im März 1518 war Karl aus Valladolid abgereist, und im Mai traten die Abgeordneten der *Cortes* von Aragonien zusammen. In dem Augenblick, in welchem sich der Erzbischof von Saragossa persönlich nach Tordesillas begab, um sich mit der Königin zu besprechen, wurde als verantwortlicher Zivil- und Militärgouverneur der Stadt sowie als Schloßvogt des königlichen Palastes durch Karl der Marquis von Denia ernannt. Dieser Marquis, dessen voller Name Don Bernardo de Sandoval y Rojas, Graf von Lerma und Marquis von Denia lautet, war auf seinem Posten allmächtig. Er schuldete allein Karl persönlich Rechenschaft und Verantwortung für seine Verwaltung. Es hat sich als unumstößliche Wahrheit herausgestellt, daß sich dieser Mann strikt an seinen Auftrag gehalten und ausschließlich den Interessen Karls gedient hat. Er hat den Personen, die er für unerwünscht hielt, den Eintritt in den Palast verwehrt und die Briefe unterschlagen, deren Absendung ihm nicht ratsam erschien.

Zu dem Zeitpunkt, zu dem Karl zur Vorlage bei den *Cortes* von Aragonien unwiderlegliche Beweise bezüglich des krankhaften Geisteszustandes von Königin Johanna brauchte, bekam er, wie auch sein Vater und Großvater, jedesmal, wenn ihnen solche Beweise — oder Gegenbeweise, je nachdem, wie es ihre Politik erforderte — zustatten kamen, die notwendigen Bescheide vom Marquis von Denia. Wir weisen nur hin auf den Zeitpunkt, an dem der Brief vom Marquis von Denia geschrieben, sowie auf den politischen Gebrauch, der davon gemacht wurde. Ob der Brief selbst eine getreuliche Wiedergabe von Johannas Verhalten und psychischem Zustand war, können wir nicht beurteilen. Wohl passen die Mitteilungen des Marquis von Denia in ein bestimmtes Krankheitsbild, doch die Art dieser Krankheit bedeutet nicht unbedingt, daß Johanna wirklich wahnsinnig war. Der Marquis schrieb an Karl V. folgendes:

»Die Königin hat oft mit mir gesprochen. Sie hat mir gesagt, sie wolle ausgehen, und ich solle sie mit nach draußen nehmen. Jedesmal wenn sie zu mir darüber sprach, habe ich ihr geantwortet, daß das Wetter ungesund sei, und daß Ihre Hoheit deshalb nicht ausgehen sollte. Ich sagte ihr, ich würde ihr mitteilen, wenn das Wetter dafür geeignet sei, und daß sie dann ausgehen könne. Jedesmal wenn sie mit mir spricht, und das geschieht sehr oft, dringt sie darauf, ausgehen zu dürfen. Auch hat sie mir gesagt, daß ich einige *Grandes* kommen lassen solle, weil sie sich über die Art und Weise beklagen wolle, wie man sie hier festhält, und weil sie über die Angelegenheiten auf dem laufenden gehalten werden wolle. Ich habe Ihrer Hoheit gesagt, daß die *Grandes* daran nichts ändern könnten, weil der Katholische König[3] und die *Grandes* mit dem gesamten Königreich die Maßnahmen, die sie betreffen, veranlaßt hätten. Ich habe ihr auch gesagt, daß der Hauptgrund, warum sie hierher gekommen sind, sei, daß Sie Ihrer Hoheit in allen Angelegenheiten zur Ruhe verhelfen wollten . . . Sie fragte mich, wo der Prinz[4] denn sei. Ich habe ihr gesagt, Sie seien in Aragonien, weil es dort zu einigen Unruhen gekommen sei[5], die Sie durch Ihre Anwesenheit aus der Welt schaffen wollten. Sie schien sich damit zufriedenzugeben, läßt aber immer noch nicht locker mit ihrem Wunsch, auszugehen und *Grandes* zu sich zu entbieten. Sie sagt mir solche vernünftigen Worte, um mich darüber staunen zu lassen, daß jemand in dem Zustand, in dem sich Ihre Hoheit [Johanna] befindet, sie überhaupt sagen kann. Obwohl es die Marquise und mich einige Mühe kostet, in all diesen und anderen Dingen die notwendigen Vorkehrungen zu treffen, kann Eure Hoheit doch beruhigt sein, denn mit Gottes Hilfe wird nichts geschehen, was nicht in Eurem Interesse liegt. Am Abend vor Sankt Jakob hat sie zwei Frauen am Kopf verletzt, und zwar mit zwei Töpfen, die sie nach ihnen geworfen hat. Als ich das vernahm, bin ich auf Ihre Hoheit zugegangen und habe ihr gesagt: ›Was soll denn das, Señora? Muß Eure Hoheit denn die Frauen so behandeln, die Ihnen mit soviel Hingabe dienen? Ihre Frau Mutter, die Königin, hat ihr Personal nicht auf diese Weise behandelt.‹ Als sie mich hereintreten sah, erhob sie sich, um mir auseinanderzusetzen, wie es dazu kam, daß dies passiert ist. Die Frauen, die anwesend waren, dachten, sie würde uns allen den Schädel einschlagen, und traten ein Stück zurück. Ihre Hoheit kam alsdann auf mich zu und sagte, daß sie nicht so unmanierlich sei, um mir Böses anzutun, denn sie habe wirklich nicht daran gedacht, mich anders zu behandeln als einen Bruder. Das einzige, was sie wollte, war, mit mir auszugehen, denn sie konnte diese Frauen nicht ausstehen[6]. Diesen Tag hat sie mich wohl fünf Stunden damit in Anspruch genommen sowie mit anderen

Die Torheiten eines jungen Königs

Dingen, worüber ich Ihnen nicht schreibe, um Ihnen keinen Verdruß zu bereiten. Diesen Brief schreibe ich Ihnen eigenhändig, weil er von so großer Bedeutung ist.«

Karl antwortete auf diesen Brief, er halte es für unerwünscht, daß seine Mutter ausgehe . . . Wir müssen annehmen, daß er irgendeinen Skandal befürchtet hat, und zwar dadurch, daß die Königin sich in ihren Äußerungen gehen lasse oder sich weigere, in ihr Gefängnis zurückzukehren und auf diese Weise in der Stadt Aufregung verursache. Nach unseren Begriffen hätte ein Spaziergang bei Vorfrühlingswetter, und wäre es nur in dem schönen Vorhof des Santa-Clara-Klosters gewesen, der armen Frau, die schon jahrelang im Schloß eingesperrt war, wohlgetan.

Ende Mai schrieb der Marquis von Denia, daß die Königin nur einen Tag um den anderen aufstehe und esse. Sie hatte so gern ausgehen wollen, und da saß nun das arme Wesen, vollständig angezogen und mit einer Kappe auf dem Kopf, und wartete . . . Schließlich, als sie feststellte, daß niemand kam, um sie mit nach draußen zu nehmen, hatte sie ihre Überkleidung wieder abgelegt . . .

Der Argwohn der breiten Masse war jedoch wachgeworden, und man richtete seine Aufmerksamkeit auf alle Mitteilungen, die aus dem königlichen Palast kamen. Der Marquis von Denia wußte das. Auch war ihm bekannt, daß selbst bei geschlossenen Pforten des Palastes — was sogar für einen Erzbischof galt, um sich nicht der hinterlistigen Auskundschaftung von Geschehnissen um die Königin innerhalb der Mauern auszusetzen — dennoch regelmäßig ziemlich genaue Berichte über den unglücklichen Zustand Johannas nach außen drangen.

Er schrieb deshalb an Karl, daß das weibliche Dienstpersonal jedweden Vorwand und jede Gelegenheit ergreife, um das Schloß für einige Zeit zu verlassen. Hochzeit, Taufe oder Begräbnis von Familienangehörigen bis zum vierten Grad, so schreibt er verärgert, hielten sie für einen zwingenden Grund, zu verreisen. Er konnte das nicht verhindern. Er hatte der bewaffneten Wache sogar befohlen, die Frauen nicht passieren zu lassen, aber die Frauen ließen sich durch die Wachhabenden nicht zurückhalten . . . Sie sprachen dann, so schreibt der Marquis, mit ihren Angehörigen und Bekannten über Dinge, die eigentlich verschwiegen werden sollten. Alles, was sich im

Inneren des Palastes abspielte, sollte geheim bleiben, jetzt aber wurden viele mehr oder weniger darin eingeweiht. Vor allem die Regierungsstellen sollten allem ferngehalten werden, und nun stellte sich heraus, daß ein richterlicher Beamter, der Rat von Kastilien, durch den Ehemann einer jener Frauen informiert worden war.

Der Marquis wollte darum ein strengeres Reglement im Palast einführen. Keine verheirateten Frauen mehr im Dienst der Königin, kein Ausgang mehr mit Geschwätz, und strikter Gehorsam des gesamten Personals ihm und seiner Frau gegenüber!

Im Sommer des Jahres 1518 brach abermals die Pest über Kastilien herein, eine alljährlich wiederkehrende Katastrophe. Die Seuche breitete sich bis nach Tordesillas aus, und es wurde ernstlich damit gerechnet, daß Johanna nach einem sichereren Aufenthaltsort verbracht werden müsse. Karl V. vertiefte sich in alle mit einem Umzug der Königin zusammenhängenden Probleme und überdachte selbst die diesbezüglich notwendigen Maßnahmen. Man mußte darauf bedacht sein, daß die Königin auch verlangen würde, die sterbliche Hülle Philipps des Schönen an ihren neuen Aufenthaltsort mitzunehmen. Zur Ehre Karls V. muß gesagt werden, daß er, selbst wenn er seine Mutter wirklich für geisteskrank hielt, ihre Wahnvorstellung hinsichtlich des Leichnams seines Vaters geachtet hat und dem Wunsch der beklagenswerten Frau scheinbar willfährig war. Scheinbar. Denn wenn er sie insoweit auch gewähren lassen wollte, so gedachte er dennoch einem nochmaligen Transport der Leiche seines Vaters in einem makabren Zug auf öffentlichen Straßen zuvorzukommen. Deshalb ordnete er an, einen Kasten anfertigen zu lassen, der dem Sarg Philipps genau entsprach, so daß Johanna dieses *leere* Behältnis an ihren neuen Aufenthaltsort mitnehmen würde.

Diese Maßnahmen brauchten indessen nicht getroffen zu werden, denn es stellte sich heraus, daß Johanna ohne große Ansteckungsgefahr in Tordesillas bleiben konnte.

Das ganze Jahr 1519 ging vorüber, ohne daß Karl seine Mutter aufs neue besucht hätte. Man kann für diese Nachlässigkeit des Sohnes als Entschuldigung die den König voll in Anspruch nehmenden Geschäfte sowie die ihn geradezu überhäufenden Sorgen anführen. Im Verlaufe dieses Jahres wurde Karl über die bevorstehende Kaiserwahl in Deutschland in Spannung versetzt. Zu denjenigen, welche so großen Einfluß besaßen, um Karls Wahl zu verhindern, gehörte in erster Linie der Papst. Leo X. sah anfangs mit besorgter Miene die

Die Torheiten eines jungen Königs 141

Macht Spaniens immer weiter anwachsen, und wenn der König von
Spanien, der zugleich Herr der Niederlande war und Besitzungen in
Italien hatte, nun auch noch Kaiser von Deutschland wurde, dann
war das europäische Gleichgewicht zugunsten Spaniens gestört und
der Papst würde unter den starken politischen Druck des König-Kai-
sers geraten. Ein weiterer Gegner Karls war der König von Frankreich, Franz I., und in der ersten Hälfte des Jahres 1519 hing ein
Krieg mit Frankreich als ständige Drohung über Spanien. Die enor-
men Summen, die Karl benötigte, um seine öffentlichen oder verborgenen Gegner in Deutschland zu bestechen, ließen seine finanzielle
Lage derart besorgniserregend werden, daß am Ende des Jahres ein
Staatsbankrott unvermeidlich schien. Zeitgenossen sprechen vom
ersten Gold, das aus dem soeben eroberten Mexiko eintraf, als Rettung für Karl im allerletzten Augenblick.

Die Erhebung Karls zum deutschen Kaiser rief in Spanien gar
nicht so viel Begeisterung hervor, wie der Sprecher gedacht hatte, der
sich 1518 vor den *Cortes* von Aragonien über Karls Größe und
wachsende Macht ausführlich ausließ. Karl war als ein Fremdling
nach Spanien gekommen, er hatte sich als Fremdling aufgeführt, die
Gefahr war groß, daß er in Spanien ein Fremdling bleiben und seine
Aufmerksamkeit nur auf die niederländischen und deutschen Staats-
interessen richten würde. Man fürchtete, und diese Furcht hat sich
für Spanien auf schicksalhafte Weise bewahrheitet, daß Spanien der
mitteleuropäischen Politik dienstbar gemacht werden sollte.

Diese Gefahr einer für Spanien schädlichen Außenpolitik, auf die
bereits hingewiesen wurde, noch ehe die Kaiserwahl eine vollendete
Tatsache war, war jetzt Wirklichkeit geworden. Man mußte mit ihr
rechnen und abschirmende Maßnahmen dagegen ergreifen. Karl
würde als deutscher Kaiser Spanien nur als Stützpunkt für seine zen-
traleuropäische Politik benutzen und der natürliche Gang der Entwicklung der vereinigten spanischen Reiche dadurch gehemmt
werden.

Die breite Masse hatte von dieser nationalen Gefahr naturgemäß
nicht die geringste Vorstellung, weil es ihr an politischer Einsicht
gebrach, aber trotzdem wurde sie mit Hilfe der kümmerlichen Publi-
kationsmittel, über die man seinerzeit verfügte, immerhin insoweit
informiert, daß das spanische Volk sich in seiner Würde gekränkt
fühlte durch die Herrschaft eines Königs, der ein Fremdling war und
nunmehr auch noch Kaiser über ein weitab gelegenes Reich.

Eine kleine Ungeschicklichkeit, die vielleicht nur die Folge kindlicher Eitelkeit eines kaum neunzehn Jahre alten Jünglings war, den man soeben zum Kaiser gewählt hatte, rief vor allem in Kastilien große Entrüstung hervor und gab Anlaß zu gezielten Äußerungen des unbestimmten Gefühls von Unruhe, Furcht sowie verletzten Selbstbewußtseins. Kurz nachdem Karl den Bericht vom Ausgang der Kaiserwahl erhalten hatte, zeichnete er einen kastilischen Staatsakt mit »Kaiser von Deutschland« und vermerkte darunter die vom Gesetz bestimmte Unterschrift seiner Mutter als Königin von Kastilien.

Die dadurch hervorgerufene Entrüstung war zweifach. Diejenigen, welche den Gang der Staatsgeschäfte aufmerksam und mit unterschiedlichem Urteil verfolgten, erblickten in der solchermaßen ausgefertigten Unterschrift einen Hinweis auf die hierarchische Rangfolge, wobei Kastilien also an zweiter Stelle kam, Deutschland untergeordnet. Diejenigen, welche mit geringeren politischen Kenntnissen und einem geringeren Bewußtsein der Interessen des Landes ausgestattet waren, fühlten sich in ihrem kastilischen Nationalbewußtsein und ihrer Würde verletzt. Außerdem fanden sie, daß Karl Johanna Unrecht getan habe, als Mutter und als Königin. Der Sohn, der die Herrschaft nur ausüben durfte, solange seine Mutter durch Krankheit an der Wahrnehmung der Staatsgeschäfte gehindert war, durfte seine Unterschrift und seinen Titel nicht über die ihrigen setzen.

Die Geschichtsschreiber des 16. Jahrhunderts, Pedro Mexía, Sandoval und andere, finden diese Tatsache bedeutsam genug, um sie zu erwähnen. Es hat sich im Laufe der Geschichte öfter erwiesen, daß auch verhältnismäßig kleine Ereignisse sehr weitgehende Folgen gezeitigt haben, weil darin auf symbolische Art und Weise deutlich wurde, was bisher für die breite Masse nur eine vage Vorstellung gewesen war.

Die Stadt Toledo, die sich als kulturelle und religiöse Hauptstadt Kastiliens fühlte, richtete als erste eine Bitte an den König, für eine Reihe von notwendigen Verwaltungsmaßnahmen zu sorgen und zu diesem Zweck einige ihrer Abgesandten anzuhören. Karl entzog sich anfangs mit Hilfe von allerlei durchsichtigen Ausflüchten der Pflicht, diese Toledaner Delegation zu empfangen. Als er ihr endlich Gehör schenkte, setzten ihm die städtischen Abgesandten die allenthalben in Kastilien spürbare Unzufriedenheit auseinander, erstens über die willkürlichen Steuererhöhungen, worunter vor allem die Umsatz-

Die Torheiten eines jungen Königs 143

steuer als drückend empfunden wurde, und zweitens über die klar erkennbare Nachlässigkeit des Königs, sich mit seinem eigenen Königreich Kastilien zu befassen, von dem er nur eine einzige Großstadt, nämlich Valladolid, besucht hatte, nach einem anderthalbjährigen Aufenthalt in Spanien. Ferner äußerten sie ihre Beschwerden gegen die geplante und angekündigte Abreise nach Deutschland.

Die Abgesandten mußten sich eine rhetorische, auf Effekte bedachte Darlegung von Karls Erstem Minister, dem Herrn von Chièvres, anhören über die dringenden deutschen Staatsgeschäfte, eine Darlegung, die nicht das gewünschte Ziel erreichte, sondern die Delegation in ihrem nationalen Stolz verletzte. Sie zog unverrichteter Dinge heim.

Die großen kastilischen Städte, Segovia, Ávila, Valladolid und Burgos, hatten sorgfältig verfolgt, welche Erfahrungen diese Delegation sammeln würde. Sie hatten um so mehr Aufmerksamkeit für den Empfang dieser Abgesandten gezeigt, als zunächst untereinander verhandelt wurde, inwieweit ein gemeinsamer Vorstoß bei Karl wünschenswert und möglich sei. Dem Beschluß einiger Städte, sich gemeinschaftlich an den König zu wenden, war von vornherein ein Fehlschlag, weil Karl zu erkennen gegeben hatte, daß er keine gemeinsame Abordnung einiger Gemeinden zu empfangen gedenke. Diese Weigerung Karls war eine grundsätzliche Mißachtung des alten demokratischen Rechtes der Städte, mit der Krone in Meinungsaustausch zu treten und notfalls ein Veto einzulegen gegen für schädlich erachtete und ohne Zustimmung der Städte gefaßte Regierungsbeschlüsse.

Nachdem nun der von Toledo gesondert erhobene Protest mißglückt war, ersuchte die Verwaltung dieser Stadt die anderen Städte erneut um wechselseitige Konsultation. Man wollte gemeinsam Beschwerden beim König anbringen, zuerst in der Sache der Rangordnung seiner Titel, zweitens wegen seines Entschlusses, Spanien zu verlassen, drittens, um wirkungsvolle Maßnahmen gegen die Entnahme kastilischer Geldmittel zu treffen, und viertens, um gegen die Besetzung kirchlicher und weltlicher Posten mit Ausländern Einspruch zu erheben.

Auf ein in diesem Sinne abgefaßtes Rundschreiben an die kastilischen Gemeinden ging aus den Städten rasch eine große Anzahl zustimmender Antworten in Toledo ein. Karl versuchte, der geplanten Zusammenkunft städtischer Abgesandter zur Besprechung allgemeiner Klagen und Wünsche zuvorzukommen, indem er eine alsbaldige Einberufung der *Cortes* zusagte. Karl und vor allem der Herr von Chièvres hatten bereits die Erfahrung gemacht, daß in den *Cortes* der Widerstand von Abgeordneten durch Geld oder Gunsterweisungen leichter zu brechen war als der Widerstand städtischer Delegierter mit einem genau umrissenen Auftrag.

Toledo blieb Gewehr bei Fuß, und unter Leitung von Juan de Padilla und Fernando de Ávalos, der – nach den Angaben des Verfassers einer Chronik aus dem 16. Jahrhundert über den bald folgenden Bürgerkrieg in Spanien – persönliche Beschwerden gegen Chièvres hatte, wurde ein energisches Schreiben aufgesetzt und an Karl abgesandt. Der König erließ hierauf ein scharf gehaltenes Verbot der wechselseitigen Konsultation unter den Städten, eine willkürliche, diktatorische Order, die ihm persönlich sehr zum Schaden gereichte, weil sich die Städte ihrer Befugnisse noch lebhaft bewußt und die Macht der Gemeinden noch nicht erschüttert waren.

Karl war fest entschlossen, abzureisen, zuvor aber noch mit Hilfe der Einberufung der *Cortes* und der durch sie zu treffenden Entscheidungen den Widerstand der Städte zu brechen. Im Februar 1520 kam er auf seiner Durchreise an die Küste in Kastilien an mit der Absicht, Burgos zu besuchen. Bevor er in Burgos einzog, besuchte er Miraflores, das Kartäuserkloster, wo die Gebeine seines Vaters geruht hatten und auf so schockierende Art und Weise von Johanna wieder ausgegraben worden waren. In Burgos schlug Karl sein Quartier in jener herrschaftlichen Wohnung auf, in der sein Vater bereits Gastfreiheit genossen hatte und dann nach einem kurzen Unwohlsein gestorben war.

Auf sinnbildliche Weise hatte die Gemeindeverwaltung von Burgos den König an die Rechte der Städte erinnert sowie an die typische Stellung des Königs von Kastilien, der *Diener* der gemeinschaftlichen Interessen war, und nicht etwa ein allmächtiger Herr, der die Staatsgeschäfte selbständig und willkürlich führen konnte. Vor dem Einzug in die Stadt mußte Karl schwören, daß er die Rechte und Privilegien der Stadt respektieren würde. Karl legte diesen Eid ab, doch wir dürfen uns wohl selbst die Frage vorlegen, ob er, als er diesen Eid in Gegenwart u. a. seines ursprünglichen, scharfen Gegners von 1518, des Cortesabgeordneten Zumel, ablegte, nicht schon davon überzeugt war, daß alle Widerspenstigkeit der Städte und damit ihre stolze Selbständigkeit gebrochen werden könnten durch

Die Torheiten eines jungen Königs   145

die Mittel, die er bereits gegen Zumel eingesetzt hatte, oder daß, falls Bestechung mißlang, Gewalt dieselbe Wirkung haben würde. Die von Karl V. eingeschlagene Richtung seines Vorgehens, die zur tatsächlichen Allmacht des Königs führte, läßt uns vermuten, daß diese Gedanken dem jungen König durch den Kopf gegangen sind, als er seinen Weg auf der Brücke über den Arlanzón versperrt sah durch die gravitätischen Beamten von Burgos.

Karl verweilte nur kurz in Burgos. Er zog von dort nach Valladolid weiter, wo sich die Unzufriedenheit zu aufbegehrender Stimmung ausgewachsen hatte, vor allem nachdem die Gemeindeverwaltung die Versicherung erhalten hatte, daß sich die klerikale Universitätsstadt Salamanca in gleich scharfer Weise gegen die willkürlichen Maßnahmen und Verbotsbestimmungen des Königs gewandt hatte wie Toledo, Ávila, Segovia, Valladolid selbst und andere Gemeinden.

Karl entbot die Stadtväter von Valladolid zu sich, um ihnen die Gründe seiner Reise nach Deutschland auseinanderzusetzen und neue Steuern vorzuschlagen. Der König versprach, in drei Jahren wieder zurück zu sein, er machte noch weitere vage Versprechungen, aber die Gemeindeverwaltung von Valladolid hatte allen Grund, diesen Versprechungen nicht allzuviel Gewicht beizumessen.

Es kam zu langwierigen Beratungen, und das Ende dieser Beratungen war, daß man Karls Bitte verwarf. Keine neuen Steuern, wenn Karl wegreiste, keine neue Steuern, wenn Ausländer wie der Herr von Chièvres fortfuhren, mit kirchlichen und weltlichen kastilischen Würden und Ämtern Handel zu treiben. Der Versuch, die Gemeindeverwaltung durch Zurschaustellung burgundischer fürstlicher Pracht zu beeindrucken, mißglückte, ebenso die Berufung auf den nationalen Stolz, der sich doch durch den kaiserlichen Titel des kastilischen Königs hätte geschmeichelt fühlen müssen . . .

Die Gemeindeverwaltung von Valladolid weigerte sich, klein beizugeben. Selbst der Vorwurf der Untreue oder die Entlassung einiger ihrer Mitglieder machte auf die Stadtväter nicht so viel Eindruck, daß sie einem für unbillig gehaltenen Ersuchen entgegenkamen. Nur einige Stadtväter zeigten sich zuletzt dazu bereit, und Karl ließ die Einwilligung einer sehr kleinen Minderheit als Einwilligung der gesamten Gemeindeverwaltung gelten. Die Tyrannei des Königs war in offenen Gegensatz geraten zu der alten kastilischen städtischen Freiheit und der jahrhundertealten, auf die Souveränität des Volkes gegründeten Regierung.

146   *Johanna die Wahnsinnige*

Alonso de Santa Cruz und Prudencio de Sandoval, Autoren des
16. Jahrhunderts, berichten von einem Plan zur gewaltsamen Ver-
hinderung von Karls Abreise und zur Beendigung der Herrschaft des
Herrn von Chièvres samt seinem niederländischen Anhang, die das
Land durch ihre Raubpolitik arm machten. Dieser Plan schien sich
bereits in einem weit fortgeschrittenen Stadium der Vorbereitung
befunden zu haben. Die breite Masse war zu sofortigem Handeln
entschlossen, weil auch das Gerücht die Runde machte, Karl wolle
sich nach Tordesillas begeben, um sich der Person der Königin zu
bemächtigen und sie mit ins Ausland zu nehmen. Die städtischen
Abgesandten von Toledo, die sich in jenen Tagen in Valladolid aufhielten, um von Karl empfangen zu werden, hatten gelobt, mit dieser Stadt bei ihrer Verteidigung gemeinsame Sache zu machen.

Während noch Überlegungen angestellt wurden, ob man zur
direkten Aktion übergehen oder die Verhandlungen wiederaufneh-
men solle, hatte Karl V. eines seiner ersten Gespräche auf Spanisch
mit einem vornehmen Edelmann, der ihn bat, ihm in einer privaten
Angelegenheit zu seinem Recht zu verhelfen, nachdem sie unter den
vorangehenden Herrschern unerledigt liegen geblieben war. Wenn
ihm Karl jetzt nicht zu seinem Recht verhelfen würde, so werde er
sich selbst sein Recht verschaffen, versicherte der Edelmann. Aus dem
Verlauf der Unterhaltung konnte Karl folgern, daß viele – im wahrsten Sinne des Wortes – gebrochen werden müßten, ehe sein per-
söhnlicher Wille in Spanien als Gesetz anerkannt werden würde. Er
hat dies nach Beendigung des Bürgerkrieges einige Jahre später nicht
vergessen, und viele wurden hingerichtet – besser gesagt, gerichtlich
ermordet – um das diktatorische Regime Karls V. über Spanien zu
ermöglichen. Die Chronisten und Geschichtsschreiber des 16. Jahrhunderts haben das Gespräch zwischen diesem halsstarrigen, von seinem guten Recht überzeugten Edelmann – Don Pedro Girón, Sohn
des Grafen von Urueña und später einer der Führer des Aufstandes –
und Karl V. so wichtig und symbolträchtig gefunden, daß man es mit
einigen Varianten bei Petrus Martyr, Sandoval, Santa Cruz und Maldonado aufgezeichnet findet.[7]

Der Befehl zur Festnahme von Pedro Girón und des Königs Weigerung, vorläufig die verschiedenen Delegationen zu empfangen,
brachte die mit Mühe in Zaum gehaltenen Leidenschaften erst richtig zum Ausbruch. Das Volk eilte zu den Waffen, und Karl konnte
nur unter Schwierigkeiten mit dem Herrn von Chièvres entkom-

Die Torheiten eines jungen Königs   147

men, gedeckt durch seine Leibwache, die vor den Toren mit dem Volk ins Gefecht geriet. Karl ritt spornstreichs durch nach Tordesillas, ein Entfernung von siebenundzwanzig Kilometer, und nach diesem Ritt, der für ihn und den äußerst verhaßten Herrn von Chièvres ein Ritt auf Leben und Tod gewesen sein muß, stand Karl abermals vor den Toren der Stadt, in die er fast zwei Jahre zuvor mit hohen Erwartungen eingezogen war.

Von Tordesillas reiste Karl in Richtung auf die Küste ab. Unterwegs holten ihn die Abgesandten von Toledo ein, die ihm nachdrücklich erklärten, kein Ausländer dürfe im Falle seiner notwendigen Abreise zum Regenten Kastiliens ernannt werden, und die Städte forderten nach altem kastilischen Brauch Anteil an der Regierung.

Karl und sein Ratgeber Chièvres verhandelten gar nicht mehr mit dieser Deputation, sondern erließen Strafmaßnahmen gegen sie. Das Gerücht hiervon veranlaßte eine Anzahl anderer Städte, jetzt gemeinsam und kräftig aufzutreten. Inzwischen wurden die *Cortes* von Kastilien durch Karl in das weitab im Nordwesten gelegene Santiago de Compostela einberufen. Dort kam es, nicht zuletzt infolge der Tatsache, daß wiederum kastilisches Recht gebrochen und ein Ausländer zum Vorsitzenden der Landesvertretung ernannte wurde, schon bald zu Zwischenfällen. Der Erzbischof von Santiago verließ unter Protest die Versammlung, und ein vornehmer Edelmann wurde aus ihr verwiesen.

Zwei Städte hatten keine Vertreter in Santiago. Toledo hatte seine Abgesandten nur mit beschränkten Befugnissen ausgestattet, da es in sie kein Vertrauen setzte. Als Folge hiervon hatten sich diese Abgesandten geweigert, ihre Sitze einzunehmen. Die Universitätsstadt Salamanca war ebenfalls nicht vertreten. Die Lesarten hierüber gehen auseinander. Nach einigen Autoren des 16. Jahrhunderts sollen die Vertreter von Salamanca nicht zugelassen worden sein, nach anderer Lesarten sollen sie ihre Eidesleistung von der Bewilligung ihrer Bittschriften abhängig gemacht haben.

Die Besprechungen blieben fruchtlos, weil die beiden Parteien an ihren einmal eingenommenen Standpunkten festhielten. Karl machte vage Versprechungen für die Zukunft, nach seiner Rückkehr, und bat um Geldmittel. Die Städte forderten größtenteils zuerst Behandlung ihrer Beschwerden und Anträge, bevor sie neue Steuern bewilligen wollten.

Wie es in ähnlichen Fällen meistens geschieht, wurde die Versammlung erst einmal unterbrochen, um die Dinge dilatorisch zu behandeln. Ende April traten die *Cortes* abermals zusammen, und zwar in La Coruña, im äußersten Winkel Spaniens, ein ungeeigneter Punkt für die Einberufung des Parlaments von Kastilien. Die Besprechungen beschränkten sich in dieser Hafenstadt, in der Karls Flotte bereit lag, um ihn nach Deutschland zu bringen, auf die Frage der Hebung der vom König neu beantragten Steuern. Zum Schluß stimmten acht der vertretenen Städte zu, die Hälfte der anwesenden Deputationen, aber weniger als die Hälfte der stimmberechtigten Städte. Die Regierung betrachtete die Steuern als genehmigt und ernannte während derselben Sitzung entgegen dem nachdrücklich geäußerten Wunsch, wenn nicht Forderung des Landes, keinen Ausländer mehr zum Regenten zu bestellen, Karls Lehrmeister, Adriaan von Utrecht, zum Landvogt von Spanien während der Dauer von Karls Abwesenheit.

Auch gegen diese willkürliche Maßnahme der Regierung wurde von verschiedenen städtischen Abgesandten und selbständigen Edelleuten mit Anspruch auf einen Sitz in den *Cortes* protestiert. Man erachtete diese Ernennung als im Widerspruch zu des Landes Recht und Interesse stehend. In den letzten Tagen der Versammlung der *Cortes* war es für niemand mehr ein Geheimnis, daß der König unter der Ägide des Herrn von Chièvres sowohl in einer Anzahl von Städten als auch von Adligen und hohen kirchlichen Würdenträgern einen Geist des Widerstandes gegen die Regierung geweckt hatte.

Noch ehe die *Cortes* auseinandergingen und Karl sich einschiffte, erreichte La Coruña die Nachricht, daß in Toledo der Aufstand losgebrochen war, ein Aufstand, der die Wiederherstellung der Landesgesetze, die Achtung vor den Landesinteressen und die Wehr gegen Ausländer in Regierungsfunktionen zur Losung hatte. Während die Glut des Aufstandes von Spaniens religiös-kultureller Hauptstadt Toledo über ganz Kastilien ausstrahlte, teilten Karl und der Herr von Chièvres in La Coruña große Geldsummen sowie Gunsterweise an diejenigen Mitglieder der Cortes und an diejenigen Städte aus, welche die Politik der Regierung unterstützt hatten.

Doch noch ehe die offiziellen Proklamationen über die in La Coruña gefaßten Regierungsbeschlüsse und ihre Ratifizierung durch die Cortes im Lande bekanntgemacht worden waren, hatte das Gerücht von Willkür und Bestechung bereits die Runde gemacht.

Die Torheiten eines jungen Königs

Der König und seine ausländischen Ratgeber hatten den Kastilier an seiner empfindlichsten Stelle verletzt, nämlich in seinem Gefühl für Recht und persönliche Würde. Als deshalb der Ruf »Zu den Waffen, zu den Waffen für Freiheit und Recht« widerhallte, ergriffen Geistliche, Edelleute, Bürger und Bauern Lanze und Schwert, und ein Volk stand auf, um zu versuchen, dasjenige zu retten und zu bewahren, was mehr wert ist als das Leben.

Johanna und der Bürgerkrieg

Als Sinnbild dessen, was sie einst waren, vorgeschobene Posten im Feindesland, erheben sich gegenwärtig noch inmitten der Einsamkeit der spanischen Landschaft die Städte, durchweg hochgelegen an natürlich befestigten Orten, an der Krümmung eines Flusses.

So wie Ávila, die Stadt der Heiligen und Ritter, jetzt noch auf einer felsigen Fläche emporragt, mit seinen achtundachtzig granitenen Türmen und seinen schweren gotischen Mauern, eine mürrische, stolze Festung inmitten einer verlassenen, dürren Landschaft, so waren vorzeiten alle spanischen Städte schier uneinnehmbare Festungen, die sich ihrer eigenen Kraft bewußt waren und dazu wußten, daß diese Kraft ihr einziger Hort war in den Gefahren, die von allen Seiten drohten.

Von alters her ist das in Spanien so gewesen. Manch eine Stadt weist jetzt noch Reste von prähistorischen Befestigungen auf, und bei einigen, wie Tarragona, sieht man vor sich die spanische Geschichte in Granit gemeißelt. Auf den gewaltigen Steinblöcken des Altertums, die diese Forts jahrelange Belagerungen aushalten ließen, bauten die Römer neue Mauern, die, wie in Lugo, unberührt beinahe zwanzig Jahrhunderte über sich haben hinstreichen sehen. Die Westgoten und nach ihnen die Mauern stellten von diesen Festungswerken wieder her, was unter gewaltsamer Einwirkung von Kriegen zerstört war, und die Christen wiederum befestigten die Orte, deren sie sich im Kampf gegen die Mauern bemächtigten.

So liegen im spanischen Ödland noch viele Städte als lebendige Illustrationen zum erregenden Buch der spanischen Geschichte. Ávila, das römische Avela, dessen Ursprünge sich im Grau der Vorzeit verlieren; Tarragona, einstmals das mächtige Tarraco, eine Millionenstadt der Römer, vorher eine Festung der Phönizier und noch weiter zurück ein granitenes Fort eines Volkes aus der Vorgeschichte; Toledo, ein spanisches Wunder, früher einmal Mittelpunkt maurischer Kultur, davor die kaiserliche Hauptstadt der Westgoten, das

Johanna und der Bürgerkrieg 151

Toletum der Römer und der Legende nach, bestätigt von Ethymologen, Sitz eines semitischen Volkes aus grauer Vorzeit; Córdoba, das heute noch seinen Namen »die schlafende Sultanin« verdient und seine herrlichen maurischen Bauwerke von einer tropischen Sonne bescheinen läßt, hält in seinem phönizischen Namen corteb = Ölmühle die Erinnerung an seinen jahrhundertealten Ursprung fest ... So gibt es zahlreiche Städte, vormals blühend und mächtig, jetzt zuweilen nur noch Ruinen, grau in grau, kaum zu erkennen in der staubigen, steinigen, baumlosen Landschaft. Und dennoch ragen sie immer noch stolz empor, sogar die Ruinen, weil sie einstmals Bollwerk der Zivilisation im Niemandsland waren.

Kräftig lebte nach dem Ausgang des Mittelalters das städtische Bewußtsein der eigenen Unabhängigkeit. Als spanische, christliche Stadt ursprünglich einmal ein vorgeschobener Posten im eroberten Land, ein Damm gegen neuerliche maurische Invasionen oder ein Ausgangspunkt für eigene Offensiven, war eine solche Stadt, was ihr Bestehen, ihr Wachstum anbetrifft, auf eigene Initiative und eigene Kraft angewiesen.

Die spanischen Städte waren im Mittelalter militärische und geistliche Bollwerke, und so sehr war ihr zweifach kriegerischer Charakter zu einer Einheit zusammengewachsen, daß die romanisch-gotischen Kathedralen von Ávila, Lugo und Tarragona selbst schwere Forts sind oder, wie z. B. in Ávila, einen Teil der Stadtmauer bilden.

Ihr Ursprung und die Beschaffenheit der Umstände machten diese weit auseinandergelegenen Städte zu selbständig verwalteten kleinen Republiken mit einem kräftig entwickelten Lokalpatriotismus. Gelegentlich ihrer Befestigung wurden ihnen durch die Krone wohlumschriebene Rechte verliehen, und diese Rechte wurden im Laufe der Jahrhunderte durch allerlei Privilegien ausgeweitet und angereichert. Die Verwaltung der Stadt, gewählt von den stimmberechtigten Bürgern, verteilte sich gewöhnlich auf zwei Körperschaften, die aus einem Kollegium von Bürgermeistern und Stadträten sowie einem Abgeordnetenrat bestanden. Der höchste richterliche Beamte hatte ausgedehnte Befugnisse zur Wahrung der Ordnung sowie zur Aufrechterhaltung der Sicherheit von Leib und Gut. Diese Städte, kleine Staatsgebilde im Staat, hatten ihre eigene Stellung sowie ihre eigene Miliz, und bei der Schilderung von entscheidenden Schlachten, wie die bei Las Navas de Tolosa im Jahre 1212, wo die verbündeten Könige von Kastilien und Navarra die Sierra Morena von den Mauren eroberten und dadurch die andalusische Ebene sicherten, werden die städtischen Milizen besonders erwähnt.

Die Städte gingen untereinander Bündnisse ein zum Zwecke gegenseitigen Beistandes, und sie scheuten sich nicht, sich sogar gegen den König zu wenden, wenn sie ihre berühmten »fueros«, Rechte, angetastet wähnten.

Die Krone hatte die Unterstützung der Städte gesucht im Kampf gegen den eigenmächtigen Feudaladel, was den Katholischen Königen half, den Widerstand des Adels gegen die auf Zentralisierung abgestellte Politik der Krone zu brechen. Danach hatten die Katholischen Könige die Selbständigkeit der Städte als kleine Staaten im Staate zunichte machen wollen, indem sie die Autonomie der Gemeinden beschnitten. Zu diesem Zwecke wurde von ihnen an jedem Ort ein königlicher Verwaltungsbeamter ernannt, mit weitgehenden Befugnissen, in die städtische Verwaltung einzugreifen, wodurch die Krone größeren Einfluß gewann und Mitspracherecht in lokalen Angelegenheiten erhielt.

Nichtsdestoweniger behielten die Städte große politische Macht durch ihr Recht, stimmberechtigte Abgeordnete in die nationale Gesetzgebungskörperschaft, die *Cortes*, das Parlament des Königreichs, zu entsenden. Seit dem 12. Jahrhundert haben die Städte in diesen wahrscheinlich bis auf die Westgoten zurückgehenden Vertretungen des Adels und der Geistlichkeit Sitz erhalten. Die Zahl der Städte war anfangs gering, im 15. Jahrhundert war sie auf fünfzehn gestiegen, und zu Beginn des 16. Jahrhunderts waren es achtzehn Städte, die das Recht zur Entsendung stimmberechtigter Deputierter erworben hatten.

Seit dem 13. Jahrhundert hatte in Spanien ebenso wie in anderen Teilen Europas die Macht der Städte derart zugenommen, daß von dieser Zeit an die entscheidende Regierungsgewalt vom Bürgerstand ausging. Die Häupter der Adelsfamilien begannen immer seltener auf den Parlamentsversammlungen zu erscheinen, schon allein deshalb, weil diese Körperschaft im wesentlichen zum Organ der Steuergesetzgebung wurde, der sie ja nicht unterlagen. Freilich geschah es, daß adelige Granden, die in der Stadt wohnten, als Bevollmächtigte der Städte auftraten. So war z. B. Abgeordneter von Toledo in den *Cortes* von 1520 in La Coruña der vornehme Edelmann Don Pedro Lasso, der die Interessen seiner Stadt so feurig verteidigte, daß der Herr von Chièvres sich hierüber in aller Öffentlichkeit entrüstete und

Johanna und der Bürgerkrieg 153

ihn nach dem Bericht von Maldonado, eines Autors aus dem 16.Jahrhundert, strafrechtlich verfolgen ließ.

Die Katholischen Könige, Ferdinand und Isabella, verstanden es, sich immer mehr dem regulierenden Einfluß der städtischen Macht auf die Innen- und Außenpolitik zu entziehen, indem sie Geldmittel aus anderen Quellen für die Krone beschafften. Sie hatten ihre Hand auf die sehr ansehnlichen Einkünfte der drei großen militärischen Ritterorden gelegt, und demzufolge erhielt die Krone auch das, was die überseeischen Besitzungen abwarfen. Isabella und Ferdinand waren somit selten gezwungen gewesen, die *Cortes* einzuberufen, um neue Steuergesetze zu erlassen. In Wirklichkeit hatten sie jahrelang ohne Mitwirkung der *Cortes*, also unabhängig von den Städten, regieren können. Sie hatten eine fast diktatorische Macht ausgeübt, doch waren sie taktvoll genug gewesen, die Souveränität des Volkes, wenigstens der Form nach, anzuerkennen und zu achten. Diese Souveränität des Volkes kam in der Macht des Parlaments zum Ausdruck, das über der Krone stand.

Dies drückte sich in Kastilien und Aragonien zum Beispiel dadurch aus, daß die königliche Würde nicht allein auf der Geburt und dem Erbfolgerecht beruhte. Die *Cortes* verliehen die königliche Würde, jedoch erst nachdem der Thronfolger den Treueid auf die Gesetze sowie darauf, die Privilegien zu achten, abgelegt hatte. Diese königliche Würde blieb abhängig von der Treue gegenüber dem gegebenen Wort. Man kann in diesen Befugnissen der *Cortes*, die königliche Würde zu verleihen, die Fortsetzung der ursprünglichen Königswahl zur Zeit der Westgoten sehen.

Der grundsätzliche Fehler Karls und seiner burgundischen Minister ist es gewesen, daß sie die Formen nicht beachtet haben. Das Prestige des Königtums beruhte in Spanien hauptsächlich auf der Achtung vor den eingegangenen Verpflichtungen. Der König und die *Cortes* schwuren einander Treue. Der König legte den Treueid auf die Gesetze des Landes sowie auf die Beachtung der städtischen und privaten Privilegien ab, und die *Cortes* gelobten feierlich Gehorsam gegenüber dem König. Die königliche Würde fand in dieser im Bewußtsein der übernommenen Verpflichtungen abgegebenen gegenseitigen Verpflichtung ihre ausreichende Sanktionierung, so daß seit dem ausgehenden Mittelalter die spanischen Könige gar nicht mehr gekrönt wurden. Es ist so gut wie sicher, daß auch Ferdinand und Isabella sich nicht mehr wie ihre Vorgänger in feierlicher Form die

Königskrone aufs Haupt gesetzt haben. Die Autoren jener Zeit berichten jedenfalls nichts davon.[1]

Die Katholischen Könige hatten niemals öffentlich im Widerspruch zu der von ihnen beschworenen Achtung vor den Gesetzen und Privilegien gehandelt, aber sie hatten im Besitz ihrer umfangreichen Geldmittel ohne die Städte und das Parlament regieren können mit praktisch uneingeschränkter Macht. Karl und seine Minister dagegen verletzten wiederholt die Gesetze und hatten keine Hemmungen, Privilegien zu mißachten. Geldnot infolge der üblichen burgundischen Verschwendung sowie der großen Summen, die die Wahl in Deutschland verschlungen hatte, zwangen Karl, das Parlament schon 1520 einzuberufen, wo sein und seiner Mitarbeiter diktatorisches Auftreten und ihre korrupten Methoden, die bereits so viel Unzufriedenheit im Lande hervorgerufen hatten, einen Aufruhr zur Folge hatten.

Dieser Aufruhr war kein Aufstand gegen die königliche Macht, sondern gegen deren Mißbrauch und gegen die Willkür der Minister.

Das Zeichen zum Aufstand gab Toledo, wo sich die Geistlichkeit und die Bürgerschaft gekränkt fühlten, als man den kleinen Neffen des Herrn von Chièvres als Erzbischof einsetzte und der allmächtige Minister die fürstlichen Einkünfte des Erzbistums beschlagnahmte. Die alte Universitätsstadt Salamanca hatte ebenfalls schon derart energisch ihre Unzufriedenheit über den Lauf der Dinge bekundet, daß ihre Abgeordneten zu den Sitzungen des Parlaments von 1520 gar nicht erst zugelassen wurden, wenn sie sich nicht überhaupt geweigert hatten, daran teilzunehmen. Die Stadt Zamora schloß sich dem Aufstand unverzüglich an, und zwar unter Führung ihres Bischofs, Don Antonio de Acuña, einer pittoresken Figur, wie sie die spanische Geistlichkeit zuhauf hervorgebracht hat. Er war ein Kampfhahn, etwa wie Bischof Jerónimo aus dem Cid, der am liebsten in den vordersten Reihen kämpfte, ein Mann mit politischem Ehrgeiz, gescheit, zupackend, aber von zu auffahrendem Charakter, um lange genug friedlich mit anderen zusammenarbeiten zu können, freilich ehrlich und von unwandelbarer Treue, wie seine Zeitgenossen mit Nachdruck berichten.

Andere Städte folgten, zuerst die großen, dann die kleineren, bis Ende Juli ein Städtebund gegründet wurde mit dem Ziel, das alte kastilische, demokratische Verfahren wiederherzustellen, König Karl zur Regierung in Übereinstimmung mit den Gesetzen und Privilegien zu veranlassen und seine ausländischen Ratgeber zu entfernen.

Johanna und der Bürgerkrieg

Die Idee, eine Zusammenkunft von städtischen Sonderdelegierten anzuberaumen, war nicht neu. Bereits früher war von einer Stadt der Plan ausgegangen, die Angelegenheiten des Landes auf einem Städtekongreß zu besprechen. Es war jetzt nötig, zu einer Aktionseinheit zu gelangen, der Unruhe im Gefolge von Ausschreitungen des Pöbels Herr zu werden, allgemeingültige Regierungsmaßnahmen vorzuschlagen und die Voraussetzungen für die Rückkehr einer von jedermann geachteten gesetzlichen Ordnung zu schaffen.

In Ávila fand die erste Zusammenkunft der Städtedeputierten statt. Diese Versammlung der Städte wurde von der Panik beherrscht, die der Einnahme und Brandschatzung von Medina del Campo folgte. Diese Stadt, in der sich damals die wichtigsten Produktionsstätten von Waffen und Munition befanden, wurde von Regierungstruppen angegriffen, die sich hauptsächlich der Artillerie bemächtigen wollten. Die Bevölkerung sowie einige städtische Behörden hatten sich gegen den für widerrechtlich gehaltenen Angriff zur Wehr gesetzt und sich geweigert, den Artilleriepark auszuliefern. Um den Widerstand der Bürger zu brechen, hatte der Befehlshaber der Regierungstruppen befohlen, an verschiedenen Punkten der Stadt, wo die Angreifer eingedrungen waren, Häuser anzuzünden, damit die Bevölkerung die Feindseligkeiten einstellen würde, um ihre Habseligkeiten zu retten. Die halbe Stadt wurde in Schutt und Asche gelegt, und die Autoren jener Zeit, Petrus Martyr, Maldonado, Santa Cruz u. a., berichten mit tiefer Rührung von den Verwüstungen, die in der wohlhabenden Handelsstadt angerichtet worden sind. Große Lagerhäuser, wo Warenvorräte aus ganz Spanien für den bevorstehenden Jahrmarkt gestapelt lagen, wurden ausgeraubt, und andere Häuser, wo aus dem Ausland eingeführte Waren lagerten – Tücher, Teppiche, Leinen aus den Niederlanden, Gold- und Silberschmuck aus Italien u. a. – brannten bis auf den Grund nieder. Der Schaden belief sich auf Hunderttausende von Dukaten. Petrus Martyr spricht von »tercentum millia ducatorum.«[2] Mehr als siebenhundert Häuser waren niedergebrannt. Drei Tage lang blieb das Feuer noch am Schwelen, während die Soldaten die anderen Wohnungen ausraubten. Der Wohlstand dieser stolzen Stadt, die in ihrem Wappen den Spruch führte »Ni el Rey oficio ni el Papa beneficio« (Weder ein königliches Amt noch ein päpstliches Benefiz) als Beweis dafür, daß ihre städtischen und königlichen Ämter und Würden frei von allen Lasten und einschränkenden

156   *Johanna die Wahnsinnige*

Bestimmungen seitens weltlicher oder geistlicher Amtsstellen waren,
war für immer vernichtet.

Die Katastrophe von Medina del Campo hatte die Gemüter in
ganz Kastilien aufgeschreckt und die Städte, die kurz darauf in Ávila
zusammenkamen, zu noch kräftigerem Widerstand gegen die diktatorische Regierung veranlaßt. Die erste Entscheidung, die mit allgemeiner Billigung getroffen wurde, war der Beschluß, ein Heer aufzustellen. Zu seinem Oberbefehlshaber wurde Don Juan de Padilla
ernannt, ein Edelmann aus einer vornehmen kastilischen Familie,
dessen Frau eine spanische Kenau Simons Hasselaar[3] war. Sie
stammte aus einem angesehenen Geschlecht und war selbst die Seele
des Aufstandes, eine würdige Ehegefährtin ihres Mannes, der der
Sache bis auf das Schafott treu geblieben ist.

Die Beschlüsse des Städtekongresses erhoben, und zwar auf Grund
des alten kastilischen Gemeinderechts, Anspruch auf allgemeinver-
bindliche Gültigkeit und verwarfen deshalb die Autorität der Regierung, ausgeübt durch den Landvogt Adriaan von Utrecht, einen
schwankenden Mann, der jeder Gewalt abhold war. Hinter ihm
waren jedoch andere Kräfte wirksam, so daß er sich gezwungen sah,
sich mit Waffengewalt gegen die »Santa Junta de las Comunidades«,
die »Heilige Junta der Gemeinden«, zu wenden.

Die erste Stadt, gegen die noch vor Medina del Campo militärische
Maßnahmen ergriffen worden waren, war Segovia. Doch diese durch
ihre Lage auf natürliche Weise verteidigte Stadt trotzte auf ihrer felsigen, schwer ersteigbaren Höhe den afrikanischen Truppen, die
gegen sie ins Feld geführt wurden. In Segovia lebte die zu einem
städtischen Kult gewordene Erinnerung weiter an dem heldenhaften
Widerstand, mit dem sich die keltiberischen Vorväter gegen die
römischen Eindringlinge gewehrt hatten. Und wie fünfzehn Jahrhunderte früher, sowie während der Maurenkriege später, kämpften jetzt
die Bewohner Segovias, beseelt von ihrer ruhmreichen Vergangenheit,
erneut für Freiheit und Recht. Nicht einmal die in afrikanischen Feld-
zügen hart gewordenen Regierungstruppen waren imstande, die steil
empor führenden Anhöhen des Hügels, auf dem Segovia liegt, im
Sturm zu nehmen. Ihr Befehlshaber sah ein, daß er ohne schwere
Artillerie nichts gegen die als massive Festungen gebauten kastilischen Städte auszurichten vermochte. Das hatte ihn veranlaßt, gegen
Medina del Campo zu ziehen, was zu einer zweifachen Katastrophe
führte: zur Verwüstung der Stadt, zum anderen zum jetzt einheitli-

Johanna und der Bürgerkrieg

chen, gut organisierten und entschlossenen Widerstand des Städtebundes, dem sich weitere Gemeinden anschlossen.

Der Landvogt Adriaan von Utrecht kam gegen die Macht der Städte nicht an. In Valladolid, wo das Schicksal des nicht weitentfernten Medina del Campo heftige Straßenszenen und Massenaufläufe gegen die Regierung ausgelöst hatte, war Adriaan von Utrecht nicht viel mehr als ein seiner geistlichen Würde wegen mit ehrfürchtiger Schonung behandelter Gefangener.

Die Führer des Städtebundes traten jetzt als legale Regierung von Kastilien auf. Um diesem Anspruch auf Gesetzmäßigkeit einen alle überzeugenden Charakter zu verleihen, beschlossen die Führer des Bundes, nach Tordesillas zu ziehen und der dort gefangengehaltenen Johanna als rechtmäßiger Herrscherin Kastiliens zu huldigen und der Königin ihre Beweggründe und Zielsetzungen zu erläutern.

Ende August setzte sich Don Juan de Padilla nach Tordesillas in Bewegung. Diese Stadt sympathisierte mit dem Städebund. Der Schloßvogt des Königspalastes, der Marquis von Denia, war der Regierung treu geblieben.

Aber noch ehe das Heer der aufständischen Städte sich Tordesillas näherte, waren die Regierungstruppen dort schon eingetroffen. Sie wollten verhindern, daß sich der Städtebund der Person der Königin bemächtigte, um dadurch seine Handlungen und Beschlüsse zu legalisieren. Die Stadt hatte ihre Tore vor den Regierungstruppen geschlossen, aber die Behörden ließen den Vorsitzenden des Rates von Kastilien, des führenden Regierungsorgans, in die Stadt, damit er sich zur Königin begeben konnte.

Die beklagenswerte Frau, die seit Jahren nahezu wie eine gewöhnliche Gefangene behandelt und von allen Staatsgeschäften ferngehalten worden war, sah sich jetzt plötzlich und unvorbereitet wiederum als Königin geehrt und als Landesmutter um ihren Rat und ihre Hilfe angegangen.

Sie gab den hohen Beamten, die ihr Dokumente zur Unterschrift vorlegten und Maßnahmen gegen die aufständischen Städte von ihr legalisieren lassen wollten, zur Antwort, sie sei zu sehr von diesen Vorgängen und der veränderten Lage überrumpelt worden, als daß sie die Probleme richtig beurteilen könne, um im klaren Bewußtsein von der Bedeutung der vorgeschlagenen Maßnahmen und ruhigen Gemüts ihre Entscheidung treffen zu können.

»Jahrelang«, so sagte sie, »hat man mich betrogen und in die Irre geführt, und der erste, der mich belogen hat, ist der Marquis von Denia.«[4] Der Marquis konnte das nicht leugnen. Er versicherte allerdings, daß er die Königin zwar in die Irre geführt und sie sogar über den Tod ihres Vaters in Unkenntnis gehalten habe, daß dies jedoch nur geschehen sei, um ihr Kummer zu ersparen.

Jetzt vernahm Johanna, daß ihr Vater, König Ferdinand, bereits vor einigen Jahren gestorben war, und gleichzeitig drang eine Anzahl fremder Menschen auf sie, die, vertieft in ihre eigenen trübsinnigen Grübeleien, ans Alleinsein gewöhnt war, ein, sie solle unverzüglich Akten unterzeichnen, deren Bedeutung sie auf Anhieb gar nicht zu erfassen vermochte.

Ihr Vater seit Jahren tot . . ., ihr Sohn ins Ausland abgereist und daheim verhaßt . . ., Krieg in Kastilien . . ., eine Stadt in Schutt und Asche gelegt . . ., Menschen getötet . . ., ein Heer vor den Toren von Tordesillas . . ., ein anderes Heer im Anzug . . ., sie selbst wieder als Landesmutter geehrt, aber sichtlich als Werkzeug gegen eigene Untertanen benutzt . . .

Es kam ihr wie ein Traum vor, ein eigenartiger, verwirrender Traum, und sie sagte das dem Vorsitzenden des Rates von Kastilien, Bischof Rojas. Dieser antwortete ihr, daß sie nur ihre Unterschrift unter die Beschlüsse zu setzen brauche, mehr würde gar nicht von ihr verlangt, und diese ihre Tat werde heilsame Folgen haben.

Johanna weigerte sich indessen, zu unterschreiben, und bat die ehrenwerten Herren, sich zu entfernen.

Tags darauf erschienen die Ratsmitglieder abermals vor Johanna, um sie zu ersuchen, die Dokumente zu unterzeichnen. Das Gemach der Königin, die seit Jahren nur flüchtige Besuche einzelner Personen erhalten hatte, war auf eine so zahlreiche Gesellschaft gar nicht eingerichtet. Es gab weder Stühle noch Bänke, und Johanna, offensichtlich noch verwirrt von den vielen Eindrücken, die in so kurzer Zeit auf sie eingestürmt waren, war gar nicht auf den Gedanken gekommen, für Sitzplätze für die hohen Besucher zu sorgen.

Der Vorsitzende des Rates machte die Königin darauf aufmerksam, daß den Mitgliedern dieser staatlichen Körperschaft mit mehr Achtung begegnet werden müsse, und daß man ihnen daher eine Sitzgelegenheit anzubieten habe. Daraufhin gab die Königin Befehl, dafür zu sorgen, aber als man Stühle herbeibrachte, ließ sie diese wieder wegbringen und für die Ratsmitglieder eine *Bank* herbeischaffen und nur für den Präsidenten einen *Stuhl*, entspre-

Johanna und der Bürgerkrieg 159

chend den zur Zeit ihrer Mutter, Königin Isabella, üblichen Bräuchen.[5]

Stundenlang versuchten die Mitglieder und der Vorsitzende des Rates von Kastilien Königin Johanna zu bewegen, die mitgebrachten Akten zu unterschreiben, aber Johanna blieb bei ihrer Weigerung. Sie ersuchte schließlich die Herren, nach Valladolid zurückzukehren und mit den anderen Ratsmitgliedern über die Art und Weise der weiterhin zu treffenden Maßnahmen zu beraten. Während diese Regierungsbeauftragten nach Valladolid zurückreisten, erschien Don Juan de Padilla mit den Truppen des Städtebundes vor Tordesillas und besetzte die Stadt.

Padilla wurde zusammen mit seinen Truppen jubelnd in Tordesillas eingeholt. Schon einige Male waren Abgeordnete der Stadt zum General der Städtebundarmee beordert worden, um bei ihm darauf zu dringen, so schnell als möglich nach Tordesillas zu marschieren mit dem Ziel, einer Entführung der Königin durch die Regierungstruppen zuvorzukommen.

Johanna, die Kunde davon erhielt, daß Don Juan de Padilla sich mit der Lunte am Geschütz vor der Stadt aufhalte, hatte ihn ersuchen lassen, friedlich einzuziehen, was auch der Wille der Bewohner war. Don Juan rückte unter eindrucksvoller Zurschaustellung seiner Waffen in das Städtchen ein und defilierte vor der Königin. Anschließend beschied Johanna die Offiziere zu sich.

Über die Unterhaltung Johannas mit Don Juan de Padilla und den anderen Offizieren des Heeres der verbündeten Städte liegen von Autoren des 16. Jahrhunderts ausführliche Berichte vor. Die Königin fragte zunächst, ob Juan de Padilla der Sohn von General Padilla sei, der sich zur Zeit ihrer Mutter ausgezeichnet hatte. Diese Frage darf man nicht als Einleitung zu einer höflichen und hohlen Konversation ansehen, sondern wir müssen sie im Geist der Zeit sehen. Don Juan war der Sohn eines berühmten Vaters, Sproß einer angesehenen kastilischen Familie, ein Edelmann, *also* ein Ehrenmann. Nach den Auffassungen jener Zeit hatte ein Edelmann ein peinliches Gewissen in Sachen Ehre und Tugend, erachtete sich für strenger gebunden an bestimmte Vorschriften von Ehre als ein Mann aus dem Volk. Das Wort eines Edelmannes zwang zur Achtung, seine Handlungen richteten sich nach feststehenden Normen, von denen er nicht abweichen konnte, ohne seinen guten Namen zu verlieren. Ein treffendes Beispiel für die Tatsache, daß man selbst von einem in den Adelsstand erhobenen Mann aus dem Volk nicht erwartete, daß er nach dem einem Edelmann angeborenen Ehrenkodex handelte, ist die geringe Verwunderung sowie die mäßige Entrüstung, die in Spanien das Überlaufen von General Navarro zum [französischen] Feind hervorrief, war doch Navarro ein Mann, dessen Verdienste einstmals durch Verleihung des Grafentitels anerkannt wurden.

Don Juan de Padilla war ein Edelmann, Sproß eines Geschlechtes, demgegenüber die kastilische Krone Verpflichtungen hatte, also hatte Königin Johanna aufmerksam den Beweggründen zuzuhören, die ein solcher Mann wohl haben könnte, um sich an die Spitze eines Heeres zu stellen, das die Regierung bekämpfte.

Padilla schilderte der Königin die sozialen und politischen Zustände, die in Kastilien die letzten drei Jahre über geherrscht hatten durch die Mißwirtschaft von Karls burgundischen Ministern. Hohe Ämter waren an Ausländer verkauft oder verschenkt, die kastilischen Gesetze nicht geachtet, willkürliche Steuern erhoben, große Summen Geldes dem Land entzogen, Beamte bestochen und das ganze Land in Unruhe versetzt worden. Das Volk war in Aufruhr geraten, um sich selbst in dieser mißlichen Lage zu helfen. Der König, vor allem aber die Königin, Johanna selbst, müßten gegen die tyrannische Willkür der Ausländer beschützt werden.

Gebeugten Knies, die Haltung, in der man seinerzeit zu fürstlichen Personen sprach, erstattete Don Juan de Padilla Königin Johanna diesen traurigen Bericht über den Lauf der Dinge in Kastilien, den sie mit Befremden vernahm. Es wurde ihr zumute, als ob man zu ihr über eine Welt spräche, an der sie keinen Anteil mehr hatte, und sie sagte dann auch zu Don Juan, daß sie wie eine Gefangene gelebt habe, unter der Bewachung des Marquis von Denia, ohne jede Kenntnis, nicht einmal der vom Tode ihres Vaters. »Hätte sie davon gewußt, sie würde das Schloß verlassen haben, um all diesen Mißständen ein Ende zu machen.«

Nach dem Geschichtsschreiber Karls V., dem Historiker Prudencio de Sandoval aus dem 16. Jahrhundert, soll Johanna den Generalkapitän der städtebündischen Truppen in seinem Amt bestätigt und ihn beauftragt haben, die Angelegenheiten des Landes nach Gutdünken zu regeln, bis sie, Königin Johanna, selbst die nötigen Maßnahmen treffen würde. Rodríguez Villa übernimmt diese Ansicht als ausreichend dokumentiert. Die alten Autoren sowie die später ans Tageslicht gelangten Urkunden aus jener Zeit geben jedoch Bedenken in

Johanna und der Bürgerkrieg

dieser Hinsicht Raum. Wohl ist sicher, daß sich Johanna Don Juan de Padilla gegenüber weit entgegenkommender verhielt als gegenüber dem Vorsitzenden und den Mitgliedern des Rates von Kastilien, aber einen weitgehenden Entschluß scheint sie nicht gefaßt zu haben.

Der Anführer der Truppen der Städte sandte den vorübergehend in Valladolid residierenden Behörden einen Bericht, daß die Königin mit ihm ausführlicher als mit irgend jemand zuvor gesprochen habe. Die Dinge stünden jetzt für die Städte gut. Mit der Königin auf ihrer Seite und vielleicht mit deren Billigung und Bekräftigung der Beschlüsse und Handlungen des Städtebundes als vorläufiger Regierung würde der Widerstand zu einem guten Ende geführt werden können und Ruhe, Sicherheit und Recht baldigst zurückkehren.

Der Brief, den die führenden Offiziere der Truppen der Städte aus Anlaß ihrer Unterhaltung mit Königin Johanna an die zivilen Führer des Aufstandes geschrieben haben, ist ein deutlicher Beweis für die aufgeweckte Stimmung, in der sie das Schloß verließen, und gleichzeitig gibt er uns ein Bild des Zustandes, in dem sie Johanna angetroffen hatten.

Dieser Brief, von Rodríguez Villa und nach ihm von Danvila in seinem großartigen Werk über den Aufstand der Stände veröffentlicht[6], lautet folgendermaßen:

»Wir haben Ihnen aus Medina del Campo geschrieben, um Sie wissen zu lassen, daß wir beschlossen hatten, nach Tordesillas zu gehen, um Ihrer Hoheit die Hände zu küssen [d. h. als Landesmutter zu huldigen] und sie im Namen der Gemeinden zu besuchen ... Wir sind in Tordesillas angekommen, und Ihre Hoheit hat uns sehr aufgeweckt empfangen und ausführlicher mit uns gesprochen, als man es jemals in sieben Jahren bei ihr wahrgenommen hat, nach dem zu urteilen, was ihr Personal uns diesbezüglich erzählt hat. Wir haben viele Angelegenheiten mit Ihrer Hoheit besprochen, und sie hat uns freundlich auf alles geantwortet. Wir senden Ihnen anbei eine eidlich bekräftigte Darlegung der wichtigsten Punkte.«

Diese beeidete Schilderung der Unterredung, die die verantwortlichen Offiziere des Städteheeres mit Königin Johanna gehabt haben, ist zu wichtig, als daß wir sie unerwähnt lassen könnten. Wir finden darin vielleicht auch wieder parteiisch gefärbte Mitteilungen über Johanna selbst sowie ihren Geistes- und Gemütszustand. Wir haben die Tatsache zu berücksichtigen, daß es für den Städtebund von höchster Wichtigkeit war, Johanna als jemand anzusehen und zu beurteilen, der über eine normale geistige Verfassung verfügte, denn dies verlieh ihren Entscheidungen Gesetzeskraft. Die Zeitgenossen waren sich dessen vollauf bewußt. Petrus Martyr verhehlte sich nicht, daß es, wenn die Königin als Mensch mit gesundem Verstand betrachtet werden würde, und man sie veranlassen könnte, der Aktion der Städte ihre Mitwirkung zu verleihen, für Karl V. düster aussähe in Spanien. Es könnte dann auf einmal um seine Autorität in Spanien geschehen sein, und er würde sich, solange seine Mutter lebte, mit der bescheidenen Rolle eines anerkannten Thronfolgers in Kastilien und Aragonien abfinden müssen.

Der Landvogt, Kardinal Adriaan von Utrecht, war äußerst bestürzt über diesen Lauf der Dinge, und auch ihm stand die große Gefahr für Karls Stellung vor Augen. Er schrieb einige Tage nach der Ankunft der Offiziere des Städtebundes in Tordesillas, nachdem das Gerücht über ihren wohlwollenden Empfang durch die Bürgerschaft und die Königin bis Valladolid, den Ort, wo er sich aufhielt, durchgedrungen war, an Karl einen langen Brief, in dem er ihm nicht verhehlte, daß es um die Dinge verzweifelt stand. »Nur von Gott kann noch Hilfe kommen, sonst ist es um Karls Herrschaft geschehen.« Die Städte waren nicht mehr zu bezwingen, ihre militärische Kraft war unwiderstehlich, vor allem nachdem das schwer heimgesuchte Medina del Campo die Artillerie den Truppen der Städte ausgeliefert hatte. Adriaan selbst spricht vom »beklagenswerten« Medina, ein Beweis, wie sehr dem braven, einfachen, empfindlichen Mann das Schicksal der armen Stadt zu Herzen gegangen ist, und wie wenig er verantwortlich war für das schändliche Auftreten der Soldateska der Regierungstruppen. Er war indessen entsetzt bei dem Gedanken, daß sich die Königin in der Gewalt der Städte befand. »Ganz offensichtlich ist sie nicht bei vollem Verstand« – man findet dieses kostbare Dokument sowohl bei Rodríguez Villa als auch bei Danvila –, »aber das Volk nimmt von ihren Worten das, was ihm paßt und seinen Absichten dienlich ist«. Ferner berichtet Adriaan von Utrecht, daß nach einer Untersuchung, die von den Städten über das Verhalten des Marquis von Denia gegenüber Johanna angeordnet worden war, die damit betraute Kommission zu einem für den Marquis

Johanna und der Bürgerkrieg 163

ungünstigen Ergebnis gelangt war, so daß dieser von einer Stunde zur anderen mit Sack und Pack aus dem Schloß hinausgeworfen wurde . . .

Vor diesem Hintergrund müssen wir das beeidete Schriftstück sehen, das über die Unterredung der Kommandeure des Städtebundes und der Königin Johanna aufgesetzt worden ist. Zunächst wird darin berichtet, wie Königin Johanna von einem dem städtischen Platz von Tordesillas zugewandten Fenster ihres Palastes aus die städtische Miliz habe einziehen sehen und wie sie hierauf die kommandierenden Offiziere zu sich entboten habe. Auf deren Darlegungen habe Johanna sodann geantwortet: »›Ich bin in Ihrer großen Schuld für den guten Willen, den Sie gezeigt haben und den Sie weiter haben, was Ihren Dienst für mich anbetrifft.‹ Als der vorerwähnte Juan de Padilla sagte, Tyrannen hätten die Prinzessin (Katharina) entführen wollen, war Ihre Majestät[7] sichtlich entrüstet und sie gab zu verstehen, daß sie dies sehr betroffen habe. Juan de Padilla antwortete: ›Señora, es wäre gut, wenn Eure Hoheit uns Ihren Willen offenbaren würden, da sich einige Städte und Gemeinden Ihrer Königreiche zu Ihrem Dienst zusammengetan haben, und ebenso mögen Sie die Güte haben, uns zu sagen, welchen Verlauf der Dinge Sie am liebsten sehen würden.‹ Hierauf erwiderte Ihre Majestät: ›Gewiß, gewiß. Bleibt hier in meinem Dienst, setzt mich von allem in Kenntnis und bestraft die Übeltäter, denn wahrlich, ich schulde Euch viel.‹ Sie gab zu erkennen, daß sie mit Wohlgefallen sehe, wie jene Menschen so voller guter Absichten und willensstark aufgetreten seien. Der vorerwähnte Juan de Padilla gab zur Antwort: ›Es wird geschehen, wie Eure Majestät gebieten, und ich küsse Ihre Hände.‹«

Dieses Schriftstück ist aufgesetzt und für wahr befunden worden von einer Anzahl von Magistratspersonen und Einwohnern von Tordesillas, vom Kommandeur Luís de Quintanilla aus Medina del Campo, einem Teil des Personals der Königin und den Offizieren der städtischen Miliz. Es dauerte nicht lange und die Führer des Städtebundes kamen persönlich nach Tordesillas, um aus dieser Stadt den Regierungssitz zu machen. Außerdem schickten verschiedene Städte noch besondere zivile und militärische Abgesandte, wodurch das kleine Städtchen rasch übervölkert wurde.

Die Königin gewährte den Führern des Aufstandes eine Audienz. Es war bereits bekannt geworden, daß Johanna sich selbst ungerecht behandelt fühlte, und Personen aus ihrem Gefolge ebenso wie ihr Dienstpersonal sagten in aller Öffentlichkeit, daß Königin Johanna das Opfer der Herrschsucht ihres Vaters und ihres Sohnes gewesen sei, die sie gewaltsam vom Thron entfernt gehalten hätten, um selbst zu regieren. Kardinal Adriaan von Utrecht schreibt dies mit Nachdruck an Karl V., wie er ihm ebenso nicht vorenthält, daß die öffentliche Meinung Königin Johanna für eine Frau mit klarem Verstand und gutem Urteil hält, imstande, das Land selbst zu verwalten.[8]

Wir stehen hier wiederum vor einem großen Rätsel in Johannas Leben. Daß Kardinal Adriaan von Utrecht, der Karl V. voll ergeben war und Johanna kaum kannte, überzeugt war, daß der Geisteszustand der Königin ernstlich erschüttert sei, braucht uns nicht weiter zu beeindrucken. Man weiß, wie schwierig es für Menschen ist, von Vorurteilen abzurücken, vor allem wenn durch die Änderung ihrer Ansichten ihre Stellung und Lebensumstände gefährdet werden könnten. Es scheint freilich, daß einige Führer des Aufstandes, die wiederholt mit Johanna in Gedankenaustausch traten, ebenfalls zu der Schlußfolgerung gelangten, daß die Königin nicht ganz bei Sinnen war.

Johanna selbst erklärte feierlich, ihr sei Unrecht geschehen. Ende September, einen Monat nach der Besetzung von Tordesillas durch das Heer der Städte, empfing sie die Abgeordneten von fast allen Städten Alt- und Neukastiliens, und nachdem diese, unter ihnen ein Hochschullehrer aus Salamanca, im Namen ihrer Wohnorte gesprochen hatten, gab Johanna in Gegenwart aller dieser Juristen und Edelleute eine schockierende Erklärung ab. Die alten Geschichtsschreiber, u. a. Mexía und Sandoval, haben sich den Bericht, der durch eine Anzahl hochgestellter Personen, die Augenzeugen waren, als mit der Wahrheit übereinstimmend unterzeichnet worden ist, zu eigen gemacht.[9]

Königin Johanna soll zunächst ausführlich zur Sache auf die Ausführungen der Abgesandten geantwortet haben. Darauf erklärte sie, sie sei nach dem Tode ihrer Mutter ihrem Vater stets voller Ehrerbietung gehorsam gewesen. Sie habe sich voller Vertrauen auf ihren Vater verlassen, weil sie davon überzeugt war, daß niemand es hätte wagen dürfen, unter der strengen Aufsicht seines Regiments etwas Falsches zu tun. Die Nachricht von seinem Tod habe ihr sehr zugesetzt, aber wie schmerzlich es sie auch getroffen habe, zu hören, daß ihr Vater verstorben sei, so bedaure sie doch, es nicht früher erfahren zu haben, denn dann würde sie dafür gesorgt haben, daß hierauf

Johanna und der Bürgerkrieg 165

auch nach Recht und Billigkeit regiert worden wäre. Sie bringe allen Menschen ein gutes Herz entgegen und darum habe sie verhindern wollen, daß jemand Leid und Unrecht verursacht werde. Man habe sie indessen fortgesetzt in die Irre geführt, man habe sie belogen und auf allerlei Art und Weise betrogen. Sie hätte sich selbst gern in der Lage gesehen, sich der Dinge anzunehmen, aber das sei ihr unmöglich gemacht worden. »Der König, mein Vater, hat mich hier eingeschlossen, ich weiß nicht, ob das geschehen ist auf Veranlassung jener Frau, die den Platz meiner Mutter eingenommen hat, dann aber wohl aus anderen Erwägungen heraus. Tatsache ist jedenfalls, daß ich nichts mehr habe tun können ... Und als ich von den Ausländern hörte, die nach Kastilien gekommen sind, um sich dort aufzuhalten, ist mir das sehr nahe gegangen.« Zuerst habe sie gedacht, daß diese Ausländer im Auftrag ihrer Kinder gekommen seien, aber es habe sich herausgestellt, daß dem nicht so war. Es erstaune sie, daß sich die Kastilier nicht eher gerächt hätten. Sie selbst habe nicht gewagt, hervorzutreten, weil sie gefürchtet habe, die Ausländer könnten das ihre Kinder entgelten lassen. Im weiteren Verlauf verlieh Johanna ihrer Zufriedenheit Ausdruck über das Auftreten des Städtebundes. Sie gab deutlich zu verstehen, daß die Städte gehandelt hätten, wie es ihre Pflicht gewesen sei. Sie würde nach besten Kräften den Städten beistehen, aber »wenn ich nicht so viel werde tun können, wie ich es gern möchte, dann kommt das daher, daß ich meinem Herzen Ruhe verschaffen und mich über den Tod meines Herrn, des Königs, hinwegtrösten muß«. Solange sie dies freilich vermöge, werde sie sich aller Aufmerksamkeit befleißigen ...

Der große Zulauf von Menschen ermüdete sie, und deshalb bat sie, nur einzelne anzuweisen, mit ihr über die Geschäfte zu sprechen. Sie schlug vor, einen Rat aus vier der gelehrtesten Abgesandten zu bilden, mit dem sie sich dann ins Benehmen setzen würde.

Man hat vermutet, daß diese Ansprache der Königin Johanna von den Führern des Städtebundes selbst aufgesetzt worden sei und Johanna sie nur vorgelesen habe. Johanna wäre also nur als politisches Werkzeug gebraucht worden. Vor allem die Anspielung auf König Ferdinands zweite Frau, die möglicherweise die Ursache von Johannas Gefangensetzung gewesen sein soll, hat angeblich dem Zweck gedient, die breite Masse auf bequeme Weise zu rühren. Auch zu jener Zeit verstand man sich auf die Kunst, die Volksleidenschaften in Bewegung zu bringen, indem man Vorurteile verstärkte oder schlimme Verdächtigungen hervorrief. Das Volk läßt sich stets leicht aufpeitschen, indem man ihm Mitleid einflößt mit fürstlichen Personen, die Unrecht zu erdulden haben. Man denke zum Beispiel an die Art und Weise, wie man im 16. Jahrhundert in Spanien Maria Stuart als Märtyrerin ihres Glaubens hingestellt hat, als Philipp eine Volksbewegung brauchte, um seinem Vorgehen gegen England mehr Gewicht zu verleihen. Vorher hatte sich Philipp jahrelang geweigert, Maria Stuart zu helfen, weil er ein zwar protestantisches, aber neutrales England einem katholischen England vorzog, das mit dem Erzfeind Spaniens, Frankreich, gemeinsame Sache machen würde.[10] Und um noch ein weiteres sprechendes Beispiel anzuführen: man denke an die Art und Weise, wie zu Beginn des 19. Jahrhunderts und später Marie Antoinette als Märtyrerin hingestellt wurde, um dadurch die Prinzipien der Französischen Revolution zu bekämpfen. Die Masse reagiert sentimental, nicht rational.

Es ist möglich, daß diese Vermutung richtig ist. Es gibt allerdings keine Beweise dafür, und die Rede macht einen zuverlässigen Eindruck. Sie stimmt überein mit anderen bekannten Äußerungen Johannas während ihrer lang dauernden Gefangenschaft, und es ist anzunehmen, daß die Ansprache zu einem Zeitpunkt gehalten worden ist, an dem Johanna klaren Geistes war.

Sicher ist, daß das spanische Volk tief gerührt war durch das plötzliche Eingreifen Johannas in die Staatsgeschäfte des Landes. Daß sie, die seit Jahren in Tordesillas eingeschlossen war und nichts mehr von sich hatte hören lassen, jetzt in klarem Bewußtsein dessen, was vor sich ging, zu den Abgesandten ihres Volkes sprach, rührte die Menschen zutiefst. Johanna stand da, ein Sinnbild des tyrannisierten spanischen Volkes, Opfer von Willkür und Herrschsucht.

Kardinal Adriaan von Utrecht und die anderen, die Karl zugetan blieben, sahen, wie die Gefahr tagtäglich zunahm. Unter den Mitteln, die angewandt werden konnten, um die Gefahr des vollständigen Sturzes von Karls Herrschaft abzuwenden, hielten sie den Besitz der Königin für das zweckmäßigste. Vorläufig war es indessen nicht möglich, sich gewaltsam Johannas zu bemächtigen, doch konnte man immerhin schon versuchen, ihre Gedanken und Gefühle zu beeinflussen.

Zu diesem Zweck hat man sich ihres Beichtvaters bedient, des Franziskaners Juan de Ávila, der bei Johanna in Tordesillas geblie-

Johanna und der Bürgerkrieg 167

ben war. Dieser Mönch war ein Mann von geringer Bedeutung, unzulänglicher Bildung und kurzsichtig. Der Umfang seines Interesses war nicht groß, und in seinen Briefen machte er den Eindruck eines nörgelnden Männchens. Er ließ auch den notwendigen Takt vermissen, er war kein Höfling, der auf diskrete Weise die Gedanken und Gefühle seines fürstlichen Beichtkindes zu formen und zu lenken verstand. Er war ein Werkzeug in den Händen anderer, aber naiv und plump. So sagte er zum Beispiel während der feierlichen Audienz, auf der Johanna jene Rede hielt, die wir als Thronrede charakterisieren können, daß die Königin den zu ernennenden Viererrat wohl . . . einmal in der Woche würde empfangen können. Einmal in der Woche, das würde die Geschäfte hinschleppen! Johanna erwiderte jedoch unverzüglich: »Immer wenn es nötig sein sollte, können diese vier Delegierten zu mir kommen und mich sprechen.« Und der brave Mönch schwieg verschämt . . .

Pater Juan de Ávila leistete also nicht den besten Dienst als Werkzeug, und Kardinal Adriaan von Utrecht war selbst ein viel zu aufrechter und frommer Mann, um andere Mittel zu wählen. Er verlor den Kopf angesichts der sich aufeinandertürmenden Schwierigkeiten, desgleichen seine Mitregenten. Was in den spanischen Bürgerkriegen jedesmal aufs neue passiert ist, geschah auch damals. Zum Schluß rief man ausländische Truppen zu Hilfe. »Deutsche, Franzosen und, wenn nötig, Türken lassen sie kommen, um Sie wieder in Ihrem Ansehen zu festigen«, schreibt einer der Regierungsautoritäten an Karl V., während der Kardinal-Landvogt Karl zu der Einsicht zu bringen versuchte, daß lediglich großes Entgegenkommen, Vergebungswille und Bereitschaft zur Untersuchung der Übel und Beschwerden sichere Bürgschaften für die Wiederherstellung der Ordnung zu bieten vermöchten. Adriaan war indes ein Heiliger, schreibt Prudencio de Sandoval, mit einigem Mitleid, das er für den vorsichtig tastenden Mann mit seinem ängstlichen Gemüt hegte, und mit der bitteren Gewißheit, daß die Politik offensichtlich mit anderen Mitteln betrieben werden müsse.

Die Absichten des Städtebundes schienen also verwirklicht werden zu sollen. Der größte Teil des spanischen Volkes sowie der Geistlichkeit war auf seiner Seite. Einige Geistliche waren sogar derart Feuer und Flamme für die Sache, daß sie in abgelegene Orte zogen, um die Bevölkerung aufzurufen, an dem Aufstand teilzunehmen. Einem dieser Propagandisten, einem Mönch, erging es schlecht. Nach einer

begeisterten Kundgebung in einer kleinen Stadt, die die große
Menge mitriß, nahmen ihn die Anhänger der Regierung gefangen,
und der Mönch erlitt den Tod am Würgepfahl. »So müßte es allen
Mönchen gehen, die sich auf weltliche Dinge einlassen«, schreibt
Prudencio de Sandoval hierüber ungerührt..., weil er es, wie so
viele Autoren nach ihm, für eine Gefahr für Vaterland und Religion
hielt, wenn sich die Geistlichkeit in politischen Streit einmischte.

Der anfängliche Erfolg wurde den Aufständischen jedoch zum
Schicksal. Wie dies wiederholt in der politischen Geschichte Spaniens
zu sehen ist, verfielen die Führer der Aufständischen in theoretische
Haarspaltereien, welches die besten Gesetze und Regierungsmetho-
den für das Land seien. Während sie tiefsinnige Betrachtungen
anstellten und über die Formulierungen ihrer Gesetzentwürfe in
Streit gerieten, vergaßen sie, die errungenen Siege auszubauen und
das Volk ganz für sich zu gewinnen.

Die spanische Geschichte ist voll von begeistert begonnenen Bewegungen, die auf halbem Wege steckengeblieben sind, sowie von ver-
paßten günstigen Gelegenheiten. Der Aufstand von 1520 ist dafür
ein Beispiel. Infolge des unfruchtbaren Gefasels der Führer, wodurch
Uneinigkeit über einzelne theoretische Fragen entstand, und infolge
persönlicher Eifersüchteleien ist diese Bewegung am Ende im Sande
verlaufen. Hierdurch ist die ursprüngliche spanische Städtedemokra-
tie verlorengegangen und hat einer zentralisierenden, zum Absolutismus neigenden Monarchie der Habsburger Platz gemacht, die
ihrerseits wiederum der persönlichen Willkür der Bourbonen nach
1700 Vorschub leistete.

Im Herbst 1520 übte das Exekutivkomitee des Städtebundes die
tatsächliche Macht in Spanien aus. Es ließ diesen günstigen Augenblick jedoch ungenutzt verstreichen. Die Regierung, verstärkt durch
einige adlige Magnaten und die Mitwirkung von Burgos, sah eine
Möglichkeit, während der kostbaren Zeit, die die theoretisierenden
Aufständischen vergehen ließen, ein kleines Heer auf die Beine zu
bringen. Während die Truppen des Städtebundes sich infolge der
Streitereien und Rivalitäten unter den kommandierenden Offizieren
zerstreuten, wuchs die hastig zusammengebrachte Miliz der Regierung zu einem gut organisierten Heer heran.

Zu spät versuchten die Aufständischen, dieser Macht die Stirn zu
bieten. Nach Constantin von Höfler hat der hitzköpfige Bischof von
Zamora – von Adriaan von Utrecht »ein Teufel von einem Bischof«

Johanna und der Bürgerkrieg   169

genannt – Hunderte von Geistlichen als Soldaten ausgerüstet. Als
eine Mischung aus mittelalterlichem Ritter und Condottiere aus der
Renaissance-Zeit hat er Streifzüge durch das Land veranstaltet, um
die Verbindungen der Regierungstruppen zu unterbrechen. Dieser
romantische Bischof, einige Zeit die Seele und der Schrittmacher der
Aufstandsbewegung, die sich festgefahren hatte, wurde zur politischen Figur, die sowohl der Vatikan als auch Karl für äußerst
gefährlich hielten. Sein Ziel war, den vakanten Sitz des Erzbischofs
von Toledo zu besetzen und als Primas von Spanien die zentralisierende Macht Karls zu brechen. Sein Marsch von Valladolid nach
Toledo mit einem berittenen Trupp von Soldaten und Priestern, quer
durch feindliche Banden hindurch, bis er nach zweimaliger Verwun-
dung mit nur ein paar Mann in die alte kaiserliche Stadt einritt,
gehört zu einer der malerischsten Episoden der an solchen reichen
spanischen Geschichte. Die große Menge, die sich so rasch durch
Taten männlicher Verwegenheit verführen läßt, trug den »tollen
Bischof« im Triumph zum Ehrensitz des Erzbischofs und rief ihn
zum Primas von Spanien aus.

Diese überschäumende Macht der ungezügelten Massen traf die
ruhigeren Gemüter peinlich. Sie hielten voller Hoffnung Ausschau
nach einer zentralen Autorität, die solche Ausbrüche verhindern
würde. Die demokratische Bewegung der Städte wurde in den Augen
vieler zu einem demagogischen Treiben, das für die Kirche, den
Staat, die gesellschaftliche Ruhe sowie die Sicherheit von Leib und
Gut gefährlich werden konnte. Das königliche Dekret, das die Führer
der Aufstandsbewegung des Hochverrats für schuldig erklärte, kam
in einem Augenblick heraus, als diese teilweise versandete, teilweise
sich in kleinen Nebenströmen individueller Aktionen verlief.

Unterdessen waren die Regierungstruppen mit Artillerie ausgerüstet worden und bildeten eine geschlossene Einheit gegenüber der in
sich gespaltenen städtischen Miliz. In der entscheidenden Schlacht bei
Villalar, unweit von Toro, wurden die städtischen Truppen geschlagen. Zu ihrem Nachteil fehlte ihnen die Reiterei. Die offene Ebene
von Villalar war günstig für eine Reiterattacke, mit der die Kavalle-
rie der Regierung, die von der in Unordnung geratenen Artillerie
nicht aufgehalten werden konnte, die städtische Miliz überrannte.

Der Aufstand der Städte war niedergeschlagen, Hunderte von
Anhängern ließen ihr Leben auf dem Schafott. Eine geschichtliche
Periode Spaniens, die der demokratischen Monarchie und der

Gemeindeautonomie, war für lange Zeit abgeschlossen. Die Republik von 1931 hat sich gern als Fortsetzung dieser jahrhundertealten Tradition bezeichnet.

Einige Jahre lang wurden die Anhänger der Bewegung der aufständischen Städte noch strafrechtlich verfolgt. Unter den letzten, die auf dem Schafott starben, war der »tolle Bischof«, der freilich bis zuletzt verwegene Don Antonio de Acuña. Nach fünf Jahren Gefangenschaft war der damals schon über sechzig Jahre alte Bischof noch so voller Kampfeslust und Ungestüm, daß er mit einem Messer in der Faust aus seiner Zelle im Fort Simancas zu entkommen wußte, seinen Wächter niederstach und kämpfend die Außenmauern erreichte. Dort wurde er freilich überwältigt.

Darnach wurde er gefoltert und zum Tode verurteilt, doch weder die Marterungen im Folterkeller noch der Anblick des Würgepfahls brachen das stolze Selbstbewußtsein des Mannes, in dem sich so viele charakteristische spanische Eigenschaften, Tugenden und Untugenden, verkörperten.[11]

Die Wiederherstellung von Karls Autorität bedeutete gleichzeitig die Wiedergefangensetzung von Königin Johanna. Wir dürfen indessen aus den zahlreichen widersprüchlichen Berichten über Johanna aus den Jahren 1520 bis 1522 – dem Jahr von Karls Rückkehr nach Spanien – wohl den Schluß ziehen, daß Johanna nicht lange die sich ihrer selbst bewußte sowie die mit Einsicht und Erkenntnis verantwortungsvoll handelnde Persönlichkeit geblieben ist, die aus ihrer »Thronrede« spricht.

Es scheint wohl sicher zu sein, daß sie niemals einem Beschluß oder einer Maßnahme von einiger Bedeutung ihre königliche Zustimmung hat erteilen wollen. Das hat den Rat der Städte wiederholt zur Verzweiflung gebracht. Man legte Johanna die Akten vor, erläuterte ihr ausführlich, worum es sich handelte, drang in sie, ihre Unterschrift darunterzusetzen, um die Dinge ihren Fortgang nehmen zu lassen, aber sie war nicht zur Unterzeichnung zu bewegen.

Aufs neue erhob sich das Gerücht, Königin Johanna sei verhext. Man stellte fest, daß sie, manchmal Tage hintereinander, ihre Speisen unberührt stehen ließ, und man wurde außerdem gewahr, wie sie sich vernachlässigte, als ihr weibliches Personal entfernt worden war. Dieses Personal war auf ihr ausdrückliches Ersuchen hin weggeschickt worden. Sie hatte versprochen, die Beschlüsse des Städtebundes zu unterzeichnen, wenn man sie von der ihr verhaßten Gesell-

Johanna und der Bürgerkrieg 171

schaft dieser Frauen erlösen würde, doch sie kam ihrem Versprechen nicht nach und ohne weibliche Hilfe vergaß sie, sich um sich selbst zu kümmern, wie es sich gehörte.

Dieser lustlose Zustand konnte in den Augen der breiten Masse nur durch irgendeine böse Macht verursacht sein, der allein durch kräftige Zaubermittel beizukommen war ... Abermals bot man Geisterbeschwörer und Teufelsaustreiber auf, die sich jedoch vergeblich mühten, den magischen Kreis zu durchbrechen, in dem die beklagenswerte Königin eingesperrt sein sollte ...

Kardinal Adriaan von Utrecht schrieb im Oktober 1520 an Karl, er habe vernommen, daß die Königin drei Tage lang nichts gegessen habe, daß sie Schüsseln voll mit Speisen um sich herum stehen lasse und sich nicht zu Bett begebe.

Ende Oktober desselben Jahres schrieb der Marquis von Denia aus Lerma, wohin er sich auf ein Familiengut zurückgezogen hatte, nachdem er aus Tordesillas entfernt worden war, folgenden Brief an den Rat dieser Stadt:

»Sehr durchlauchte Herren. Ich habe vernommen, daß die Abgesandten des Städtebundes, die sich in Tordesillas aufhalten, die Frauen weggeschickt haben, die im Dienst unserer Königin standen, weil Ihre Hoheit ihnen versprochen hat, daß sie, wenn sie diese Frauen wegschicken würden, die Schriftstücke unterzeichnen wird. Es liegt im Interesse der Gesundheit der Königin und der Erhaltung ihres Lebens überhaupt, daß diese Frauen weiter in ihrem Dienst bleiben wie zuvor. Mit Hilfe dieser Frauen hat man allerlei Unglück wehren können, das die Königin infolge ihres seelischen Zustandes verursachen wollte. Um diesem Übel zuvorzukommen und dafür zu sorgen, daß sie ihre Seele nicht in Gefahr bringt[12], hatten meine Frau, die Marquise, und ich bestimmt, daß sich Tag und Nacht eine Frau im Gemach Ihrer Hoheit aufhalten müsse und eine weitere vor der Tür zu diesem Raum, damit, wenn Ihre Hoheit ruft oder um etwas bittet, die Frau, die sich im Gemach bei der Königin befindet, es der anderen sagen könne, so daß ständig jemand bei ihr wäre.«

Es wurde auch davon gesprochen, daß es wünschenswert sei, die Königin nach Valladolid zu bringen, als der Städtebund dort seinen offiziellen Sitz hatte, um durch die Anwesenheit der legitimen Fürstin das Ansehen des als Regierung auftretenden Exekutionskomitees zu steigern. Dies war dem Marquis von Denia zu Ohren gekommen und er bat die Gemeindeverwaltung von Tordesillas, dafür zu sorgen, daß so etwas gar nicht erst geschehe. Einer der Gründe, die der Marquis anführte, um diesen Ortswechsel zu verhindern, war, daß »durch die schlechte Versorgung der Königin sich jeder schämen müsse, der sie in ihrem Gemach sieht. Um wieviel schlimmer wäre es also, wenn man die Königin in dem Zustand, in dem sie sich befand, auf öffentlichen Straßen auftreten lassen würde . . .«

Anfang Dezember 1520, einige Monate vor der entscheidenden Schlacht bei Villalar, eroberten die Regierungstruppen Tordesillas. Der Marquis von Denia, der bei diesen Truppen weilte, nahm unverzüglich wieder seinen Posten als Schloßvogt des königlichen Palastes ein.

Nach einem Augenzeugenbericht über die Eroberung Tordesillas an Karl V. empfing Johanna die kommandierenden Offiziere und die zivilen Behördenspitzen freundlich und in aufgeweckter Stimmung. Nach demselben Augenzeugen, Don Hernando de Vega, Großkommandeur von Kastilien, soll Johanna ihnen gesagt haben, sie habe sie zu sich entboten und habe sich schon über ihr langes Ausbleiben gewundert. Nach ein paar liebenswürdigen Worten hat die Königin dann die Herren wieder entlassen.

Verschiedene dieser hochgestellten Herren gewannen den Eindruck, daß es sehr gut um Johanna bestellt sei. Sie unterhielt sich wiederholt mit ihnen, zuweilen stundenlang, vor allem mit dem »Admiral von Kastilien«, Enriquez de Cabrera, der der Meinung war, daß man, wenn man einigermaßen für Ablenkung sorge, Johanna durchaus von jenen niedergedrückten Stimmungen heilen könne, die sie immer wieder befielen.

Dieser kastilische Grande sah allerdings für Johanna eine dunkle Zukunft voraus, wenn sie wiederum den Marquis von Denia als Schloßvogt bekommen würde. Er sandte deshalb einen Boten an Karl V., um ihn seine diesbezügliche Meinung wissen zu lassen. Die Botschaft, die er seinem Kurier an Karl mitgab, lautete folgendermaßen:

»Man hat Ihnen gesagt, wir hätten im Sinn gehabt, den Schmuck der Königin zu beschlagnahmen, und daß dies der Marquis von Denia

Johanna und der Bürgerkrieg

verhindert habe. Sie hat indessen nur wenig Schmuck und noch weniger Bargeld, und weil dies so wenig ist, habe *ich* verhindert, daß ihn der *Marquis* beschlagnahmt. Ich möchte auch noch andere Dinge verhindern, die er im Widerspruch zur Gerechtigkeit tut, und zwar indem ich dafür sorge, daß er nicht Menschen gefangensetzt und bestraft, ohne sie zuvor zu verhören, und ohne daß ihm jemand Einhalt gebietet . . .

Es ist einfach rührend, zu sehen, wie es um die Infantin [Katharina] bestellt ist, daß es unmenschlich von Eurer Hoheit wäre, sie zu vergessen, denn sie ist erstaunlich weise und vernünftig für ihr Alter.«

Enriquez de Cabrera fügte noch mit Nachdruck hinzu, daß es für das Ansehen von Tordesillas ein Trauerspiel wäre, wenn Karl den Marquis von Denia auf seinem Posten als Zivil- und Militärgouverneur belassen würde. Der »Admiral« hielt die Stadt und ihre Bewohner für verloren, wenn der Marquis als bevollmächtigte Autorität im Amt bliebe. Nachdrücklich warnte er Karl, den Einflüsterungen derjenigen Gehör zu schenken, die ihm rieten, harte Strafmaßnahmen in Spanien nach der Niederschlagung des Aufstandes zu ergreifen.

Die Worte des »Admirals« hatten jedoch bei Karl V. ebensowenig Wirkung wie die flehentlichen Bitten des Kardinal-Landvogts. Auch dieser drang in seinen Briefen an Karl sehr darauf, vergebungsbereit und versöhnlich aufzutreten. Ströme von Blut hat Karl fließen lassen, um sich wegen des Aufstandes an den Städten zu rächen und um einer Wiederholung zuvorzukommen. Er zeigte sich hart und unerbittlich, um seine absolutistische Autorität zu festigen. Und ebenso hart und unversöhnlich wie er selbst waren die Männer, die er für die verantwortlichen Posten ernannte.

Einer von ihnen war der Marquis von Denia, der jetzt aufs neue die Tore von Tordesillas und die Türen des königlichen Palastes vor allen unerwünschten Besuchern verschlossen hielt und Königin Johanna für immer von der Welt absonderte.

Johanna hat seitdem die Schwelle ihres Gefängnisses nicht mehr überschritten. Mehr als dreißig Jahre hat sie noch, zumeist still und niedergeschlagen, auf den Tod warten müssen. Selten ist dieser von jemand so feurig herbeigesehnt worden und selten hat er sich so träge genähert.

Lebenslängliche Einschließung

In einem Brief der Prinzessin Katharina, die jahrelang die trübselige Existenz ihrer Mutter geteilt hat, kommt ein Satz vor, der uns eine ergreifende Vorstellung von der Gefangenschaft und dem alltäglichen Leben der beklagenswerten Königin vermittelt. Katharina bittet ihren Bruder Karl, etwas Licht in das Leben Johannas zu bringen, und schreibt ihm: »Treffen Sie doch auch Maßnahmen, daß man die Königin, wenn sie in dem Gang, von dem aus man auf den Fluß sieht, spazieren oder zum Zeitvertreib in den Saal des Palastes gehen will, nicht daran hindert, und wollen Sie auch dafür sorgen, daß die Töchter der Marquise oder ihr Personal nicht vor der Königin herlaufen, wenn sie zusammen in mein Gemach gehen . . .«

Es ist nicht zu leugnen, viele Hinweise deuten darauf hin, daß der Marquis von Denia Königin Johanna tyrannisiert hat. Seine Frau, die hochmütige Marquise, sowie seine Töchter haben die arme Königin manchmal in ihrem Gemach einschließen lassen, weil sie selbst ungestört auf dem Gang des Palastes lustwandeln wollten, mit der malerischen Aussicht auf den Fluß, wo man Pferde, Maultiere und Rinder zur Tränke führte, wo Frauen Wäsche wuschen und wo an Nachmittagen die jungen Leute spazieren gingen, unter dem ängstlich wachenden Auge von Eltern oder *dueñas*.

Die kleine Prinzessin, die vierzehn Jahre alt war, als sie den oben erwähnten Brief schrieb, hatte es weniger schwer als ihre Mutter, aber auch ihr Leben war eintönig und freudlos in dem streng bewachten Schloß unter dem harten Gefangenenaufseher mit seiner schnippischen, arroganten Gemahlin. Katharina flehte Karl an, doch Weisung zu geben, daß man sie rücksichtsvoller behandle. Sie war schließlich die Tochter der Königin und die Schwester des Königs und Kaisers, aber sie ging dürftig gekleidet, sie hatte nichts, was sie ihr eigenes Besitztum nennen konnte, »no tengo cosa propria«, und man bezeigte ihr nicht die ihr zustehenden Ehrenerweise, auf die sie doch als Prinzessin von Geblüt Anspruch erheben durfte.

Lebenslängliche Einschließung   175

Sie durfte nicht einmal frei schreiben. Der Marquis von Denia
überwachte die eingehenden und ausgehenden Briefe und hielt
davon zurück, was ihm gut dünkte. »Ich werde sehr streng bewacht,
damit ich nichts anderes schreibe als das, was er will.« Die Marquise
war wütend auf sie, »sie würde mir am liebsten die Augen auskrat-
zen«, weil Katharina an die Frau des »Admirals von Kastilien«
geschrieben hatte, einen Brief, der offensichtlich der Zensur entgangen war. Die Gemahlin von Enríquez de Cabrera war eine ebenso
große Widersacherin der Familie Denia wie dieser selbst, wie aus seinem Brief an Karl V. hervorgeht.

Die kleine Prinzessin sagt es wörtlich ihrem Bruder, dem König,
daß sie keinerlei Bewegungsfreiheit habe: »Ich habe Ihnen einige
Briefe geschrieben und sie alle so abgefaßt, wie es der Marquis und
die Marquise haben wollten.«

Mehr als ein halbes Jahr war seit der Wiedereinsetzung des Marquis von Denia in sein Amt verflossen, und schwer ließ er anderen
die Erniedrigungen entgelten, denen er während der kurzen Herrschaft des Städtebundes ausgesetzt war. Es ist ein kurzes Briefchen
von Katharina erhalten geblieben, gerichtet an ihren Onkel, einen
natürlichen Sohn von König Ferdinand, ein Briefchen, das sie aus
dem Palast herauszuschmuggeln verstand und worin sie in ein paar
dürftigen Worten ihre Not klagt. »Aber«, so fügt sie verängstigt
hinzu, »laß dem Marquis hierüber niemals etwas zu Ohren kommen...«

Das arme Kind erreichte mit ihren Briefen an Karl gar nichts. Karl
war heftig entrüstet über die kurzfristige Besetzung von Tordesillas
durch die städtische Miliz sowie über die zuvorkommende Haltung,
die seine Mutter und Schwester gegenüber den »Landesverrätern«
eingenommen haben sollen. Landesverräter...! Mit Recht hat sich
die Stadtverwaltung von Tordesillas gegen diese Bezeichnung aufge-
lehnt. Die Städte hätten doch immer die Krone unterstützt, jetzt und
ehedem, und in der Bewegung der kastilischen Gemeinden könnte
lediglich ein scharfer Protest gegen den Machtmißbrauch und die
Korruption von Karls burgundischen Ministern und Günstlingen
erblickt werden und *kein* Aufstand gegen die Krone, so schrieb die
Stadtverwaltung. Hatte der Städtebund auf dem Höhepunkt seiner
Macht nicht eine ausführliche Bittschrift an Karl gerichtet, worin die
Beschwerden, Forderungen und Wünsche auseinandergesetzt worden
waren, und worin Karl deutlich als König anerkannt und respektiert

wurde? Landesverräter . . .! Hatten sich denn nicht gerade die Städte der für die spanischen Interessen schädlichen Politik von Karls ausländischen Ministern und Ratgebern widersetzt sowie seiner überstürzten Abreise um nichtspanischer Angelegenheiten willen . . .?

Je mehr Karl darüber nachdachte, wie sehr die Städte der alten kastilischen Überlieferung verhaftet und wie sehr sie im Recht waren, um so härter wurden seine Vergeltungsmaßregeln, die er gegen die tief verwurzelte Ablehnung seines für Spanien bedenklichen Machtstrebens ergriff.

Mit bitteren Worten wirft er der kleinen Prinzessin ihre Freundlichkeit gegenüber den Führern des Städtebundes vor. Er geht sogar so weit, zu glauben, daß sie gern den galanten Bemerkungen der jungen Ritter und Offiziere der städtischen Miliz zugehört habe. Bereits früher war Karl der Meinung, das Kind sei gefallsüchtig, denn er hatte zwei Jahre zuvor geschrieben, der Marquis von Denia solle darauf achten, daß die Prinzessin weder Puder noch Crème gebrauche, sondern nur Wasser . . .

Im 16. Jahrhundert wurde lebhaft darüber gestritten, ob es sich gehöre, daß Frauen und Mädchen sich puderten und schminkten. Man zog hierbei sogar hochgelehrte Theologieprofessoren zu Rate . . . Dies hatte freilich tiefere Gründe als man bei oberflächlicher Betrachtung annehmen sollte. Die Mauren und Juden hatten es früher schon in der Herstellung von Schönheitsmitteln weit gebracht. Ihr Gebrauch soll die betreffende Person in den Verdacht andersgläubiger Neigungen oder »unsauberen« Blutes geraten lassen können. Wenn die Inquisition schon eine strafrechtliche Untersuchung gegen Menschen einleitete, die freitags oder sonnabends ein sauberes Hemd anzogen oder ein Bad nahmen, weil man darin einen maurischen oder jüdischen Reinigungsritus zu erblicken vermeinte, so konnte auch der augenfällige Gebrauch von künstlich hergestellten Schönheitsmitteln mit ihren semitischen Bezeichnungen allzu leicht Argwohn und Ärgernis bei übereifrigen Rechtgläubigen hervorrufen.

Solche Erwägungen dürften Karl nicht weiter beschäftigt haben, als er anordnete, darauf zu achten, daß die kleine Prinzessin weder Puder noch Schminke gebrauchte. Er meinte, sie sei kokett geworden, und war wegen der Folgen besorgt. Das Kind hatte doch nur einen Schimmer des mondänen Lebens gesehen, und zwar während der paar Tage, die es nach seiner Entführung in Valladolid geweilt hatte. Es ist möglich, daß es in diesen Tagen, die einen Höhepunkt in seinem

Lebenslängliche Einschließung

kleinen Leben gebildet hatten, so viel kindliche Freude beim Tragen der eigenen neuen hübschen Kleider und beim Anblick der mit prächtigen Toiletten »aufgemachten« Damen des Gefolges des Bruders und seiner Schwester empfunden hat, daß es sich in der trübseligen Einsamkeit von Tordesillas wohl einen Spaß aus der naiven Anwendung von Toilettengeheimnissen gemacht haben dürfte. Es hatte jedoch nicht den geringsten Anlaß zu besonders aufmerksamer Überwachung seines Verhaltens gegeben.

Die jetzt fast vierzehn Jahre alte kleine Prinzessin sah entzückend aus. Lope Hurtado schrieb im Dezember 1520 aus dem soeben wiedereroberten Tordesillas, daß Katharina die liebreizendste Jungfrau der Welt, »la más gentil dama del mundo« sei. Karl, der bereits als fünfzehnjähriger Knabe einer bei seiner älteren Schwester Leonora aufkeimenden Liebe entgegengewirkt hatte, hat vielleicht durch derartige Wahrnehmungen Argwohn gegenüber der jüngsten Schwester gefaßt, einen Argwohn, der durch bösartige Einflüsterungen noch verstärkt worden ist.

Der Ton in seinen Briefen an die kleine Katharina klingt gekränkt, und es geht daraus hervor, daß sie von Karl keine Veränderung zum Guten in ihrem freudlosen Dasein zu erwarten hatte. Der Marquis von Denia schrieb außerdem an Karl, es sei wünschenswert, daß er, Karl, die Prinzessin zum strikten Gehorsam gegenüber ihrem Bewacher und dessen Gemahlin anhalte.

Noch fünf Jahre sollte sie das trostlose Leben in Tordesillas mitmachen, ohne die Erholung und Vergnügungen, auf die sie bei ihrer Jugend Anrecht hatte, verdrießlich gestimmt, weil ihr die einfachsten und unschuldigsten Gebärden zur Aufheiterung ihres langweiligen, bedrückenden Daseins verkehrt und zu ihren Ungunsten ausgelegt wurden. Manchmal hatte sie, mit ihrem Gesicht gegen die Fensterscheibe gedrückt, den Kindern, die am Fluß spielten, zugewinkt, damit sie näher kamen, und sie hatte ein paar Geldstücke nach draußen geworfen, um sich an ihrem Herumtollen und ihren Purzelbäumen zu erfreuen, aber der Marquis hatte es untersagt. Sie wuchs vom Kind zum Mädchen heran, ohne freien, anregenden Umgang mit jungen Leuten ihres Alters, bis sie das Gefängnis ihrer Mutter verließ, um die Gemahlin König Johanns III. von Portugal zu werden, der Anweisung ihres Bruders folgend, in dessen politischen und finanziellen Kombinationen diese Heirat eine Rolle spielte.

Über Johanna vernehmen wir seit der Niederwerfung des Aufstandes der Städte nichts anderes als Berichte über ihren immer schwächer werdenden Geisteszustand.

Der Marquis von Denia schrieb im Sommer 1521, daß es einige Monate gedauert habe, bis man Johanna wieder an ihr weibliches Dienstpersonal hatte gewöhnen können. Man hatte sie regelrecht zwingen müssen – offenbar abermals unter Anwendung von Gewalt – sich gefallen zu lassen, von ihrem Personal gesäubert zu werden, und es kostete Mühe, sie zu geregelten Mahlzeiten zu veranlassen. Ebenso wie Johanna sich der Pflege ihrer Person widersetzte, weigerte sie sich auch wiederholt, sich an den Tisch zu setzen und zu essen oder abends zu Bett zu gehen. Alle Berichte des Marquis von Denia und später seines Sohnes laufen darauf hinaus. Sie sprechen entweder von der Apathie der Königin oder von ihren Zornesausbrüchen. Wir bleiben so gut wie ohne Kenntnis von Perioden geistiger Klarheit, die es zwischen diesen Anfällen von Schwermut und Zorn gegeben hat. Wir verfügen insoweit nur über lose verstreute Bemerkungen in den Briefen über sie oder die eine oder andere kurze Mitteilung eines Besuchers.

Einige Jahre nach dem Aufstand der Städte stattete Don Fadrique Enríquez de Cabrera, der »Admiral von Kastilien«, Johanna wiederum einen Besuch in Tordesillas ab. Er schrieb danach, daß Johanna sehr unzufrieden sei über die Art und Weise, wie sie der Marquis behandele. Der Mann ärgere sie in so hohem Maße, daß, so schreibt Don Fadrique, das Hören seiner Stimme ihr mehr Verdruß bereite als die Abreise ihrer Tochter, die doch ihr einziger Trost in ihrem traurigen Dasein gewesen war.

Aus den spärlichen Mitteilungen, die uns nach 1525 vorliegen, wissen wir, daß die heftigen Szenen im königlichen Palast sich häuften. Johanna rannte zuweilen aus ihrem Zimmer heraus und fing dann auf dem Gang an zu schreien. Man mußte Gewalt anwenden, um sie in ihr Zimmer zurückzubringen. Der Marquis bekennt, daß er gezwungen sei, Gewalt anzuwenden.[1] Darauf wurde Johanna wieder für einige Zeit fügsam.

Gegenüber der Gewalt scheint Johanna freilich ihre Zuflucht auch zum passiven Widerstand genommen zu haben. Fünf oder sechs Tage hinteinander weigerte sie sich dann, etwas anderes zu essen als Brot und Käse. Der Marquis erblickte darin eine bewußte Aufsässigkeit, absichtlichen passiven Widerstand, ein hysterisches Verhalten also, mit der Absicht, etwas durchzusetzen. Es ist indessen auch mög-

Lebenslängliche Einschließung

lich, daß Johanna während einer Periode von Schwermut zu nichts anderem Lust verspürt hat. Nach anonymen Mitteilungen aus jener Zeit soll Johanna gewöhnlich auf dem Fußboden sitzend gegessen haben. Man reichte ihr die Schüsseln und Teller um die Ecke durch die Tür, denn Johanna warf sie, wenn sie in böser Stimmung war, ihrem Personal an den Kopf ...

In demselben anonymen Bericht über Johanna, der ganz bestimmt von jemand herrührt, der Zeuge ihres Lebens gewesen ist, kommt allerdings auch die vielsagende Mitteilung vor, Johanna habe weder Papier noch Tinte in ihrem Besitz haben dürfen. Der Marquis von Denia fürchtete also, daß heimlich Briefe von ihrer Hand nach draußen gelangen konnten. Auch lesen wir in dieser Chronik über bezeichnende kleine Beispiele von Mangel an Wohlwollen, liebevollem Verstehen und Anstand auf seiten des Marquis von Denia.

Wie trostlos das Bild von Johannas Zustand auch gewesen sein mag, das uns aus diesem Bericht sowie aus den Briefen des Marquis an Karl V. entgegentritt, so können wir aus einigen Wahrnehmungen doch erkennen, daß sich Johanna nicht andauernd in diesem abnormal apathischen oder überreizten Zustand befunden hat, sondern daß es zwischendurch Perioden gab, in denen sie Interesse zeigte für ihre Umgebung, um Auskünfte über das Leben ihrer Kinder bat und offensichtlich ruhigen und lichten Geistes war.

Ihre Lebensweise, eingeschlossen in ein meist im Dunkeln gehaltenes Zimmer, ohne Ablenkung, ohne irgend etwas, das sie anregte oder ihr neues Interesse einflößte, hat schicksalsträchtig auf sie eingewirkt. Vor allem der Weggang ihrer Tochter, die allein sie noch mit dem Leben verband, hat betrübliche Folgen für sie gehabt. Johanna war dadurch inmitten ihrer unfreundlichen Umgebung ihren trübsinnigen Grübeleien noch mehr ausgeliefert und wurde noch weniger gezwungen, gegen ihre Gleichgültigkeit anzukämpfen.

Es ist ein langer Leidensweg geworden bis hin zu ihrem Tod. Einige Jahre vor ihrem Tod wurde eines ihrer Beine von Lähmung ergriffen, so daß sie meist das Bett hüten mußte. Wegen ihrer Abneigung gegenüber Hilfe und der eigenen Nachlässigkeit bei der Körperpflege bekam sie als Folge von Verschmutzung einen Ausschlag. Die zu eiternden Wunden gewordenen Pusteln mußten schließlich ärztlich behandelt werden. Die Heilkunst jener Tage verfügte in solchen Fällen über keine anderen zweckmäßigen Mittel als das Ausbrennen mit glühendem Metall. Diese Behandlung muß für Johanna,

die sich seit Jahren gegen jede körperliche Berührung zur Wehr
setzte, eine fürchterliche Qual gewesen sein, weil ihr ihre Bedeutung
entgangen ist. Das letzte bißchen Licht, das noch in ihrem Geist
schimmerte, ist vielleicht während dieser Behandlung verlöscht.

Anderen Angaben zufolge sollen Johannas Beine zwei Jahre vor
ihrem Tode sehr angeschwollen gewesen sein. Um die Schmerzen zu
mildern, die diese Schwellung verursachte, war ihr der Gebrauch
heißer Bäder verschrieben worden. Wie schlecht anscheinend die alte,
schwachsinnige Frau gepflegt wurde, geht auch daraus hervor, daß
man ihr einmal so heißes Wasser verabreicht hat, daß sie sich die
Füße ernstlich verbrannte. Die dadurch entstandenen Wunden sollen
in Eiterung übergegangen sein, und hierauf soll kalter Brand dazuge-
kommen sein. Johanna muß derartige Schmerzen erduldet haben,
daß sie laut schrie. Am Ende dieses Kapitels erscheint eine diesbezügliche Erklärung des Arztes, der sie behandelt hat.

Über ihre letzten Lebensjahre haben wir ein paar zuverlässige
Dokumente einiger Geistlicher, die ihr beigestanden haben. Einer
von ihnen ist Francisco de Borja, Franciscus Borgias, der dritte
General des Jesuitenordens, den die katholische Kirche heiliggespro-
chen hat. Pater Francisco, einstmals der glänzende Herzog von Gan-
día und einer der vornehmsten Edelleute am Hofe Karls V., hatte
sich aus dem weltlichen Leben zurückgezogen und war in den jungen
Orden des Ignatius von Loyola aufgenommen worden. Im Frühjahr
1552 hat er Königin Johanna verschiedene Male besucht, für die er
kein Fremder war. Sie hatte ihn herzlich empfangen, und auf Bitten
von Prinz Philipp, dem Regenten von Spanien, der sehr beunruhigt
war über die hartnäckigen Gerüchte hinsichtlich Johannas Abwen-
dung von der Religion und der Weigerung, ihren kirchlichen Pflichten nachzukommen, hat sich Pater Francisco wiederholt und des längeren mit ihr darüber unterhalten, auch in den folgenden Jahren.

Über diese Gespräche hat Pater Francisco einen ausführlichen Bericht an ihren Enkel, den späteren König Philipp II., gesandt.

Wir geben diesen Bericht hier wieder, einmal, weil er von einem
glaubwürdigen Mann mit großer Bildung stammt – der heilige
Franciscus Borgias ist einer der Schöpfer des jesuitischen Unterrichts-
systems, das eine typisch spanische Erscheinung der Renaissance
ist[2] –, zum anderen, weil sein Verfasser ein namhafter Edelmann
war, für den Johanna Sympathie empfand und mit dem sie vertrau-
lich wie mit ihresgleichen sprach.

Lebenslängliche Einschließung   181

»Ihrem Königlichen Befehl zufolge haben Doktor Torres und ich der Königin einen Besuch abgestattet. Die Königin hatte schon zwei- oder dreimal nach mir gefragt, und wie man glaubt, geschah dies, um die Antwort zu erfahren, die Sie, ihre Angelegenheiten betreffend, erteilt hatten. Dadurch, daß sie mich rufen ließ, gab sie also zu erkennen, daß sie von mir zu erfahren wünschte, was in dieser Hinsicht getan worden ist. Ich sagte ihr, wie viel guten Willen Sie bewiesen, um sie zufriedenzustellen, und ich ließ mich sehr ausführlich darüber aus. Sie gab hierauf zu erkennen, daß sie darüber sehr befriedigt sei. Ich meinte daher Anlaß zu haben, durchblicken zu lassen, wie sehr Sie es bedauerten, daß sie ein derart [schlechtes] Beispiel gab durch ihre Lebensweise, vor allem in dieser Zeit, da Sie mit so viel katholischer Begeisterung die Dinge in England angepackt haben, um dieses Königreich wieder zum katholischen Glauben zurückzuführen![3] Was sollen denn die Bewohner Englands anderes sagen, als daß sie angesichts der Tatsache, daß Ihre Hoheit ohne Messen, ohne Heiligenbilder und ohne Sakramente lebt, dies auch tun könnten, denn um die Dinge des katholischen Glaubens ist es doch so bestellt, daß das, was einem erlaubt ist, allen erlaubt ist.

Zum Schluß habe ich Ihre diesbezüglichen Empfindungen ausführlich auseinandergesetzt und aus diesem Anlaß habe ich in aller Bescheidenheit darauf gedrungen, daß sie ihre bisherigen Fehler verbessert, vor allem in dieser Zeit, und dies um so mehr, als Ihre Hoheit hier stets dazu angehalten wird, ihren königlichen Pflichten nachzukommen. Nachdem sie mir sehr aufmerksam zugehört hatte, gab sie mir zur Antwort, daß sie früher gewöhnt war, zur Beichte und zur Kommunion zu gehen, und daß sie damals zur Messe ging, Heiligenbilder besaß und aus gutgeheißenen Gebetbüchern betete, die ihr ein Dominikanermönch gegeben hatte, der Beichtvater der Katholischen Könige war. Sie würde das alles auch wieder tun, wenn ihre Gesellschaft es nur zulassen würde. Denn kaum habe sie mit der Lektüre von Gebeten begonnen, da habe man ihr das Buch aus den Händen genommen, sie ausgescholten und über ihre Gebete gespottet. Man bespucke die Heiligenbilder, die sie besitze, einen heiligen Dominikus, einen heiligen Franziskus, einen heiligen Petrus und einen heiligen Paulus, und in das Weihwasser schütte man allerlei Schmutz. Wenn die Messe gelesen werde, würden sie sich ohne jede Ehrerbietung vor den Priester stellen, das Missale umdrehen und ihm befehlen, alles das zu sagen, was sie wollten. Deshalb habe sie den Rat erteilt, das Allerheiligste in den Kirchen aufzubewahren, denn darauf hätten sie es abgesehen. Auch habe man öfters versucht, ihr die Reliquien und das Kruzifix abzunehmen, das sie jetzt noch bei sich trage. Als ich Ihrer Hoheit sagte, ich zweifelte daran, daß es jene Damen seien, die so etwas tun, erwiderte sie: ›Sie können es sehr wohl sein, denn sie sagen, sie seien die Seelen von Verstorbenen.‹ Zum Beweis dessen sagte sie mir u. a., daß Ihre Hoheit[4], als sie einmal zu ihr zu Besuch gekommen sei und auf ihrem Stuhl gesessen habe, gesehen habe, daß die Damen dies taten und sie ebenso schlecht behandelten wie sie selbst.

Bei anderen Besuchen hat sie mir erzählt, daß die Frauen einfach zu ihr ins Zimmer kämen, wobei die eine sage, sie sei der Graf von Miranda, und die andere, sie sei der Großkommandeur. Sie erzählte mir weiter, daß ihr die Frauen dann mit Geringschätzung begegnen und sie als Hexe beschwören würden. Während dieses ganzen Gesprächs, das eine Stunde dauerte, irrte sie nicht vom Thema ab und machte sachdienliche Bemerkungen. Ein- oder zweimal beschwor sie etwas bei ihrem Glauben und sagte: ›Ich meine bei meinem, nicht bei dem an Gott.‹ Sie erzählte mir all das soeben Ausgeführte zu dem Zweck, daß ich es Ihrer Hoheit mitteile, und sagte: ›Angesichts der Tatsache, daß es so um mich bestellt ist, sollen sie nicht noch länger daran beteiligt sein, sondern ihr übles Tun bekennen und sich wie Christen betragen, denn wenn man mich von dieser Gesellschaft befreit, werde ich auch beichten und zur Kommunion gehen.‹ Ich gab Ihrer Hoheit zur Antwort, daß man Weisung geben werde, solch üble Gesellschaft zu entfernen, und daß, wenn es wirklich ihr weibliches Personal sei, das so etwas tut, der Heilige Hof der Inquisition es gefangennehmen würde, denn das, was mir Ihre Hoheit erzählte, sei ein Fall von Ketzerei, und auf die eine oder andere Weise würde man die notwendigen Maßnahmen ergreifen. Als ich mich erkundigte, ob Ihre Hoheit die Glaubensartikel für wahr halte mit allem, was die katholische Kirche vorschreibt, sagte sie: ›Wie sollte ich das nicht glauben können? Natürlich glaube ich das.‹ Als ich im weiteren Verlauf fragte, ob sie glaube, daß Gottes Sohn in die Welt gekommen ist, um uns zu erlösen ... usw., und ob sie in diesem katholischen Glauben leben und sterben wolle, bejahte sie dies und sagte, sie wünsche zu beichten und zur Kommunion zu gehen, wenn man die Hindernisse dafür beseitigen wolle.«

Lebenslängliche Einschließung   183

Die Beschreibung dieses Gesprächs macht einen glaubwürdigen Eindruck. Die ursprüngliche Eifersucht von Königin Johanna, die sich später in Widerwillen gegen alle weibliche Gesellschaft verwandelte, hat jetzt deutlich den Charakter einer Wahnvorstellung angenommen. Ihre frühere Lauheit oder Gleichgültigkeit in religiösen Dingen, worin einige einen bestimmten Antikatholizismus gesehen haben, hat auf ihre alten Tage auch Äußerungsformen angenommen, die auf einen gestörten Geisteszustand hinweisen. Abgesehen jedoch von diesen Wahnvorstellungen machte Johanna auf Pater Francisco den Eindruck eines Menschen, der mit Aufmerksamkeit und Verständnis zuhörte und ein regelrechtes Gespräch führen konnte. Sie unterhielt sich des weiteren mit Doktor Torres, der soeben aus Portugal eingetroffen war und ihr Nachrichten von ihrer Tochter Katharina, der Königin, überbrachte. Sie bat um nähere Einzelheiten und hörte den Darlegungen von Doktor Torres zu. Doch zweifelte Pater Francisco nicht daran, daß Johanna »schwachen Geistes« war, und daß diesem Leiden nicht abzuhelfen sei. Er schlug indessen vor, ihr zu Willen zu sein und ihr den Ärger über diese weibliche Gesellschaft zu ersparen. Wohl sah der heilige Franciscus Borgias ein, daß alles, was Johanna diesbezüglich behauptete, Einbildung, »illusiones«, und Halluzinationen, »visiones malignas«, waren, aber dennoch hielt er es um ihrer Gemütsruhe und ihres Seelenheils für besser, sich in dieser Hinsicht völlig nach ihrem Willen zu richten.

Zwei Jahre später, im Frühjahr 1554, kam Pater Francisco auf Bitten von Prinz Philipp nochmals nach Tordesillas, um Königin Johanna zu besuchen. Philipp bereitete sich auf eine Reise nach England vor, gehorsam dem Wunsch seines Vaters, der – zu spät – eingesehen hatte, daß die Verbindung von Spanien mit der Politik Mitteleuropas von schicksalhafter Natur für sein Land war, und daß die Interessen Spaniens im Westen lagen. Aus diesem Grund wollte er nicht, daß sein Sohn sowohl König von Spanien als auch Deutscher Kaiser würde, sondern er suchte Spanien und England in ein persönliches und politisches Verhältnis zueinander zu bringen, da beider Länder Zukunft auf dem Atlantischen Ozean lag. Philipp mußte deshalb die Ehe mit Maria von England eingehen, worin er einwilligte, obgleich er damit eines der größten persönlichen Opfer seines Lebens gebracht hat. Bevor er Spanien verließ, bat er Pater Francisco erneut, die alte Königin aufzusuchen, die wieder in ihre Lauheit in religiösen Dingen verfallen war, worüber sich der junge Prinz Sorgen machte angesichts des hohen Alters seiner Großmutter, denn er hielt es für möglich, daß sie ohne die Gnadenmittel der Kirche hinscheiden würde.

Auch über diese zweite Besuchsreihe des heiligen Franciscus Borgias bei Königin Johanna ist ein ausführlicher Bericht an Philipp aus seiner Hand bewahrt geblieben. Er lautete folgendermaßen:

»Der Antwort, die Euer Hoheit hat erteilen lassen, sowie den Vorkehrungen, die Sie insoweit haben treffen lassen, zufolge hat man Weisungen gegeben, daß die für den Dienst zuständigen Damen nicht mehr bei Ihrer Hoheit eintreten. Man hat den Männern, die jetzt mit der Bedienung betraut sind, befohlen, der Königin, wenn sie nach diesen Frauen fragen sollte, zu antworten, es würde öffentlich behauptet, daß sie verhaftet oder gefangengesetzt worden seien und deshalb nicht mehr zum Personal Ihrer Hoheit gehören. Hierauf habe ich unserer Königin Ihre Antwort übermittelt und sie gleichzeitig in Kenntnis gesetzt, mit wieviel Verdruß Sie vernommen hätten, daß ihr die Damen soviel Ärger und Mühe bereitet haben, und daß man deshalb die oben erwähnten Maßregeln getroffen habe. Ich machte hiervon viel Aufhebens und führte ihr deutlich vor Augen, welch großen Dienst man ihr damit erwiesen habe. Sie nahm dies wohlwollend auf und gab zu erkennen, daß ihr damit sehr gedient und daß sie darüber sehr froh sei. Während sie sich insoweit in Freude wiegte, lenkte ich das Gespräch auf den Punkt, auf den es ankam, und der für das gewünschte Ziel wesentlich war. Ich flehte Ihre Hoheit also an, daß sie, da nun die hinderliche Last dieser Damen von ihr genommen worden ist, jetzt so gut sein möge, ihre katholische Gesinnung wirklich zu zeigen, da ja die Hauptursache, derentwegen sie ihr keinerlei Äußerung verliehen habe, verschwunden sei. Sie erwiderte mir darauf, daß das richtig sei, und daß sie vorhabe, es zu tun. Bei dieser Gelegenheit bat ich sie flehentlich, doch des öfteren zu bekunden, daß sie im katholischen Glauben leben und sterben wolle, und sie stimmte abermals zu. Auch bat ich sie inständig, am folgenden Morgen zur Messe zu gehen, und daß sie genehmigen solle, das Haus mit Weihwasser zu besprengen, und zwar der Hexen wegen, die sie zuvor gesehen hatte. Auch das gestand sie zu und ließ ihrem Wort tags darauf die Tat folgen. Man war nicht wenig erstaunt, daß sie einverstanden war, Weihwasser hereinzu-

Lebenslängliche Einschließung 185

bringen und den Küster das Haus damit besprengen zu lassen. An beiden folgenden Tagen ist sie auch zur Messe gegangen, und wenn sie ihr Gemach nicht verläßt, empfindet sie es als sehr angenehm, daß man dann die Messe auf dem Gang liest. An einem dieser Tage kam ich dazu, als die Messe gerade zu Ende war, und ich sagte Ihrer Hoheit unter anderem, daß sie ohne weiteres hätte exkommuniziert werden können, sei es, weil sie so lange Zeit nicht gebeichtet habe, sei es, weil sie Umgang mit diesen Hexen gehabt habe, ohne darüber etwas zu erwähnen, oder wegen anderer daraus hervorgegangener belastender Umstände. Ich sagte ihr weiter, ich erachtete es für notwendig, daß Ihre Hoheit, um ganz sicherzugehen, von diesem Bann absolviert werden müsse, angenommen, sie habe ihn sich auf den Hals geladen. Darauf erwiderte mir Ihre Hoheit: ›Es ist jetzt zwei Jahre her, daß Sie mir auch Absolution erteilt haben.‹ Ich gab zurück: ›Gewiß, Señora. Dessen erinnern sich Eure Hoheit ja gut, aber ich habe Ihnen damals keine Absolution von der Exkommunizierung erteilt, sondern nur Absolution von kleineren Sünden.‹ Da sie jedoch auf Absolution bestand, bin ich aufgestanden und habe sie ihr erteilt. Hierauf habe ich die Evangelien des heiligen Johannes und des heiligen Markus vorgelesen. Die Königin folgte allem aufmerksam und leutselig, und zwar so, daß sie mich fragte, ob es fromme Sitte sei, nach der Erteilung der Absolution die Evangelien zu lesen. Ich sagte ihr, dies sei sogar so gut, daß ich ihr den Rat erteile, dies oft zu tun. Damit hatte das Gespräch an diesem Morgen sein Bewenden. Nachdem ich gegangen war, wollte sich Ihre Hoheit noch ein wenig auf dem Gang hin und her bewegen und sah bei dieser Gelegenheit einige Decken, die auf den Altar gelegt worden waren, damit dieser etwas gefälliger aussieht, und auch ein mit Gold besticktes Tüchlein mit dem Mysterium der Anbetung der Heiligen Drei Könige darauf. Das ärgerte sie jedoch, und sie ließ sie entfernen, weil sie dies für eine Neuerung hielt. Sie sagte, es passe nicht gut zu dem violett-roten Kleid, das sie jetzt gewöhnlich trägt. Sie regte sich darüber derartig auf, daß es, auch wenn wir zwei Stunden lang dagegen anzugehen versuchten, erfolglos war. Schließlich geschah, was sie anordnete, weil sie nicht essen wollte, wenn man die Decke nicht entfernen würde, und weil es ja auch nicht von wesentlicher Bedeutung war, mag es auch als passende Verzierung des Altars erwünscht sein. Dann wurde sie wieder gelassener. An einem anderen Tag fragte sie mich einmal, ob man etwa versuche, die Damen wieder zurückkommen zu lassen, und sie gab zu erkennen, daß ihr das gar nicht gefallen würde. Um sie in diesem Punkt, von dem aus man so viel Einfluß auf sie ausüben kann, zufriedenzustellen, sagte ich ihr, daß ein sehr frommer Mann ausgesucht worden sei, jemand, dessen Großeltern den Katholischen Königen persönlich gedient haben, der sich eiligst zu ihr begeben werde, um diese Angelegenheit des weiblichen Personals mit ihr zu besprechen, denn dazu habe er Weisung. Dies sagte ich, um Pater Luís de la Cruz schon die Wege zu ebnen und ihm einen wohlwollenden Empfang bei Ihrer Hoheit zu sichern, denn er wird hier bleiben müssen, wenigstens für geraume Zeit. Nachdem sie mich hierauf über viele Pater Luís betreffende Einzelheiten befragt hatte, zeigte sie sich davon sehr angetan. So ist der Lauf der Dinge gewesen, bis Euer Hoheit selbst gekommen ist. Im übrigen werde ich mich, weil Sie sich selbst an Ort und Stelle ein Urteil haben bilden können, darauf beschränken, zu erklären, daß man angesichts der Gemütsverfassung der Königin und der Tatsachen, die sie mir selbst erzählt hat, sie habe seit der Gefangensetzung ihres weiblichen Personals keine der früheren Erscheinungen mehr gehabt, in dieser Hinsicht wohl anders urteilen muß als es zuvor geschehen ist. All das müssen wir als Einbildung und Schwachsinn ansehen, und es kommt von der Krankheit, an der Ihre Hoheit schon so viele Jahre leidet. Deshalb sollte man, sobald der genannte Pater Luís angekommen ist, das weibliche Personal wieder in Dienst nehmen, und man könnte dann sagen, daß man es keiner Übeltat bezichtigen kann. Man muß alles so gut wie möglich anstellen, so daß sie die Damen wieder mit aller Ruhe um sich duldet.«

Pater Francisco sah weiter keine Möglichkeit, etwas an dieser Lage zu ändern. Das einzige wäre, alles in Gottes Hand beruhen zu lassen, denn »die Krankheit ist so tief verwurzelt, daß das beste, was man tun kann, ist, dafür zu sorgen, daß immer jemand zur Stelle ist, der, wenn es Gott gefällt, das Wasser Seiner Gnade zu senden, dieses mit den allerbesten Mitteln auffängt«. Er hielt es bereits für einen Trost, daß man fünf Dinge mit Johanna erreicht habe, nämlich daß sie ihren katholischen Glauben bekannte, zur Messe gegangen war, Weihwasser hat sprengen lassen, und daß man ihr die Absolution hat erteilen sowie die Evangelien hat vorlesen können.

Philipp hat sich damit abgefunden. Bevor er nach England auf-

Lebenslängliche Einschließung 187

brach, hat er sich nach Tordesillas begeben, um sich selbst ein Urteil über den Zustand zu bilden, in dem seine Großmutter verharrte. Der siebenundzwanzigjährige junge Mann offenbarte dabei einen Charakterzug, der ihm sein ganzes Leben lang verblieben und sowohl eine seiner großen Tugenden als auch eine große Schwäche gewesen ist, nämlich den Willen, sich selbst mit Hilfe der verfügbaren Gegebenheiten und, wenn nötig, durch neue Augenscheinnahme eine Meinung zu bilden und dementsprechend zu handeln. Seine Selbständigkeit hinsichtlich der Behandlung Johannas kommt auch dadurch zum Ausdruck, daß er sich entschieden weigerte, einen neuen exorzistischen Versuch zuzulassen oder Personen, die sogenannte Macht über den Teufel und böse Geister hatten, in der Nähe der betagten Königin zu dulden. Philipp, der ein eifriger Leser der Schriften von Erasmus von Rotterdam gewesen ist und ein feines Gefühl für Ironie besessen hat, wollte von keiner Wiederholung der teils törichten, teils traurigen Szenen mißglückter Beschwörungen oder Austreibungen von früher etwas wissen.

Im Mai 1554 kam der Mönch Luís de la Cruz, Ludwig vom Kreuz, in Tordesillas an. Pater Francisco legte ihm so gut es ging die diskrete Aufgabe dar, die seiner als geistlicher Berater von Königin Johanna harrte. Mitte Mai schrieb dieser Mönch an Philipp folgenden Brief:

»Kaum nachdem ich hier angekommen bin und von Pater Francisco die nötigen Auskünfte erhalten habe, bin ich zur Königin gegangen. Ihre Hoheit fragte mich, ob ich die Damen ihres Haushaltes sicher hinter Schloß und Riegel wüßte, und sie drang bei mir darauf, sie streng zu bestrafen. Zu diesem Behufe erzählte mir Ihre Hoheit zahllose Dinge, die jene gegen sie in böser Absicht unternommen hätten, daß sie sie am Gebrauch der Sakramente, an der Lektüre der Stundengebete, am Rosenkranzgebet, am Besuch der Messe und Weihwassergebrauch gehindert und sie verhöhnt hätten. Dieses Wort wiederholte Ihre Hoheit oft. Ich gab ihr zur Antwort, die Freiheit und Vermessenheit, deren sich diese Frauen zu ihrem, der Königin, Ärger bedient hätten, rührten von der Tatsache her, daß sie sahen, wie Ihre Hoheit die Sakramente nicht gebrauchte und sich nichts an den Dingen unserer Religion, die dazu vorgeschrieben sind, gelegen sein ließ. Sie antwortete mir, daß dem wohl so sei, aber daß sie dies alles in so einer Gesellschaft nicht habe tun können. Dann erklärte sie mir: ›Sagen Sie einmal, Pater, in allem Ernst, sind Sie der Enkel von Juan Velázquez?‹[5] ›Gewiß, Señora.‹ ... ›Ich danke Ihnen sehr‹, gab sie darauf zurück, ›daß Sie bereit waren, hierher zu kommen, um sich dieser Angelegenheit anzunehmen, denn ich vertraue darauf, daß es jetzt nicht mehr so zugehen wird wie bisher, daß man diese Frauen entfernt, um sie dann drei Tage später wieder auf mich loszulassen, denn so kann einer nichts für sein Seelenheil tun.‹ Ich erwiderte ihr: ›Señora, wir, die wir durch den Kaiser und den Prinzen hierher versetzt worden sind, vermögen mehr, um Eurer Hoheit zu Diensten zu sein und Ihnen Ruhe zu verschaffen, als diese Frauen, die Sie behindern, aber warum helfen Sie sich denn selbst nicht dadurch, daß Sie Ihrerseits das tun, was Sie als katholische und christliche Königin und unsere Landesmutter zu tun verpflichtet sind? Wie können wir, Ihre Dienstknechte, Ihnen dienen und Sie zufriedenstellen, wenn Sie dies selbst auf diese Weise behindern?‹ Ihre Hoheit antwortete darauf: ›Wirklich, Pater, Sie haben unrecht, darauf derart zu dringen. Tun Sie und der Prinz, der Sie, wie Sie sagen, hierher gesandt hat, doch das, was Ihre Pflicht ist, nämlich diese Scheusale und schamlosen Wesen zu bestrafen. Das andere können Sie mir selbst überlassen. Dafür werde ich schon sorgen.‹ Darauf begann Ihre Hoheit aufs neue wie schon eingangs zahllose Übergriffe ihres weiblichen Personals zu erzählen. Ich ließ nicht locker und nahm zu diesem Zweck meine Zuflucht zu allen menschlichen und göttlichen Hilfsmitteln, aber Ihre Hoheit beharrte auf ihren Beschuldigungen. So vergingen zwei Stunden. Ich bin dann nochmals zurückgekommen, und obwohl Ihre Hoheit, weil ich sie mit allem Nachdruck angefleht habe, sämtliche Mysterien unseres Herrn Jesus Christus und unseres katholischen Glaubens aufsagte, hat sie auch so viele eigenartige Dinge gesagt, woraus hervorgeht, wie wirr durcheinander sie ist, so daß ich darüber heftig erschrocken bin. Denn sie hat mir eine lange Geschichte erzählt von einer Katze aus Algier, wie diese die kleine Prinzessin von Navarra und unsere Königin Isabella aufgefressen und den Katholischen König gebissen habe, und sie erzählte noch eine Menge ähnlicher Dinge. Das weibliche Personal habe diese bösartige Katze in den Palast geholt, und diese befände sich jetzt ganz in der Nähe ihres Gemachs, um ihr ebensoviel Böses anzutun, wie diese Frauen das gemeinhin täten. Ihre Hoheit erzählte diese Geschichte mit so viel Behagen, daß sie mich

Lebenslängliche Einschließung 189

niedersetzen und es mir bequem machen ließ, und sie sagte mir noch, wie sehr sie sich über mein Kommen freue. Sie befahl mir angesichts der Tatsache, daß ich derartige Dinge über diese Frauen hörte, sie streng zu bestrafen, und noch viele andere Dinge erzählte sie mir. Nachdem ich dies alles sehr ernst erwogen habe, erdreiste ich mich, meine Meinung hierzu zu äußern. Ich halte dafür, daß ich es so, wie es um die Königin steht, für unmöglich erachte, sie zum Gebrauch der Sakramente zu verpflichten. Angenommen, Ihre Hoheit möchte sie empfangen, so meine ich, daß kein einziger Christ gefunden werden kann, der es wagen würde, sie ihr zu reichen, ohne dabei zu denken, eine Schändung des Heiligen zu begehen. Weiterhin bin ich überzeugt, daß Ihre Hoheit derart guten Glaubens ist und so gänzlich unschuldig, daß man sie eher beneiden als beklagen muß.«

Pater Luís de la Cruz sah keinen Nutzen darin, mit Johanna über geistliche Dinge zu sprechen, und verließ mit Billigung des Marquis von Denia und von Pater Francisco Borja Tordesillas. Für ihn gab es keinen Zweifel mehr: die Königin war bestimmt gestört in ihrem Geisteszustand. Wir verfügen über keinerlei Unterlagen, um herauszufinden, welche tiefverborgenen Ängste, Sehnsüchte und quälende Gedanken sich in der symbolischen Form der algerischen Katze geäußert haben, die eine kleine Prinzessin aus Navarra und Königin Isabella verschlang und König Ferdinand biß. Man *könnte* dabei denken an Widerwillen gegen und Furcht vor Kardinal Cisneros, für den die königliche Familie niemals große Freundschaft gehegt hatte, und mit dem sowohl Isabella und Ferdinand als auch Johanna häufiger auf gespanntem Fuß gelebt haben. Cisneros war gescheit und geduldig, zwei Eigenschaften, die man in der spanischen Umgangssprache gern mit »gato«, soviel wie Katze, wiedergab und noch wiedergibt. »Algier« könnte denken lassen an die militärische Expedition Cisneros' während seiner Regentschaft, die damals viel Staub aufgewirbelt hat. Wir können uns allerdings nicht an eine ernsthafte Analyse der Wahnvorstellung Johannas heranwagen, weil wir im Dunkeln tappen.

Pater Luís de la Cruz hielt es indessen für unnötig und sogar nicht einmal für ratsam, bei Johanna des längeren auf die Erfüllung ihrer kirchlichen Pflichten zu dringen. Pater Francisco schrieb diesbezüglich noch an Philipp, um ihn von dem Befund des Mönches in Kenntnis zu setzen und seine eigene Ansicht zu schildern. Er erzählte, er habe soeben erst erfahren, daß Johanna vor Jahren einmal ein paar geweihte Kerzen, die man ihr gegeben hatte, wütend weggeworfen habe, weil sie, wie sie sagte, stänken. Johanna wußte nicht, daß die Kerzen geweiht waren, das hatte man ihr nicht gesagt. Pater Francisco machte jedoch daraus für sich selbst eine Gewissensfrage und hatte die Sache nochmals prüfen wollen. Königin Johanna hatte diesmal die Kerzen unberührt gelassen, also hielt es Pater Francisco für gut möglich, daß etwas damit nicht in Ordnung gewesen war. Es lag jedoch noch etwas anderes vor. Man hatte ihm gesagt, daß Johanna, wenn sie dem Lesen der Messe zuhörte, ihre Augen beim Hochheben der Hostie schloß, so daß man mit dem Allerheiligsten zu ihr kommen konnte, ohne daß sie es sah. Auch darin erblickte der Jesuitenpater eine bedenkliche Tatsache, die untersucht zu werden verdiente, und deshalb ließ er einmal, als er zusammen mit der Königin zur Messe gegangen war, einen Kaplan in dem Augenblick zu ihr hingehen, in welchem der Priester die konsekrierte Hostie emporhob. Johanna gab in diesem Augenblick dem Priester einen Wink, beiseite zu treten, woraus hervorging, daß sie ihre Augen offen hielt. Später fragte sie den Kaplan sogar, warum er denn in diesem Augenblick auf sie zugekommen sei. Der Mann rettete sich aus allen Schwierigkeiten dadurch, daß er sagte, er hätte gedacht, die Königin habe ihn zu sich entboten![6]

Im März 1555 trat im Zustand der alten, kranken Königin eine ernste Wendung ein. Die arme Frau war schon seit langem bettlägerig sowie voller schmerzhafter Schwären und anderen Ausschlags, den sie nicht behandeln lassen wollte. Prinzessin Johanna, die Tochter Karls V., begab sich damals, als das Äußerste drohte, in Begleitung der besten Ärzte und Heilkundigen aus Valladolid nach Tordesillas. Die alte Königin verbat sich jedoch ihren Besuch und drehte sich auf die andere Seite mit dem Gesicht zur Wand. Die Prinzessin schickte Pater Francisco Borja zu ihr, da sie hoffte, der Jesuit, der sich des Vertrauens und der Zuneigung der widerspenstigen Königin erfreuen durfte, würde sie dazu bewegen können, zu beichten und das Sterbesakrament zu empfangen. Doch selbst auf ihren alten Freund wollte Johanna zuerst gar nicht hören. Der Jesuit ließ sich indessen durch diese sture Weigerung, seinen Ermahnungen Gehör zu schenken, nicht entmutigen und wußte die Königin schließlich

Lebenslängliche Einschließung

weich zu stimmen. Johanna wurde ruhiger und begann, deutlich erfreut, ihm zuzuhören. Hierauf bekundete sie ihr Bedauern über ihre Fehler und beklagte die Verirrungen ihres Geistes. Auf Bitten des Jesuiten sagte sie die zwölf Glaubensartikel auf, worauf ihr der Priester die Kommunion spenden wollte. In diesem Augenblick jedoch überkamen ihn Zweifel an der allgemeinen Zurechnungsfähigkeit Johannas, ein Fall, den Pater Luís de la Cruz vorhergesehen hatte. Er beriet sich hierüber mit anderen, und man kam überein, die Entscheidung in die Hände des berühmten Theologen Domingo de Soto zu legen, den späteren Beichtvater Karls V. und dessen Vertreter auf dem Konzil von Trient, zur Zeit noch Hochschullehrer in Salamanca. Dieser kam am 11. April in Tordesillas an und unterhielt sich erst einmal im Beisein von anderen, Geistlichen und Laien, mit der Kranken, dann allein mit ihr. Er kam nach diesen Gesprächen zu dem Endergebnis, daß die Königin als normal anzusehen wäre. Doch hat er ihr das Allerheiligste nicht spenden wollen, sie aber mit der Letzten Ölung versehen. Daraus dürfen wir schließen, daß tief in seinem Innern doch einige Zweifel am Funktionsvermögen des Verstandes von Königin Johanna haftengeblieben waren, oder es könnte auch sein, daß Pater Domingo de Soto und Pater Francisco Borja gemeinsam ihre Weigerung nur auf die Tatsache gegründet haben, daß Johanna sich fortgesetzt übergab.

Johanna starb bei vollem Bewußtsein. Sie hatte noch mit Mühe angedeutet, daß sie das Glaubensbekenntnis wiederholen würde, wenn es ihr Pater Francisco vorsprechen wolle. Ihre letzten Worte waren »Jesus Christus, steh mir bei«, worauf sie in den Armen des Jesuiten verschied.

Johanna ist über fündundsiebzig Jahre alt geworden. Sie starb am 12. April 1555 und war seit 1509 in Tordesillas eingeschlossen. Beinahe ein halbes Jahrhundert . . .

Ihre sterbliche Hülle ruhte bis 1574 im Kloster Santa Clara und wurde hierauf in den Escorial überführt. Später verfügte jedoch Philipp II., daß die letzte Ruhestätte Johannas an der Seite ihres Mannes zu sein habe, der auf Anordnung von Karl V. und ohne Mitwissen Johannas in Granada beigesetzt worden war. Und so wie einst Johanna, umgeben von Prälaten und angesehenen Edelleuten, die Leiche ihres Gemahls herumgefahren hat, so wurde sie jetzt selbst vom Escorial nach Granada überführt, begleitet von Geistlichen und weltlichen Granden. Neunzehn Tage war dieser Zug unterwegs. Er setzte sich während eines heftigen Sturmes in Bewegung, worin diejenigen, welche im Naturgeschehen eine Widerspiegelung der inneren Erfahrungen und Wahrnehmungen der Menschen erblicken, ein Sinnbild von Johannas stürmisch bewegter Jugendzeit und ihres tragischen Lebensendes sehen konnten.

In der Kathedrale von Granada ruhen die sterblichen Überreste von Johanna der Wahnsinnigen und Philipp dem Schönen in der Nähe der Katholischen Könige, in der königlichen Kapelle. Das Grabmal ist geschmückt mit den Standbildern der Eheleute, in liegender Haltung und fürstlichem Ornat. Dieses Grabmal ist das Werk des Bildhauers Ordóñez aus dem 16. Jahrhundert, eines Künstlers aus der Schule Michelangelos, eines der ersten, der dem aus Italien übernommenen klassischen Stil folgte, ihn aber, dem spanischen Bedürfnis nach überladener Verzierung folgend, bereits barockartig veränderte.

Über Krankheit und Tod von Königin Johanna gibt es einen ausführlichen Bericht des Arztes, der sie behandelt hat. Dieser Doktor schrieb an Karl V., daß die Königin infolge der Unaufmerksamkeit des Personals das ihr verordnete Bad zu warm genommen habe, wodurch es auf Rücken und Gesäß zu schmerzhaften Brandblasen gekommen sei. Nach Verstreichen einiger Zeit habe sie ihre Waschfrauen um laues Wasser gebeten, um die entzündeten Wunden zu reinigen. Man habe sie daraufhin beobachtet, ihr dann Wasser gereicht, das ohne ihr Wissen mit heilkräftigen und reinigenden Mitteln versetzt war. Johanna lahmte die letzten zwei Jahre auf beiden Beinen und nach den Angaben des Arztes blieb sie mitunter tagelang unbeweglich auf ein und derselben Seite liegen. Diese Seite schien gefühllos geworden zu sein; Johanna duldete nicht, daß man sie anrührte, um sie auf die andere Seite zu drehen. Sie machte sich schmutzig und wollte manchmal einige Tage lang nicht, daß man sie säuberte oder das Bett wieder in Ordnung brachte. Die Folgen kann man sich vorstellen bei jemand mit offenen Wunden ...

Der zu ihrer Heilung bestellte »Arzt«, der seine fürstliche Patientin auf diese Weise behandelte, hat sie einundzwanzig Jahre lang »gepflegt«. Wir können uns vorstellen, was dieser Mann, der über so wenig Takt und Gründlichkeit verfügte und der armen Königin diese Widerwärtigkeiten nicht zu ersparen vermochte, an Fehlern bei der Behandlung von Johannas seelischen Qualen begangen hat. Ein überwältigendes Gefühl von Mitleid befällt uns, wenn wir uns über-

Lebenslängliche Einschließung

legen, wie diese Frau Jahr um Jahr einsam und unverstanden gelitten hat, und wie dieser Leibarzt unbeholfener Zeuge dieses Geschehens gewesen ist, mehr als zwanzig Jahre lang . . .

Als rechtmäßige Herrscherin über das damals ausgedehnteste und mächtigste Reich der Welt verbrachte sie ihr Leben in einem dunklen Palast, beraubt von allem, sogar vom Kostbarsten, was ein Mensch besitzt, nämlich seiner Freiheit. Ein alter Chronist weiß sogar zu erzählen, daß ihr Sohn, Karl V., der niemals oder höchstens ein einziges Jahr König von Spanien geworden wäre, hätte er seine Mutter nicht beiseite geschoben, ihr sogar die wenigen Kleinodien, die sie in Tordesillas besaß, weggenommen hat.

Dieser Chronist sagt: »Sie erging sich in harten Worten gegen den Kaiser. Einmal, als dieser das Geschmeide, kostbare Steine und Perlen, aus ihrem Besitz wegen Geldverlegenheit weggenommen und dafür etwas anderes in die Kästchen gelegt hatte, sagte sie ihm, als er zu Besuch gekommen war: ›Ist es nicht genug, daß ich dich regieren lasse? Mußt du auch noch mein Haus leer stehlen?‹«

Legende oder Wirklichkeit? In diesen einfachen Worten eines Chronisten, der aller Wahrscheinlichkeit nach Johannas Gefangenendasein aus der Nähe hat beobachten können, ist die ganze Tragödie der armen Königin enthalten. Eine Tragödie, die der moderne Historiker beschreiben, aber nicht in ihrer ganzen Tiefe ausloten oder in ihren gesamten Verwicklungen verfolgen kann, weil uns zuviel Unterlagen vorenthalten sind.

Opfer der Inquisition,
politische Gefangene oder Wahnsinnige?

Wie die Zeitgenossen Johannas in ihren Auffassungen über ihre Person und ihr Schicksal geteilt waren, so gehen auch die Meinungen der Nachwelt diesbezüglich nach wie vor weit auseinander. Die Zeit hat die Leidenschaften nicht abgekühlt und die Vorurteile nicht ausgeräumt. Jede Generation fügt nur eine Änderung in der Schattierung der allgemein menschlichen Färbungen hinzu. Verschiedene Zeiten bringen nur andere Reaktionen auf bestimmte Figuren, Gedanken und Handlungen, aber die ursprünglich geweckten Leidenschaften und Auffassungen kehren jedesmal mit größeren oder kleineren Veränderungen wieder.

Die Zeitgenossen Johannas haben in dieser tragischen Figur entweder ein Opfer des Machtmißbrauchs herrschsüchtiger Naturen oder eine Wahnsinnige gesehen. Diese Extreme haben sich scharf und unversöhnlich gegenübergestanden oder sind sich nähergerückt, hin und wieder dergestalt, daß sie sich untereinander einig geworden sind und man in Johanna teilweise das Opfer der Herrschsucht und Willkür anderer, teilweise eine Schwachsinnige sah, die ein großes persönliches Leid nicht ohne Schaden für ihren Geist und ihre Seelenruhe hat tragen können.

Die Umstände scheinen jede dieser Ansichten zu rechtfertigen. Wer nur Augen hat für die unbarmherzig konzipierte und durchgeführte Säuberungsaktion in Spanien mit Hilfe der Inquisition im Dienste einer ideologischen, nationalen und staatlichen Einheit, und bei Johanna Äußerungen und Auffassungen feststellt, die diese Aktion und ihre Zielsetzungen gefährden, wird in ihr das Opfer eines kirchenpolitischen autoritären Organs sehen, das einen unerbittlichen Angleichungsprozeß in Spanien geführt und – nahezu vollständig – beendet hat.

Wer Johanna und ihr Schicksal im Lichte der Politik und persönlichen Interessen derjenigen ihrer Angehörigen sieht, die durch ihre Ausschaltung große Vorteile erzielten, wird Johanna der Reihe nach

Opfer der Inquisition

als Opfer ihres Gemahls, ihres Vaters und ihres Sohnes sehen, welche die Herrschaft über die ihr von Rechts wegen zustehenden Gebiete nur dadurch erlangen konnten, daß sie sie ihr nahmen.

Wer indessen nur Augen hat für die launischen Äußerungen Johannas, wer nur ihre Verhaltensweise und die ständig ernster werdenden Erscheinungen ihrer geistigen Schwäche und Zerrüttung betrachtet, wird kaum etwas anderes als einen klinischen Fall in ihr sehen können, über den nur Psychiater miteinander zu diskutieren imstande wären.

Johannas Zeitgenossen haben jede dieser drei Auffassungen entweder streng voneinander geschieden oder miteinander in Einklang gebracht, und die Nachwelt ist ihnen darin gefolgt. Wir werden uns nach all den verstreuten Bemerkungen über die Haltung und die Auffassungen ihrer Zeitgenossen und der Autoren aus dem Jahrhundert nach ihr auf eine Beschreibung der Ansichten bekannter Geschichtsforscher beschränken, die sich im vorigen und gegenwärtigen Jahrhundert mit dem Problem »Johanna« beschäftigt haben.

Im vorigen Jahrhundert haben die Veröffentlichungen und die jeder Schattierung entbehrenden strengen Aussagen Bergenroths große Erregung hervorgerufen. Dieser Gelehrte deutscher Herkunft und im englischen Dienst hat viele Dokumente aus spanischen Archiven, vor allem aus dem großen Staatsarchiv in Simancas publiziert, darunter u. a. eine ganze Reihe, die sich auf Königin Johannas Einschließung in Tordesillas beziehen. Bergenroth vertritt die Meinung, daß Johanna geistig gesund und bei klarem Verstand war, doch, daß sie auf Veranlassung der Inquisition gefangengesetzt worden war, und zwar wegen ketzerischer Ideen. Bergenroth lenkt die Aufmerksamkeit auf einige Aussprüche und Handlungen Johannas selbst sowie auf Mitteilungen gut unterrichteter Zeitgenossen, die seine Ansicht zu rechtfertigen scheinen. Wir haben bereits darauf hingewiesen, wie ein Pater, und zwar Tomás de Matienzo, von den Katholischen Königen nach Brüssel geschickt worden war, um sich durch eigene Anschauung und Gespräche mit Johanna ein Urteil zu bilden über ihren persönlichen Zustand und ihre Lebensumstände, vor allem was ihre Ehe anging. In den Briefen dieses Mönches kommen einige krasse Aussagen über Johanna vor, vor allem daß sie hart und gefühllos sei und sich lau in der Erfüllung ihrer kirchlichen Pflichten zeige. Ein anderer Mönch schreibt, er habe vernommen, daß Johanna zur Beichte bei zwei französischen Patres gehe, echten

Wüstlingen, die sich auf ihre Kosten in Paris einen schönen Tag gemacht hätten. Der Marquis von Denia gibt in einem Brief vom Januar 1522 an, daß Johanna während der Morgenchristmette einen Skandal hervorgerufen habe, indem sie laut anfing zu schreien, daß man den Altar entfernen solle, und indem sie ihre Tochter, die Prinzessin Katharina, aufforderte, die Kapelle zu verlassen. Ihre Gleichgültigkeit in religiösen Dingen war allgemein bekannt, und man hatte wiederholt Mühe, sie zu bewegen, ihren Pflichten als gläubige Tochter der Kirche nachzukommen.

Bergenroth schließt aus diesen Tatsachen, daß Johanna schon frühzeitig aus veränderten religiösen Überzeugungen heraus einen Widerwillen gegen die katholische Kirche bekundet habe und den damals aufkommenden protestantischen Ideen ergeben gewesen sei. Wir wissen, daß ihr Gemahl, Philipp der Schöne, sich den Hof der Inquisition dadurch zum Feind machte, daß er gegen die polizeilichen und gerichtlichen Befugnisse dieses Rechtsinstituts einschränkende Maßnahmen ergriff. Ein Priester aus Salamanca spricht über Philipp nach dessen Tod in abschätzigen Ausdrücken und nennt ihn einen »Freund der Juden«.

In diesem Zusammenhang hat Bergenroth auch die Zwangsmaßregeln gegen Johanna gesehen, Maßregeln, die bereits durch ihre Mutter, Königin Isabella, veranlaßt worden zu sein scheinen. Schon als junges Mädchen, also vor ihrer Abreise in die Niederlande, hatte sich Johanna nachlässig in der Erfüllung ihrer kirchlichen Pflichten gezeigt. Bergenroth sucht die ersten Ursachen dieser Laxheit nicht in veränderter Ansicht, sondern in der Ablehnung einer Religion, die solche grausamen Verfolgungen von Andersdenkenden veranlaßte. Man soll, teilweise aus Fanatismus, teilweise, um sich bei Königin Isabella einzuschmeicheln, sich in Hofkreisen der Gefangennahme und Verbrennung von Mauren, Juden und Abtrünnigen gerühmt haben, und das soll die jugendliche, empfindsame Johanna dem Katholizismus entfremdet haben. Ihre Mutter, die Königin, die aus geringfügigen Gründen Hunderte auf den Scheiterhaufen bringen ließ, hat ihr Kind streng bestrafen sowie *zwingen* lassen, seinen religiösen Pflichten nachzukommen. Hierauf spielt der Marquis von Denia in einem Brief von 1522 an Karl V. an. Er sagt darin: »Sie können dessen sicher sein, daß man von der Königin [Johanna] keinerlei Mitarbeit erwarten kann, denn jemand, der nicht den Willen hat, etwas zum Nutzen seines Lebens oder seines Seelenheils zu tun,

Opfer der Inquisition

sondern ganz das Gegenteil davon, kann ihn, so dünkt mich, schwerlich hierfür[1] aufbringen. In der Tat, Sie würden Gott einen Dienst erweisen, wenn Sie bei ihr in vielen Dingen Zwang ausüben würden, und es würde Ihrer Hoheit gut bekommen, denn eine solche Behandlung ist nötig für Menschen in dieser Gemütsverfassung. Auch Ihre Großmutter behandelte ihre Tochter, unsere Königin, so...«[2]

Deshalb schrickt Bergenroth auch nicht davor zurück, die Stelle »le huvo de mandar dar cuerda«, über die wir schon sprachen, zu übersetzen mit »er ließ sie der Folter unterziehen«, so daß er es durchaus für möglich hielt, daß König Ferdinand seine Tochter foltern ließ.[3]

Als die Gerüchte aus den Niederlanden von Johannas Lauheit in Angelegenheiten der katholischen Religion bis zu Königin Isabella drangen, soll sie beizeiten Vorkehrungen getroffen haben, um ihre Tochter von der Nachfolge auszuschließen. Nach Bergenroth soll dieser Beschluß von Königin Isabella schon im Jahre 1501 festgestanden haben, und 1501 und 1502 soll ein Antrag in dieser Richtung bei den *Cortes* eingereicht worden sein. Die entsprechenden Beschlüsse waren, um diese delikate Frage nicht ruchbarer als nötig werden zu lassen, recht vage formuliert. Es ist nur die Rede von Abwesenheit, Unfähigkeit oder Unwillen. Der Papst billigte diesen Beschluß.

Der Jesuitenpater Cienfuegos spricht in seiner Lebensbeschreibung des heiligen Franciscus Borgias über Johannas Abscheu vor allen religiösen Handlungen, doch schreibt er ihn ihrer Geistestrübung zu und erblickt darin nur eine Krankheitserscheinung.[4]

Bergenroth verwirft den Gedanken, daß Königin Johanna wahnsinnig gewesen sei. Allein schon die Tatsache, daß diejenigen, die sie so darstellen, nachdrücklich versicherten, es handle sich nur um ein böswilliges Gerücht, sobald es in ihrem Interesse lag, daß man an Johannas unversehrten Geisteszustand glaubte, ist für Bergenroth genügend Beweis dafür, daß die Behauptung, Johanna sei geisteskrank, unbegründet und nur aus politischem Opportunismus zu erklären ist.

Worauf sei denn die Behauptung von Johannas Wahnsinn zu gründen, und von wem geht sie aus? Jeder der Beweise oder Hinweise auf Verstandestrübung, die man angeführt hat, ist schwach und ungenügend, jedenfalls nach Bergenroths Auffassung. Man kann vielleicht von triebhaften Wallungen sprechen, erklärlich bei jemand in den Lebensumständen von Johanna, die jahraus jahrein widerrechtlich gefangen gehalten wurde. Diese triebhaften Wallungen wurden von Stimmungen der Mutlosigkeit, längeren oder kürzeren Perioden von Niedergeschlagenheit und Lustlosigkeit abgelöst, ebenfalls erklärlich bei jemand, der jeden Tag ohne Verheißung und Freude anbrechen sieht. Auch daß Johanna gelegentlich zu Tätlichkeiten überging, war zu jener Zeit bei fürstlichen Personen nichts Ungewöhnliches. Bergenroth berichtet von König Ferdinand, daß dieser außer sich vor Wut auf Philipp den Schönen losgefahren sei, um ihm sein Schwert in die Brust zu bohren. Sogar Johannas Mutter konnte in aller Öffentlichkeit handgreiflich werden. Johannas so bekannt gewordene Tat, die Öffnung des Sarges ihres Gemahls, die sie dermaßen ins Gerede gebracht hatte und als Wahnsinnstat hingestellt wurde, war in Wirklichkeit eine gewöhnliche, sogar gesetzlich vorgeschriebene Handlung. Johanna hat sie, vielleicht infolge eines seelischen Zusammenbruchs nach dem plötzlichen Tod ihres Mannes, unter solchen ihr zur Last gelegten Umständen später als gewöhnlich vorgenommen, aber dieser Aufschub braucht diese Tat in ihrem Charakter noch nicht wesentlich zu verändern. Wir wissen zum Beispiel, daß dem heiligen Franciscus Borgias, damals noch Höfling, die hohe Ehre zuteil wurde, die sterblichen Reste der jung verstorbenen Kaiserin Isabella, der Frau Karls V., nach Granada zu überführen, und auch er mußte, bevor er sie begraben ließ, den Sarg öffnen, um festzustellen, daß dieser tatsächlich den Leichnam der Kaiserin enthielt.

Bergenroth ist überzeugt, daß die Beweise für Johannas Geisteskrankheit konstruiert sind, und daß man immer noch nach neueren, überzeugenderen Beweisen suchte.

Aus diesem Grund soll der Marquis von Denia sie über den Tod ihres Vaters, des Königs Ferdinand von Aragonien, in Unkenntnis gelassen haben, auch ihres Schwiegervaters, Maximilian von Österreich, um ihre Meinung, sie seien noch am Leben, als Wahnidee einer Schwachsinnigen erscheinen zu lassen. Es war dann auch eine böse Absicht, daß er sie dazu zu bewegen versuchte, einen Brief an den bereits verstorbenen deutschen Kaiser Maximilian von Österreich zu schreiben, um Karl im Jahre 1520, als er Beweise brauchte, ein Dokument in die Hände zu geben, das allen Zweiflern und Ungläubigen Johannas Irrsinn unwiderlegbar vor Augen führen würde.[5]

Bei allem gegen sie gehegten Widerwillen und trotz der tristen Umstände, in denen sie lebte, die selbst ein robusteres Gemüt als das ihre hätten zu Schaden kommen lassen, ist nach Ansicht Bergenroths wiederholt deutlich zutage getreten, daß Johanna entweder bei kla-

Opfer der Inquisition

rem Verstand war, oder daß es zumindest zweifelhaft war, ob sie gesund gewesen ist oder nicht. Ihre unregelmäßigen Mahlzeiten, ihr Unwille, sich schlafen zu legen, ihr vernachlässigtes Äußeres können angesichts der Verhältnisse, in denen sie lebte, als Ausdruck von Lustlosigkeit angesehen werden. In keinem der mit klar erkennbarer böser Absicht geschriebenen Briefe des Marquis von Denia sind unumstößliche Beweise für Johannas Geisteskrankheit enthalten, wohl aber eine ganze Anzahl von Hinweisen, daß sie bei klarem Verstand war. Während sie selbst Mangel litt, erkundigte sie sich, ob ihr Personal auch bezahlt würde, und wenn man im Verzug geblieben war, so verpflichtete sie den Marquis, das Versäumte nachzuholen. Sie hat sich stundenlang mit ihm über Staatsgeschäfte, häusliche Angelegenheiten und ihre Kinder unterhalten, und der Marquis mußte zugeben, daß »sie wie ein vernünftiger Mensch sprach«, eine Schlußfolgerung, zu der Pater Domingo de Soto ebenfalls gelangte, als sie hochbetagt und bereits dem Tode nahe war.

Zu dieser Darstellung Bergenroths paßt die strenge Bewachung, die man über sie ausübte, um zu verhindern, daß sie mit Außenstehenden in Berührung kam. Man verbot ihr jeden Kontakt mit der Außenwelt, selbst in Gestalt von Briefen, und ließ sie auch nicht aus dem Palast heraus. Wir wiesen ja bereits darauf hin, wie flehentlich Johanna darum bat, einmal ausgehen zu dürfen, wie sie stundenlang angezogen dasaß und wartete, nur um einmal der öffentlichen Messe im Kloster Santa Clara beizuwohnen. Es war vergeblich, und nach dem unterdrückten Aufstand war ihre Lage hoffnungslos geworden.

Harte Worte verliert Bergenroth auch über Karl, der seine Mutter fast ein halbes Jahrhundert gefangen hielt, um selbst regieren zu können. »Wir wissen nicht, mit wem wir mehr Mitleid haben sollen, mit Königin Johanna oder mit Karl. Ihm blieb nur die Wahl, entweder alle menschlichen Gefühle zu unterdrücken oder auf alles zu verzichten, was für ihn das Leben lebenswert machte, oder bei aller kaiserlichen Würde zuzugeben, daß er ein gewöhnlicher Übeltäter sei. Dies war der Preis, den er für seinen Plan einer Universalmonarchie bezahlen mußte. Dieser Preis würde zu allen Zeiten hoch gewesen sein, aber er war natürlich am höchsten zu jener Zeit, als Recht, Tugend und Ehre am billigsten waren. Ein Charakter wie der von Karl mutet uns ungeheuerlich an. Die Rieseneidechsen der antidiluvialen Perioden kommen uns auch wie unmögliche Ungeheuer vor, aber wenn man sie inmitten der sie umringenden Natur betrachtet, so dürften sie viel von ihrer Monstrosität verlieren. Wenn man Karl im entsprechenden Zusammenhang mit der Welt betrachtet, in der er lebte, dann bleibt er wohl noch ein schlechter Mensch, aber nicht abnormal abscheulich. Er war nicht der schlechteste Fürst seiner Zeit. Wenn wir nicht nur die glatte und allzu polierte Oberfläche vergangener Jahrhunderte, sondern auch die verborgenen Quellen und Beweggründe, die unbeherrschten Leidenschaften, die gewissenlose Gewalt, die schäbige Habsucht und die schamlosen Lügen, die zahllos in ihren verborgenen Tiefen sind, betrachten, dann werden wir alle erkennen, daß wir in sittlicher und geistiger Hinsicht vorwärts gegangen sind«.[6]

Gegen diese Betrachtungsweise Bergenroths, die übrigens bis heutzutage von Historikern geteilt wird, ist unverzüglich von verschiedenen hervorragenden Gelehrten Protest erhoben worden. Im Jahr 1868 erschien das Werk, in dem Bergenroth seine Dokumente, ihre Übersetzung und seine Ansicht der Öffentlichkeit übergab, und schon ein Jahr darauf veröffentlichten Autoritäten wie Gachard und Vicente de la Fuente ihre Widerlegungen.[7]

Gachard und Vicente de la Fuente hielten die Beweise von Bergenroth für schwach und seine Erläuterungen für willkürlich. Erstens einmal gebe es keine anhaltende, sich gleichbleibende Haltung Johannas in religiösen Dingen, sagen diese Autoritäten. Derselbe Mönch, der Johanna lax und lau nannte, habe später ihre strenge Gottesfurcht gepriesen. Johanna selbst habe sich nach dem Tod ihres Gemahls und während ihres trübsinnigen Umherwanderns mit Mönchen und Prälaten umgeben. Ihre Erschlaffung sowie ihr Widerwille seien deshalb als Ausdruck eines zerrütteten Gemütes anzusehen.

Gachard bestreitet überdies Bergenroths Ansicht, wonach Johanna nicht geisteskrank gewesen sei. Er gibt zu, daß es lichte Perioden in ihrem Leben gegeben hat, Zeitläufe – wir wissen nicht, von welcher Dauer –, in denen sie die volle Verfügungsgewalt über ihre geistigen Kräfte gehabt haben soll, Tatsachen, die aus dem Leben anderer Geisteskranker bekannt sind, doch die Perioden wechseln ab mit solchen von offenkundigem Wahnsinn. Gachard beruft sich auf die von uns angeführten Fälle, aber er hat zugeben müssen, daß alle diese Umstände Johanna noch nicht als Geisteskranke kennzeichnen.

Wohl aber ist es von allergrößtem Interesse bei dieser Streitfrage, ob wahnsinnig oder nicht wahnsinnig, im Auge zu behalten, daß

Opfer der Inquisition 201

auch die Führer des Städtebundes nach einiger Zeit ernsthafte Zweifel zu hegen begannen. Wenn Johanna nichts anderes als ein Opfer des Glaubenseifers oder der politischen Herrschsucht ihrer Angehörigen war und die Mär über ihren Wahnsinn in die Welt gesetzt worden ist, um die gegen sie getroffenen Zwangsmaßregeln oder die ihr zugefügten Mißhandlungen zu verbergen, dann hatte sie ja während des Aufstandes eine glänzende Gelegenheit verfehlt, um sich selbst zu rechtfertigen sowie Freiheit und Thron wiederzuerobern.

Von irgendeinem bewußt und kraftvoll unternommenen sowie umsichtig in die Wege geleiteten Versuch Johannas, den ihr zukommenden Platz auf dem Thron wiederzugewinnen und die freie Verfügungsgewalt über ihre Person zurückzuerhalten, ist nichts bekannt geworden. Sie blieb matt, kraftlos und apathisch. Sie weigerte sich, Aktenstücke zu unterzeichnen, und begab sich nicht, wie es wünschenswert, ja sogar politisch notwendig gewesen wäre, nach Valladolid, Toledo oder in eine andere wichtige kastilische Stadt, die sich dem Aufstand angeschlossen hatte, sondern blieb lustlos im Schloß zu Tordesillas sitzen. Wenn es wahr ist, was Bergenroth und andere behaupten, daß Johanna, zum Beispiel 1522, es bewußt darauf abgesehen hatte, mit der Außenwelt in Berührung zu kommen, nach Valladolid oder anderswohin zu gehen, »notfalls« einer öffentlichen Messe beizuwohnen, um die Gelegenheit zu ergreifen, das ihr angetane Unrecht laut in die Welt hinaus zu rufen und einen Befreiungsversuch zu wagen, warum ist sie dann im Jahre 1520 nicht energisch aufgetreten? Warum hat sie die beste Gelegenheit dazu vorübergehen lassen?

Und wenn sie die Auffassungen ihrer Eltern hinsichtlich *eines* Volkes, *einer* Religion, *eines* Staates nicht teilte und in Sachen Gewissensfreiheit eine weitherzigere Auffassung vertrat, dann hätte sie sich auch an das spanische Volk wenden können, denn noch waren viele am Leben, die auf die Nachricht vom Tode ihrer Mutter, Isabella der Katholischen, hin laut ihrem Haß gegen die Frau Ausdruck verliehen, »die so viele um ihres Glaubens und ihrer Herkunft willen leiden und sterben ließ«.

Johanna blieb indessen, jeder Aktion abhold, in ihrem Schloß, ihrem Gefängnis, und verließ diesen verhaßten Aufenthaltsort nicht, als eine begeisterte Menge an den Toren wartete, um sie im Triumph wegzuführen und ihre königliche Macht wiederherzustellen.

Tausende von Geistlichen hatten mit dem Aufstand der Städte

gemeinsame Sache gemacht, um die alte kastilische demokratische Herrschaft vor dem Habsburger Absolutismus abzusichern, und Hunderte kämpften nach spanischer Tradition mit Waffen in der Faust, wobei aus einem Kruzifix leicht eine Keule und aus einem Degengriff ohne weiteres ein Kruzifix gemacht wird.

Johanna jedoch ließ die Zeit verstreichen und die Bewegung im Sande verlaufen, zur Verzweiflung der Führer und des Volkes, die mit Widerwillen zugeben mußten, daß etwas mit ihr nicht in Ordnung war, so daß sie Geisterbeschwörer und Teufelsaustreiber zu Hilfe riefen.

Rodríguez Villa, einer derjenigen, welche sich durch das Auffinden und die Herausgabe von Dokumenten, die sich auf Johanna beziehen, am meisten verdient gemacht haben, verwirft demnach auch zusammen mit Gachard, de la Fuente und anderen die Auffassung von Bergenroth und anderen, daß Johanna aus Fanatismus oder politischem Opportunismus eingeschlossen worden sei, aber er verwirft gleichzeitig auch die Meinung, daß sie wahnsinnig gewesen sein soll. Wahnsinnig im Sinne von geistig völlig aus den Fugen geraten war Johanna nach Rodríguez Villas Auffassung ganz gewiß nicht. Demgegenüber zeugen zuviel Gegebenheiten von vernünftiger Überlegung und besonnenem Verhalten, ein Eindruck, den auch Gachard gewonnen hat.

Doch, so sagt Rodríguez Villa weiter, diese Frau, die in ihrer Jugend harte Schicksalsschläge und große Gefahren hat ertragen können, die sogar ein halbes Jahrhundert trübseliger Einschließung so gut überstanden hat, so daß sich skeptische Forscher von ihrem ungebrochen klaren Verstand überzeugen konnten, vermochte eine Sache nicht zu ertragen, nämlich Liebeskummer. Wenn es für jemand zutrifft, daß »die Liebe für eine Frau das Leben bedeutet«, dann gilt dies für Johanna, für die es außerhalb der Liebe zu ihrem Mann nichts gab. Sobald diese auf dem Spiel stand, dann verlor sie jeden Sinn für Maß und überließ sich gänzlich ohne Selbstbeherrschung und besinnungslos ihren Gefühlen. Die Liebe, die sie empfand, war ausschließlich, Johanna gab sich ohne Vorbehalt Philipp hin, vom ersten Augenblick an, und forderte ihn ganz und gar für sich. Solange Philipp noch am Leben war, mußte sie um ihn kämpfen. Sie wurde von Eifersucht und Argwohn verzehrt und hatte dafür Gründe im Überfluß. Dieser Kampf um den geliebten Mann, der selbst nicht standfest war und von Liebchen zu Liebchen flatterte, hat

Opfer der Inquisition 203

jahrelang ihre körperlichen und geistigen Kräfte erschöpft. Sie lebte in einem fortgesetzten Zustand von Bewußtseinsminderung durch leidenschaftliche Liebe und quälende Eifersucht. Der Tod ihres Gemahls beraubte sie jedes Interesses am Leben. Die Staatsgeschäfte, die Religion, ihre Kinder, alles wurde ihr gleichgültig. So groß und feurig war ihre Liebe, daß sie anfangs nicht an den Tod glauben konnte oder wollte. Sie sah Philipp so deutlich und lebendig vor sich, alle seine Gebärden und Worte waren ihr so vertraut, daß es ihr einfach nicht eingehen wollte, daß dieser geliebte Mann jetzt starr und kalt darniederlag und sich niemals mehr würde erheben können. Wie so manch einer vor ihr oder nach ihr, ob Mann, Frau, Mutter oder Kind, hat sie mit dem Tode gerungen, sich geweigert, an ihn zu glauben, um durch ihr festes Vertrauen auf das Leben den Toten wieder aufzuerwecken.

Doch kehrte der Tote nicht zum Leben zurück, und dadurch verlor das Leben all seinen Reiz und Wert für sie. Thron, Macht, Reichtum, Ruhm, Jubel . . . alles war für sie wertlos geworden ohne den Mann, der sie mit Leib und Seele an sich gefesselt hatte. Und sie ließ alles an sich vorübergehen . . . und wartete ein halbes Jahrhundert lang, bis der Tod sich ihrer erbarmen würde. Johanna hat sich selbst infolge ihrer ausschließlichen Liebe ganz und gar vergessen.

Für Rodríguez Villa ist Johanna nicht wahnsinnig im gewöhnlichen Sinn des Wortes. Beweise für ihren gut funktionierenden Verstand gibt es im Überfluß, bis auf ihr Sterbebett hin, soweit dabei nicht von ihrer Liebe die Rede ist sowie von der Besessenheit, die daraus entsprang. Johanna war »wahnsinnig vor Liebe«, »wahnsinnig *aus* Liebe.«

Diese Auffassung eines der verdienstvollsten Geschichtsforscher Spaniens ist die Meinung des Volkes und die Vision des Dichters. Beide leben in Emotionen und haben unter emotioneller Betrachtung der Geschichte und der Menschen in Johanna die verkörperte Frauenliebe gesehen. Johannas Leben ist für sie das poetischste Trauerspiel der Leidenschaft. In Johanna hat die Liebe weder Maß noch Ziel gekannt. Sie war das Leben selbst. Sie war selbst ihr Ziel. Sie lebte in und für sich selbst. Während die Lyriker, die von der Liebe sangen, verschämt oder ironisch ihre eigenen wirklichen Gefühle betrachteten, und wenn sie sie verglichen mit dem idyllischen Bild der Reinheit, Vollkommenheit und Unendlichkeit, während das Volk Balladen und Legenden dichtete über die alles durchdringende Liebe und dabei sein blasses, kümmerliches Dasein für eine Weile zu vergessen trachtete, hat Johanna ihr Leben selbst zu einer Dichtung, zu einem schmerzlichen Epos der Liebe gemacht. Die größten lyrischen Sänger müssen schweigen über ihre eigene klägliche Liebesmacht inmitten der Wirklichkeit ihrer alltäglichen Existenz. Sogar bei einem Dante muß man darüber schweigen, »ihn mit dem Finger unter das Kinn fassen«, wie einer seiner jüngeren Bewunderer, der bis zu den intimsten Zügen seines Lebens vorgedrungen war, bildhaft sagt. Johanna hat keine Verse gemacht, in denen »die Liebe nur der Vorwand für ihren Reim« war. Sie hat der Ewigkeit der Liebe Gestalt verliehen und lebt deshalb beim Volk und bei den Dichtern fort.

Die moderne Psychiatrie hat in diesem lyrischen Symbol freilich nur einen klinischen Fall gesehen.

Wenn man Johanna betrachtet im Zusammenhang mit ihren Nachkommen und die Krankheitssymptome, die bei ihr vorkamen, mit dem zunehmend pathologischen Zustand ihres Sohnes, Enkels, Urenkels und weiterer Nachkommen bis hin zum trübsinnigen Karl II. (1665–1700) vergleicht, dann erhält man eine Übersicht über das Wachstum eines Krankheitsprozesses, der für sich selbst traurig und in seiner Bedeutung für die Weltgeschichte tragisch gewesen ist.

Ludwig Pfandl hat als Hispanist, beraten von einem Psychiater, eine Übersicht über dieses erbliche Krankheitsbild gegeben.[8] Für ihn ist Johanna aller Wahrscheinlichkeit nach das Opfer einer Krankheit gewesen, deren Diagnose erschöpfend gestellt werden kann. Er sieht in ihr keine endogene oder exogene Psychose, sie war keine Melancholikerin und nicht manisch depressiv, sie war keine Idiotin und ebensowenig litt sie an Epilepsie oder paralytischem Schwachsinn, doch die Erscheinungen, von denen in zeitgenössischen Dokumenten die Rede ist, weisen auf dementia praecox oder Schizophrenie hin, das heißt, daß die Kranke ihre eigene Einbildung nicht mehr in den Rahmen der Wirklichkeit einordnen und somit im vollen Bewußtsein dieser Wirklichkeit in die gewohnte Existenz der Menschen eintreten konnte.

Diese Krankheit hat sich im Anfangsstadium unbemerkt und ungestört entwickeln können und war bereits weit fortgeschritten, als man bei der Patientin die ersten Anzeichen gewahrte. Pfandl sagt, indem er sich auf Kraepelin beruft, daß diese Krankheit im Alter von fünfzehn bis dreiundzwanzig Jahren entsteht. Johanna war zweiundzwanzig Jahre alt, als sie den ersten Anfall bekam. Wir

Opfer der Inquisition

haben auf den tragischen Vorfall in Medina del Campo hingewiesen, wo sich Johanna wie eine Wahnsinnige aufführte und ihre Mutter sich Worte mit anhören mußte, die sie nur deshalb duldete, weil sie überzeugt war, daß Johanna geistig aus dem Gleichgewicht geraten sein dürfte. Die Weigerung, sie nach Brüssel ziehen zu lassen, nachdem ihr Gemahl sie dringend gebeten hatte, zu kommen, war die Ursache der schicksalsschweren Überreizung, des psychischen Schocks, der, wie Pfandl unter Berufung auf Bleuler sagt, die erste geistige Störung zuwegebrachte. Diese Überreizung äußerte sich auf negative Weise, das heißt, durch eine wachsende Abnahme der Selbstbeherrschung sowie eine Abschwächung der Willenskraft. Johanna gab ihren Wunsch, abzureisen, mit der Wut einer Besessenen zu erkennen und war keinem vernünftigen Einwand zugänglich. Sie begann, an Verfolgungswahn zu leiden. Sie sah kein anderes Mittel, den ihr auferlegten Zwang zu brechen, als die bestimmte Weigerung, den elementaren Lebensanforderungen Genüge zu leisten: sie aß nicht, trank nicht, ging nicht zu Bett und vernachlässigte ihr Äußeres.

Wieder in Brüssel angekommen, erwartete sie ein neuer Schock, die bewiesene Untreue ihres Gemahls, die dadurch hervorgerufenen Szenen und ihre Einschließung. Ihr krankhafter Wille äußerte sich auf negative Weise, Verweigerung der Nahrungsaufnahme, der Bettruhe und dergleichen mehr. Pfandl sieht auch in der damals häufigen Kopf- und Haarwäsche Johannas, die Philipp als eine törichte Angewohnheit störte und reizte, ein Symptom zunehmenden Schwachsinns. Von da an begann Johanna sich von der Außenwelt abzuschließen und vertiefte sich im Dunklen und in der Einsamkeit in ihre eigene Vorstellungswelt und ihre Grübeleien. Die Spaltung vertiefte sich. Johanna leistet immer mehr hartnäckigen Widerstand gegen jeglichen Zwang von außen. Sie lehnte es ab, sich mit Staatsgeschäften zu befassen, Papiere zu unterzeichnen, Briefe zu schreiben, Delegationen zu empfangen, Besprechungen abzuhalten. Sie aß und trank ohne Geschmack und Appetit. Der einzige Instinkt, der sich erhielt und sich sogar besonders geltend machte, war ihr Geschlechtstrieb, der sich ausschließlich auf Philipp richtete. Ihre Eifersucht war nach Pfandl ein Ausdruck ihres Verfolgungswahns. Wiederholt blieb sie auch lange Zeit wie starr und stumpf bewegungslos stehen oder sitzen, ohne daß sie etwa physisch nicht zu freien Bewegungen imstande gewesen wäre oder das Bewußtsein ihrer eigenen Persönlichkeit verloren hätte.

206 Johanna die Wahnsinnige

Nach dem Tode Philipps des Schönen hat die innere Abstumpfung, die Idiotie, allmählich so zugenommen, daß ihre Umgebung sie für unheilbar hielt. Ihre widersetzliche Haltung, die sich auf allerlei negative Weise geäußert hatte, verwandelte sich, nachdem ihr Mann gestorben war und der Streit aufgehört hatte, in Lustlosigkeit. Dieser Zustand ist von Petrus Martyr festgestellt worden, und Pfandl weist auf dessen Ausspruch hin, wonach Johanna willenlos und jedweder Betätigung abgeneigt war. Dadurch vernachlässigte sie ihre Pflichten als Staatsoberhaupt, als Katholikin und sogar als Mutter, und wurde nach und nach immer nachlässiger in der Pflege ihrer Person und Kleider. Schließlich vergaß sie auch den einstmals so geliebten Toten, und Karl konnte die Leiche seines Vaters aus dem Kloster Santa Clara wegnehmen und nach Granada überführen lassen, ohne daß Johanna diesem Vorgang Beachtung schenkte.

Die an Schizophrenie Leidenden sind ihres Verstandes nicht völlig beraubt und können deshalb Aussagen machen und Urteile abgeben, die auf diejenigen, welche nur kurze Zeit in ihrer Umgebung weilen, den Eindruck von Äußerungen normaler Menschen machen. So bemerken wir auch wiederholt bei Johanna, daß ihre Perioden von Lustlosigkeit, Gleichgültigkeit, Ablehnung des Umgangs mit Menschen durch Worte und Handlungen unterbrochen werden, die auf ein ungestörtes geistiges Gleichgewicht hinzudeuten scheinen. Diejenigen, welche sie in einem derartigen Zustand antrafen, weigerten sich dann auch, den Gerüchten von ihrem Wahnsinn Glauben zu schenken.

Es ist Johanna, so meint Pfandl, zum Schicksal geworden, daß man sie völlig verkehrt behandelt hat, auch eine Folge wiederum der geringen Kenntnisse, die man in jener Zeit von Geisteskrankheiten hatte. Ihre strenge Absonderung sowie die unvernünftige Behandlung, deren Opfer sie war, haben ihre Neigung zu Einsamkeit und Abschließung von der Außenwelt verstärkt. Die moderne Psychiatrie erblickt in dieser Absonderung und unsachgemäßen Behandlung von an Schizophrenie Erkrankten eine ernstliche Förderung der Krankheit. Die Perioden der Abstumpfung und Bewegungslosigkeit werden länger und wiederholt durch Wutanfälle unterbrochen. Zu guter Letzt ist, wie der Leser im Attest des sie behandelnden Arztes hat feststellen können, Johannas Abstumpfung so schlimm geworden, daß sie im Bett ihre Notdurft verrichtete, ohne es zu bemerken. Diese Darstellung der Dinge durch Pfandl macht also aus Johan-

Opfer der Inquisition   207

nas tragischem Leben die armselige Existenz eines Patienten, der allmählich immer tiefer in die Idiotie versinkt. Wir sind hier weit entfernt vom Drama Bergenroths sowie von der Lyrik der Dichter. Pfandl hat den erblichen Verlauf von Johannas Geisteskrankheit bei ihren Nachkommen verfolgt. Karl V. und Philipp II. litten an periodischer Verminderung ihrer Empfindungskraft, eine Verminderung, die ans Abnormale grenzte. Es kam zu Perioden psychischer Akinesie, Bewegungslosigkeit, Erstarrung, die sich den Grenzen der Schizophrenie näherten. Maximilian von Österreich hat sich öfters geärgert über die Apathie seines Enkels, den er einmal einen Bastard, dann wieder einen Idioten oder ein Götzenbild nannte. Zeitgenossen, wie zum Beispiel Petrus Martyr, bemerken, daß sich der sechzehnjährige Knabe wie ein alter Mann benahm. Pfandl übernimmt Rankes Beschreibung von Karl V., die auf Unterlagen aus dem 16. Jahrhundert beruht: »Es entwickelte sich damals in ihm eine gewisse Neigung zur Einsamkeit, die die Folge einer unwiderstehlichen Macht war, im Grunde genommen gleich der, die seine Mutter so lange Zeit von der Welt abgesondert gehalten hatte. Karl wollte niemand empfangen, den er nicht zu sich entboten hatte. Oft fiel es ihm schwer, seine Unterschrift zu geben. Stundenlang blieb er auf den Knien liegen, in einem schwarz ausgekleideten Gemach, das durch sieben Fackeln erleuchtet war. Als seine Mutter gestorben war, vermeinte er zuweilen ihre Stimme zu hören, die ihm zurief, ihr zu folgen. In solch einem Gemütszustand beschloß er, sich vor seinem Tod aus dem Leben zurückzuziehen.« Der Ausspruch Papst Pauls IV. beim Bekanntwerden des Berichts vom Thronverzicht Karls V., »nun kann man sagen, daß er wirklich verrückt geworden ist«, schlägt in diese Kerbe. Pfandl weist ferner hin auf zwei Porträts von Tizian, die uns Karl mit den Kennzeichen der depressiven Akinesie zeigen: dem halbgeöffneten Mund mit den ins Leere starrenden Augen. Das Bild eines Menschen, der sich von der Außenwelt abgeschlossen hat.

Diese Neigungen zu Niedergeschlagenheit bei Karl V. muß man nach Pfandls Ansicht nicht als Folge seiner Gicht, seines Asthmas sowie anderer Qualen sehen, und ebensowenig sind sie der Erschöpfung oder der Enttäuschung zuzuschreiben, sondern sie sind die Folge erblicher Belastung. Die periodische Willenlosigkeit und Indolenz, deren Spuren in Karls politischer Geschichte nachzuweisen sind, sind Symptome der Krankheit, an der er gelitten hat, die jedoch bei ihm nicht einen derartig ernsten Umfang angenommen hat.

Als Knabe und junger Mann war Karl großenteils ein willenloses Werkzeug seiner Erzieher und Minister. Noch in seinem dreißigsten Lebensjahr mußte ihn sein Beichtvater tadeln wegen seiner periodisch auftretenden Willenlosigkeit und Entschlußlosigkeit, die in einem so krassen Gegensatz zu seiner Ehr- und Herrschsucht standen.

Diese Willenlosigkeit schlug oft in ihr Gegenteil um, nämlich in zähen Trotz, der, sobald ein gestecktes Ziel erreicht war, wieder einem Zustand von Lethargie Platz machte. Ein Symptom von Karls nicht kräftig und normal entwickeltem Willen war seine geringe Selbstbeherrschung oder sogar ein Mangel an Beherrschung bestimmter Instinkte. Er litt an einer wahrhaftigen Freßsucht, der er ungezügelt nachgab. Berichte von Zeitgenossen sprechen von ungeheuren Mengen an Nahrung, die er verschlang: Fisch, Fleisch, Obst und Süßigkeiten. Diese Sucht hing ihm bis zum Tode an. Während seines Aufenthaltes im Kloster Yuste, der viel zu romantisch als das asketische Lebensende eines enttäuschten Monarchen idealisiert worden ist, verspeiste er Massen an Froschschenkeln, Aal und anderen Fischsorten, obgleich er sich dadurch schmerzhafte Nierenanfälle und andere Qualen zuzog.

Philipps II. phlegmatischer, schwermütiger und kühler Charakter ist geradezu sprichwörtlich geworden. Dieser Charakterzug hat sich in dem ursprünglich aufgeweckten Jüngling, der viel von körperlicher Bewegung – Jagd, Reiten – hielt und einen beweglichen Geist hatte, im Laufe der Jahre vertieft. Ein an Schmerzen reiches Leben mit unzähligen Enttäuschungen hat dazu beigetragen. Philipp II., der Erbauer des barocken Escorial, mit Kloster, Universität, Palast und Pantheon, gelegen auf einer verlassenen, felsigen Hochfläche, zeigt viele der Eigenschaften seiner Großmutter: Vorliebe für die Einsamkeit, Mißtrauen, periodische Entschlußlosigkeit – mit unberechenbaren historischen Folgen – und zeitweilige Gleichgültigkeit gegenüber Staatsgeschäften. Schon als junger Mann konnte er sich nur so schwer von einem schweren Schlag oder einer traurigen Erfahrung wieder erholen, daß er sich wochenlang dem Umgang mit Menschen entzog und sich seinen trübsinnigen Grübeleien hingab. Pfandl weist in diesem Zusammenhang auf einen Ausspruch von Granvelle hin, der spanischer Außenminister wurde, als Philipps auswärtige Politik an einen Wendepunkt angelangt war.[9] Granvelle hat aus Anlaß der Entschlußlosigkeit Philipps gesagt, daß alles auf den näch-

Opfer der Inquisition 209

sten Tag verschoben würde, und später, daß überhaupt kein Entschluß mehr gefaßt würde. Granvelle sah deshalb auch das katastrophale Ende einer derartig zögernden Staatspolitik voraus und schrieb, daß er am liebsten sein Amt niederlegen würde, um nicht für die Katastrophe, die unvermeidlich war, verantwortlich zu sein und sich mit den anderen in den Abgrund zu stürzen.

In Karl V. und in Philipp II. sind, immer noch gemäß der Meinung von Pfandl, die von Johanna ererbten Eigenschaften durch einen im übrigen gesunden Leib und gesunden Geist in Schach gehalten worden. Die im Falle verminderter Widerstandskraft sowie infolge Erschöpfung, moralischen Zusammenbruchs oder Alters freigelegten Krankheitssymptome haben nicht derartig vorgeherrscht, daß sie die Grenzen des Normalen überschritten hätten. Dies ist wohl geschehen bei Philipps ältestem Sohn Karl, Don Carlos, dessen tragisches Lebensende durch die Gegner Philipps verlästert und später durch Dichter, Romanschreiber und Dramatiker idealisiert worden ist; aber die historische und psychiatrische Wissenschaft hat in ihm ein abnormales Wesen erkannt.

Die Eltern von Don Carlos, Philipp II. und Maria von Portugal, waren sehr eng miteinander verwandt. Vater und Mutter von Philipp II. waren entsprechend Bruder und Schwester der Mutter bzw. des Vaters von Maria. Sowohl Philipp als auch Maria waren infolgedessen Enkel von Johanna der Wahnsinnigen, und deren Sohn, Don Carlos, stellt ein trauriges Bild psychischer Entartung dar. Zeitgenossen sprechen davon, daß er beim Quälen von Tieren Genuß empfand. Es sind Fälle raffiniertesten Sadismus beim Kind und jungen Menschen Carlos bekannt, die wir hier unerwähnt lassen. Er wuchs zu einem kränklichen, kleinen Wesen empor, im körperlichen und im geistigen Sinn. Seine groteske Selbstüberschätzung, Hochmut, Ehr- und Herrschsucht bildeten einen peinlichen Gegensatz zu seiner Indolenz und Entschlußlosigkeit. Seine sexuelle Impotenz ist medizinisch festgestellt. Zum Schluß wurden seine pathologischen Launen zur Gefahr für seine Umgebung – Gewalttätigkeit gegenüber dem Herzog von Alba, ein sorgfältig ausgearbeiteter Plan zur Ermordung seines Vaters, ein Plan, der bereits ein weit fortgeschrittenes Stadium der Vorbereitung erreicht hatte – sowie zur Gefahr für den Staat. Philipp hat den die Grenzen des Wahnsinns überschreitenden Jüngling eingesperrt. Don Carlos starb kurz darauf.

Die Darstellung des Falles Don Carlos u. a. von Gachard, gestützt auf Urkunden aus dem 16. Jahrhundert, sowie die psychiatrische Abhandlung von Meynert und Max Büdinger haben gemäß Pfandl für immer festgehalten, daß dieser Sohn Philipps ein Idiot war.

Der letzte direkte Abkömmling Johannas der Wahnsinnigen, König Karl II. von Spanien, Carlos II (1655–1700), war ein geradezu mitleiderregendes Beispiel für die körperliche und geistige Degeneration der spanischen Habsburger. Träge und zurückgeblieben in seiner körperlichen und geistigen Entwicklung, ist er sein ganzes Leben lang ein von Ängsten gequälter, wankelmütiger und niedergeschlagener Mensch geblieben, impotent wie sein Namensvetter Don Carlos, und wie seine Ururgroßmutter den Beinamen »der Verhexte« tragend.

Wenn wir diese drei Betrachtungen nebeneinander halten, die von Bergenroth u. a., die von Rodríguez Villa, Gachard u. a. sowie die von Pfandl und modernen Psychiatern, dann befriedigt uns keine dieser Auffassungen, weil sie zu schematisch sind und nur ungenügend dem verwickelten Drama von Johannas Leben Rechnung tragen.

Es gibt viele Gründe für die Annahme, daß Johanna das Opfer von politischem Opportunismus gewesen ist. Es gibt ebenfalls zahlreiche Dokumente, die den Gedanken, wenn nicht gar die Überzeugung hervorrufen, daß Johanna gar nicht wahnsinnig gewesen ist, jedoch des öfteren in einem Zustand eingeengten Bewußtseins lebte und handelte, als Folge großer Sensibilität und traurig stimmender Erfahrungen. Die psychiatrischen Betrachtungen über ihren bestimmt pathologischen Zustand sind eindrucksvoll, umfassen aber unseres Erachtens nicht die ganze Tragödie Johannas.

Wir müssen, nachdem wir ihr Leben dargelegt und die verborgenen Kräfte, die diese Existenz gelenkt haben, untersucht haben, erkennen, daß das Leben Johannas im tiefsten Sinn ein Geheimnis, ein Rätsel geblieben ist. Wie das stets geschieht, enthalten alle Unterlagen, schematischen Erklärungen, einen großen Wahrheitskern. Johanna wird für viele ein Opfer politischer Willkür bleiben. Dichter, Dramatiker und bildende Künstler werden fortfahren, in ihr den Ansporn zu suchen und zu finden für ihre Auffassung von vollkommener, leidender Liebe mit ihrer Treue bis in den Tod. Psychologen werden nicht aufhören, ihre seelischen Züge zu untersuchen und zu beschreiben. Doch der lebendige Mensch, Johanna mit ihrem großen Schmerz und langem Leidensweg, wird für uns ein Geheimnis blei-

Opfer der Inquisition 211

ben, das die Jahrhunderte verschleiert haben. Wir können zwischen den Falten dieses dichten Schleiers nur einzelne Züge ihres Wesens erkennen, aber das Gesamtbild bleibt unserem Auge entzogen. Je weiter wir unsere Untersuchungen ausdehnen, sei es unmittelbar auf ihre Person und nächste Umgebung, sei es auf den langen Zeitabschnitt, den ihr Leben umfaßt, desto tiefer werden wir überzeugt von der Wahrheit des Ausspruchs eines Mannes, der ihr Zeitgenosse war, Petrus Martyr, der sie hat aufwachsen sehen, Zeuge ihrer Prüfungen gewesen ist und von ihr gesagt hat: »Nemini datur intelligere«, die rechte Einsicht ist keinem gewährt.

Anmerkungen

Die leuchtende Ferne

[1] Vgl. das Buch des Verfassers *De Onoverwinnelijke Vloot* (Die unbesiegbare Flotte), 1938, S. 9.

[2] Man lese u. a. in den »Kronieken van Spaanse soldaten uit het begin van den tachtigjarigen oorlog« (Aufzeichnungen spanischer Soldaten zu Beginn des achtzigjährigen Krieges), Zutphen 1933, S. 81–127 nach.

[3] Vgl. den Reisebericht von Antoine de Lalaing, Ausgabe von Gachard, Brüssel 1876.

Die Tragödie der Eifersucht

[1] Erschienen von 1514–17 zu Alcalá. Ein Exemplar aus sechs Teilen befindet sich in der Groninger Universitätsbibliothek.

[2] The Rise of the Spanish Empire, Tl. II, S. 326.

[3] Rex quaecumque versant atque ordiuntur, sentit, dissimulat et animos omnium tacitus scrutatur. *Opus Epistularum*, epist. 289, ed. Amst. 1670, S. 165.

[4] Erst unter Karl V. wurde der Titel »Seine Majestät« gebraucht.

[5] Und nicht ohne Grund. Ferdinand hatte, dem Brauch jener Zeit entsprechend, die öffentlich der Polygamie verfallen war, verschiedene Freundinnen und eine große Anzahl von illegitimen Kindern. Eines von ihnen wurde Erzbischof von Saragossa.

[6] Bzgl. der Geschichte der politischen Entwicklung Spaniens vgl. *Spaanse aspecten en perspectieven* (Spanische Aspekte und Perspektiven), 1939, S. 47–74, vom Verfasser dieses Buches.

Der Kampf um die Macht

[1] Gachard, *Voyages des Souverains des Pays Bas*, Tl. 1, S. 147.

[2] siempre mostró ánimo intrépido. S. Gachard ebenda.

[3] S. u. a. A. Rodríguez Villa, *La reina doña Juana la Loca*, S. 133 und 134.

[4] Tenebris gaudet ac solitudine, fugit omne commercium. op. cit., S. 170 (epist. 300).

[5] S. *History of the Reign of Ferdinand and Isabella*, London 1867, Tl. II, S. 372, Anm. 31 mit ausführlichen bibliograph. Hinweisen.

Anmerkungen 213

[6] Eine gute, moderne Studie über Ferdinand als Politiker und Schöpfer auch des Auswärtigen Dienstes Spaniens fehlt.

[7] Gachard, Collection des voyages . . . Tl. I, S. 458 und 459.

[8] Eine *legua*, eine spanische Meile, beträgt fünfeinhalb Kilometer.

[9] Man beachte die Reihenfolge!

[10] Rodríguez Villa, a. a. O. S. 433 und 434.

[11] Petrus Martyr, a. a. O. S. 176 (Epist. 312).

Ein natürlicher oder ein gewaltsamer Tod?

[1] Ein spanisches Schlagballspiel.

[2] Hiermit sind wohl die beiden niederländischen Doktoren gemeint, die an medizinischer Kenntnis ganz offensichtlich hinter den italienischen Ärzten rangierten und den feinen Spott von Petrus Martyr auf sich zogen.

[3] Dieser befand sich in Burgos im Gefolge von Johanna und Philipp.

[4] Diese Zeitangaben schwanken.

[5] Ebenfalls Abgesandter Philipps in Rom. Mehr über diese romantische Figur auch S. 150–173.

[6] Vgl. Gachard a. a. O. S. 523 und 524.

[7] Gachard, a. a. O. S. 461 und 462

Nächtliche Irrfahrten mit einer Leiche

[1] a. a. O. S. 179 (Epist. 318).

[2] Gachard, a. a. O. S. 462.

[3] a. a. O. S. 182 (Epist. 324).

[4] Vgl. Rodríguez Villa, a. a. O. S. 215.

[5] Rodríguez Villa, a. a. O. S. 235 und 236.

Johanna, die Verhexte

[1] a. a. O. S. 216 (Epist. 410).

[2] Nicht zu verwechseln mit Juan de Ávila, dem berühmten Prediger aus Andalusien in der ersten Hälfte des sechzehnten Jahrhunderts. Vgl. das Buch des Verfassers *De achtergrond van de Spaanse mystiek* (Der Hintergrund der spanischen Mystik) S. 130–133.

[3] Es ist ein Bericht erhalten geblieben von der Hand der Gräfin von Salinas, einer Hofdame von Königin Johanna.

[4] Bergenroth: »he had to order that she was put to the rack«; Gachard: »il dut ne pas insister.« Siehe ferner S. 194–211.

Die Torheiten eines jungen Königs

[1] Vital, *Premier voyage de Charles Quint en Espagne*, Ausgabe von Gachard in »*Voyages*...«, Bd. III.

[2] *The Rise of the Spanish Empire*, Tl. III, S. 29.

[3] Der Marquis von Denia hat Johanna weisgemacht, daß ihr Vater noch am Leben sei und alle Verfügungen treffe.

[4] Nämlich Karl selbst.

[5] Johanna wurde also über das Zusammentreten der *Cortes* in Unkenntnis gehalten.

[6] Auf diese Abneigung Johannas gegenüber Frauen, die ihr bis zum Tode verblieben ist, haben wir bereits hingewiesen.

[7] S. u. a. H. L. Seaver, *The great revolt of Castile*, London 1929.

Johanna und der Bürgerkrieg

[1] S. u. a. J. H. Mariéjol, *L'Espagne sous Ferdinand et Isabelle*, Paris 1892, S. 128.

[2] Petrus Martyr, a. a. O. S. 374 (Epist. 681), s. auch Seaver, a. a. O., S. 128 und 129 mit bibliographischen Hinweisen.

[3] Hasselaar, Kenau, Symonsdochter, die von 1526 bis 1588 lebte, war eine begüterte Haarlemer Bürgerstochter, die den Schiffsbauer Nanning Gerbrandszoon Borst heiratete. Nach seinem Tode führte sie sein Unternehmen weiter. Während des sog. Achtzigjährigen Krieges, des Freiheitskampfes der Niederländer gegen die Spanier, der in den Dreißigjährigen Krieg einmündete und wie dieser seinen Abschluß im Westfälischen Frieden von 1648 fand, hat sich Kenau Hasselaar während der Belagerung Haarlems durch die Spanier (1572/73) zusammen mit einigen anderen Frauen ausgezeichnet bei der Ausbesserung der Festungswälle. Daß sie selbst an der Spitze von 300 Haarlemer Frauen mit der Waffe in der Hand dem spanischen Belagerer entgegengetreten ist, dürfte eine lokalpatriotische Legende sein. In keiner historischen Quelle ist davon die Rede. Nach der Übergabe der Stadt an die Spanier blieb die Hasselaar unbehelligt. Erst später kam sie durch Seeräuber um, die das Schiff, auf dem sie reiste, überfielen.

[4] S. Rodríguez Villa, a. a. O. S. 303.

[5] S. Rodríguez Villa, ebenda.

[6] Man vgl. übrigens die begründeten Bedenken, die Seaver, der jüngste kompetente Verfasser, bezüglich Danvilas hat, a. a. O. S. 375–77.

[7] Dies ist, meine ich, das erste Mal, daß dieser Titel für Johanna gebraucht wurde. Offensichtlich beabsichtigt als Gegengewicht gegen den kaiserlichen Titel Karls V.

[8] S. Bergenroth, *Calender of State Papers*, Supplement, S. 240.

[9] Der Bericht ist auch von Bergenroth veröffentlicht, a. a. O. S. 245–253.

[10] S. hierüber die viel zu wenig bekannte Korrespondenz von Don Bernardino de Mendoza, seinerzeit spanischer Gesandter in Paris.

Anmerkungen   215

[11] Was diese malerische Figur anlangt, verweisen wir den Leser, der nicht spanische Quellen zu Rate ziehen kann, auf das Buch von C. von Höfler, *Don Antonio de Acuña,* Wien 1883.

[12] Johanna hat mehr als einmal gedroht, Hand an sich selbst zu legen.

Lebenslängliche Einschließung

[1] S. u. a. Rodríguez Villa, a. a. O. S. 382.

[2] S. hierüber u. a. das Buch des Verfassers *De achtergrond van de Spaanse mystiek* (Der Hintergrund der spanischen Mystik), S. 144.

[3] Dieser Brief ist im Mai 1552 geschrieben. Philipp II., damals Verweser von Spanien, war im Begriff, mit Königin Maria von England die Ehe zu schließen.

[4] Gemeint ist Prinzessin Johanna, ihre Enkelin und Tochter Karls V., der damals in Toro weilte und sie wiederholt besuchte.

[5] Juan Velázques, einer der Testamentsvollstrecker von Königin Isabella. hatte sich ihrer persönlichen Gunst erfreut und wichtige Posten bekleidet.

[6] Die Briefe von P. Francisco de Borja und P. Luís de la Cruz sind veröffentlicht worden von Gachard, *Bulletins de l'Académie royale ...,* 1870, S. 308–323, sowie von Rodríguez Villa, a. a. O. S. 386–394.

Opfer der Inquisition, politische Gefangene oder Wahnsinnige?

[1] Ein allfälliger Umzug nach Arévalo.

[2] Bergenroth, a. a. O., Suppl. S. XXIX und 404/05.

[3] Bergenroth, ebenda S. 143.

[4] Rodríguez Villa, a. a. O., S. 400.

[5] Bergenroth, a. a. O., Suppl. S. LIV.

[6] Bergenroth, ebenda, S. LXXVIII und LXXIX.

[7] Gachard, *Sur Jeanne la Folle ...,* Bulletins de l'Académie ..., 2. Reihe, Band XXVII, No. 3; V. de la Fuente, *Doña Juana la Loca, vindicada de la nota de heregía,* Madrid 1869.

[8] L. Pfandl, *Johanna die Wahnsinnige,* Freiburg 1930.

[9] Vgl. das Buch des Verfassers, *De Onoverwinnelijke Vloot* (Die Unbesiegbare Flotte), S. 15, und hinsichtlich einer allgemeinen Charakteristik Philipps II., *Spaanse aspecten en perspectieven* (Spanische Aspekte und Perspektiven), S. 63–66.

Literaturverzeichnis

I. Dokumentensammlungen

G. A. Bergenroth, *Supplement to volume I and volume II of letters, despatches, and State papers* . . ., London, 1868.

Colección de documentos ineditos para la historia de España, Bd. VIII, XIV, XVIII, XXXIX.

Collection des voyages des souverains des Pays-Bas, Band I und III, Brüssel, 1874 und 1881.

M. Danvila y Collado, *Historia critica y documentada de las Comunidades de Castilla*, 6 Bände, Madrid, 1897-'99.

A. Rodríguez Villa, *La Reina Doña Juana la Loca*, Madrid, 1892.

II. Alte Chronisten und Geschichtsschreiber

A. Bernáldez, *Historia de los Reyes Católicos D., Fernando y D.a Isabel*, Chronik aus dem 15. Jahrhundert, 2 Bände, Granada 1856.

J. Blázquez Mayoralgo, *Perfecta raçon de Estado. Deducida de los hechos del señor Rey D. Fernando del Católico* . . ., México, 1646.

D. J. Dormer, *Discursos varios de historia*, Saragossa, 1683.

E. Fléchier, *Histoire du cardinal Ximenes*, Paris, 1693.

L. Galíndez Carvajal. *De rebus gestis a Francisco Ximenio Cisnerio* . . . *libri octo*, Alcalá de Henares, 1569.

F. Guicciardini, *Relación de España*, in *Viajes por España*, (Reisebeschreibung von Spanien, von Guicciardini, Gesandter am Hofe Ferdinands 1512-1513), Madrid, 1889.

F. López de Gómara, *Annals of the Emperor Charles V*, englische Übersetzung mit Originaltext aus dem 16. Jh., Oxford, 1912.

J. de Maldonado, *El movimiento de España o sea la historia de la Revolución conocida con el nombre de las Comunidades de Castilla*, spanische Übersetzung des im 16. Jh. lateinisch geschriebenen Werkes, Madrid, 1840.

P. Martyr Anglerius, *Opus Epistolarum*, Amsterdam, 1670.

P. Mexía, *Historia de Charlos Quinto*, Werk aus dem 16. Jh., Revue Hispanique, 1918.

L. de Padilla, *Crónica de Felipe I*, Werk aus dem 16. Jh., Doc. Inéd., Bd. VIII.

H. de Pulgar, *Crónica de los Reyes Católicos*, Saragossa, 1567.

P. de Sandoval, *Historia de la vida y hechos del Emperador Carlos V*, 2 Bände, Pamplona, 1614-'18.

A. de Santa Cruz, *Crónica del Emperador Carlos V*, Werk aus dem 16. Jh., 5 Bände, Madrid, 1920-'25.

K. H. Roth von Schreckenstein, *Briefe des Grafen Wolfgang zu Fürstenberg zur Geschichte der Meerfahrt des Königs Philipp von Castilien* (1506), Zeitschr. Ges. Gesch. Altert., Freiburg, 1867-'69.

A. Varillas, *La politique de Ferdinand le Catholique*, 3 Bände, Amsterdam, 1688.

J. de Zurita, *Anales de la Corona de Aragón*, letzter Band, Saragossa, 1562-'80.

Literaturverzeichnis 217

III. Neuere Geschichtsschreiber

E. Armstrong, *The Emperor Charles V*, 2 Bände, London, 1902.

V. Balaguer, *Los Reyes Católicos*, 2 Bände, Madrid, 1892.

J. Bañares y Magán, *Cisneros y Richelieu. Ensayo de un paralelo entre ambos cardenales y su tiempo*, Pontevedra, 1911.

W. Bauer, *Die Anfänge Ferdinands I.*, Wien, 1907.

H. Baumgarten, *Geschichte Karls V.*, 3 Bände, Stuttgart, 1885-'92.

R. Baumstark, *Isabelle von Castilien und Ferdinand von Aragón*, Freiburg, 1894.

A. Benítez de Lugo, *Doña Juana la Loca, más tiranizada que demente*, Rev. de España, 1885.

J. B. H. R. Capefigue, *Isabelle de Castille. Grandeur et décadence de l'Espagne*, Paris, 1869.

J. de Chambrier, *Les Rois Catholiques, d'Isabelle à Philippe II*, Neuchâtel, 1895.

Conde de Cedillo, *El Cardinal Cisneros, Gobernador del Reino*, Madrid, 1921.

L. Fernández de Retana, *Cisneros y su siglo*, Madrid, 1929.

L. P. Gachard, *a. Sur Jeanne la Folle et les documents concernant cette princesse qui ont été publiés récemment*, Bulletins de l'Académie . . . 1869.

    b. Jeanne la Folle défendue contre l'imputation d'hérésie, Brüssel, (1869).

    c. Jeanne la Folle et S. François de Borja, Bulletins de l'Académie . . . 1870.

    d. Les derniers moments de Jeanne la Folle, Bulletins de l'Académie . . . 1870.

    e. Jeanne la Folle et Charles-Quint, Bulletins . . . de l'Académie, 1870-'72.

Geers-Brouwer. *De Renaissance in Spanje*, Zutphen, 1932.

E. Gossart, *a. La domination flamande en Espagne* (1517-'20), Brüssel, 1877.

    b. Charles-Quint, Roi d'Espagne, Brüssel, 1910.

    c. Les Espagnols en Flandre, Brüssel, 1914.

    d. Espagnols et Flamands au XVIe siécle, 2 Bände, Brüssel, 1905-'10.

K. Häbler, *a. Der Streit Ferdinands des Katholischen und Philipps I. um die Regierung von Castilien*, Dresden, 1882.

    b. Geschichte Spaniens unter den Habsburgern, Gotha, 1907.

Ch. Hare, *A queen of queens and the making of Spain*, London, 1906.

K. J. Hefele, *Der Cardinal Ximenes und die kirchlichen Zustände Spaniens am Ende des 15. und Anfänge des 16. Jahrhunderts*, Tübingen, 1844.

K. Hillebrand, *Une énigme de l'histoire. La captivité de Jeanne la Folle d'après des documents nouveaux*, Rev. des Deux Mondes, 1869.

Historia de la célebre reina de España Doña Juana, llamada vulgarmente la Loca, Madrid, 1855.

C. von Höfler, *a. Kaiser Karls erstes Auftreten in Spanien*, Wien, 1874.

    b. Der Aufstand der Castilianischen Städte gegen Kaiser Karl V., Prag, 1876.

    c. Spanische Regenten von 1515 bis Ende 1520, »Monumenta hispanica«, Prag, 1882.

    d. Kritische Untersuchungen über die Quellen der Geschichte Philips des Schönen, Sitz. ber. K.A.W., Wien, 1883.

    e. Don Antonio de Acuña, Wien, 1882.

    f. Donna Juana . . . Stammutter der habsburg. Könige von Spanien, Wien, 1885.

M. Hume, *Queens of old Spain*, Edinburgh, 1906.

218   *Literaturverzeichnis*

V. de Lafuente, *D.a Juana la Loca, vindicada de la nota de heregía*, vierter, erweiterter Druck, Madrid, 1870.

F. de Laiglesia, *Estudios históricos (1515-'55)*, 3 Bände, 1918-'19.

Ad. Langendries, *Jeanne d'Aragon, mère de Charles-Quint, et ses derniers historiens*, Prec. hist., Bd. VII, 1878.

H. Ch. Lea, *A History of the Inquisition of Spain*, 4 Bände, New York, 1906-'08.

J. A. Llorente, *Historia crítica de la Inquisición de España*, 2 Bände, Barcelona, 1870-'80.

V. Mage, *Les Isabelle*, Clermont-Ferrand, 1861.

J. H. Mariéjol, *L'Espagne sous Ferdinand et Isabelle*, Paris, 1892.

F. Martínez de la Rosa, *Bosquejo histórico de la política de España, desde los tiempos de los Reyes Católicos hasta nuestros días*, erster Band, Madrid, 1857.

E. Martínez de Velasco, *Isabel la Católica*, Madrid, 1883.

R. B. Merriman, *The Rise of the Spanish Empire*, Bd. II und III, New York, 1936 und 1925.

A. Morel Fatio, *Historiographie de Charles-Quint*, Paris, 1913.

Barón de Nervo, *Isabelle la Catholique . . . Sa vie, son temps, son règne, 1451-1504*, Paris, 1874.

J. Pérez de Guzmán y Gallo, *Dogmas de la política de Fernando V el Católico*, Madrid, 1906.

L. Pfandl, *Johanna die Wahnsinnige*, Freiburg, 1930.

F. G. Pierra, *Isabel la Católica ante el tribunal de la historia*, New York, 1897.

I. L. Plunket, *Isabel of Castile and the making of the Spanish Nation, 1451-1504*, New York, 1915.

W. H. Prescott, *History of the Reign of Ferdinand and Isabella*, 2 Bände, London, 1867.

P. Ristelhuber, *Jeanne la Folle, Etude historique*, Paris, 1869.

R. Roesler, *Johanna die Wahnsinnige, Königin von Castilien*, Wien, 1870.

H. L. Seaver, *The Great Revolt in Castile. A study of the Comunero Movement of 1520-'21*, London, (1929).

G. Sela, *Política internacional de los Reyes Católicos*, Madrid, 1905.

A. Walther, *Die Anfänge Karls V.*, Leipzig, 1911.

Zeittafel

1451 Geburt von Isabella von Kastilien, Tochter Johanns II., Königs von Kastilien-León aus dem Hause Trastamara.

1469 Heirat zwischen Isabella und ihrem Vetter Ferdinand, dem Thronfolger des Königreichs Aragonien, der auch Ansprüche auf den Thron Kastiliens geltend macht.

1474 Isabella wird als Nachfolgerin ihres Stiefbruders Heinrichs IV., des letzten männlichen Sprosses der Trastamara, Königin von Kastilien, weil Heinrichs Tochter Johanna, genannt »la Beltraneja«, einer Verbindung ihrer Mutter Johanna von Portugal mit deren Günstling Beltrán de la Cueva entstammte und daher von der Thronfolge ausgeschlossen war. Durch Isabellas Thronbesteigung erhält ihr Gemahl Ferdinand auch den Titel eines Königs von Kastilien.

1479 Geburt von Johanna (Juana), Tochter Isabellas und Ferdinands, die später den Beinamen »la Loca« (die Wahnsinnige) bekommt. Im gleichen Jahr besteigt ihr Vater als Nachfolger seines Vaters Johann II. als König Ferdinand II. den Thron von Aragonien, wodurch Isabella auch den Titel einer Königin von Aragonien erhält. Nunmehr bilden Kastilien und Aragonien zunächst eine lose Staatengemeinschaft, die von beiden miteinander vermählten Herrschern im gegenseitigen Einvernehmen regiert wird. Papst Alexander VI. verleiht Ferdinand und Isabella den Titel »Reyes Católicos«, Katholische Könige.

1496 Heirat zwischen Johanna der Wahnsinnigen und dem Habsburger Philipp dem Schönen, dem 1478 geborenen Sohn des römisch-deutschen Kaisers Maximilian I. (auch Maximilian von Österreich oder »der letzte Ritter« genannt) und Marias von Burgund. Das Herzogtum Burgund, zu dem auch die Niederlande gehörten, wurde seit 1494 in Maximilians Auftrag von Philipp verwaltet.

1500 Geburt Karls, des ältesten Sohnes von Philipp dem Schönen und Johanna der Wahnsinnigen.

1504 Tod Isabellas von Kastilien. Wegen der Regentschaft für den unmündigen Thronfolger Karl, des Enkels Isabellas, kam es zum Streit zwischen Ferdinand, seinem Großvater, und seinen Eltern Philipp und Johanna.

1506 Durch die Entscheidung der kastilischen Stände werden Johanna und Philipp zu Erben der Krone Kastiliens erklärt. Johannas Ge-

Johanna die Wahnsinnige

mahl übt als Philipp I. die tatsächliche königliche Gewalt aus. Er stirbt im gleichen Jahr. Hierauf wird Ferdinand II. von Aragonien Regent von Kastilien, während Johanna die Wahnsinnige als angeblich regierungsunfähig im Schloß von Tordesillas eingeschlossen bis zu ihrem Tode lebt.

1516 Tod Ferdinands. Johannas und Philipps Sohn Karl besteigt als König Karl I. den Thron der zum Königreich Spanien vereinten Königreiche Kastilien und Aragonien.

1519 Karl wird außerdem zum römischen Kaiser und deutschen König gewählt und damit als Kaiser Karl V. Herrscher des Heiligen Römischen Reiches Deutscher Nation.

1527 Geburt Philipps, des Sohnes Karls I./V. und Isabellas von Portugal.

1555 Tod Johannas der Wahnsinnigen.

1556 Abdankung Karls als König von Spanien und römisch-deutscher Kaiser. Die Nachfolge an der Spitze des Heiligen Römischen Reiches Deutscher Nation tritt sein Bruder, Kaiser Ferdinand I., an. Sein Sohn folgt ihm als König Philipp II. auf dem spanischen Thron.

Stammtafel der spanischen Habsburger
bis auf Philipp II.

Ferdinand II. von Aragonien (1452–1516) heiratet 1469

Isabella
(1470–1498)
heiratet in 1. Ehe den Infanten Alfonso von Portugal, in 2. Ehe den König Manuel von Portugal
(1469–1521)
|
Miguel (aus 2. Ehe)
(1498–1499)

Johann
(1478–1497)
heiratet 1497 Margarete von Österreich, Tochter Maximilians I.
† 1530

Johanna die Wahnsinnige
(1479–1555)
heiratet 1496 Philipp den Schönen, Sohn Kaiser Maximilians I.
† 1506

Eleonore
(1498–1558)
heiratet in 1. Ehe (1519) den König Manuel von Portugal, den Witwer ihrer Tanten Isabella und Maria, in 2. Ehe (1530) den König Franz I. von Frankreich

Kinder aus erster Ehe:
Karl — jung gestorben
Maria (1521–1577) ehelos geblieben

Karl V.
(1500–1558)
heiratet 1525 Isabella von Portugal (1503–1539), Tochter von Manuel und Maria

Isabella
(1501–1526)
heiratet 1515 den König Christian II. von Schweden u. Norwegen, entthront 1524

3 Söhne und 2 Töchter

Philipp II.
(1527–1598)

Maria
(1526–1603)
heiratet 1548 Kaiser Maximilian II.
† 1576

Johanna
(1537–1573)
heiratet 1552 d. Kronprinzen von Portugal, Johann Manuel
† 1554

Aus der Ehe mit Maria von Portugal:
Don Carlos
(1545–1568)

Aus der Ehe mit Isabella von Valois:
Isabella Clara Eugenia
(1566–1633)
Catalina Micaela
(1567–1597)

Aus der Ehe mit Anna von Österreich

Fernando
Carlos
Lorenzo
Diego
Philipp III.
Maria

alle bis auf Philipp III. im Kindesalter gestorben

Isabella von Kastilien (1451–1504), Tochter Johanns II.

Maria
(1482–1517)
heiratet 1500 den König
Manuel von Portugal, den
Witwer ihrer Schwester Isabella
† 1521

Katharina
(1485–1536)
heiratet in 1. Ehe Arthur,
Prinzen von Wales, in 2. Ehe
König Heinrich VIII. von England
Geschieden 1533
|
Maria Tudor
(1516–1558)
heiratet 1554 Philipp II.

Ferdinand
(1503–1564)
König von Böhmen und
Ungarn 1527, König der
Römer 1531, Kaiser 1556,
heiratet Anna Jagello
(Jagiello), die Schwester und
Erbin Königs Ludwigs II.
von Böhmen und Ungarn

Maria
(1505–1558)
heiratet 1521
König Ludwig II.
von Böhmen und
Ungarn, der 1526
fällt.   1530–1556
ist sie Statthalterin
der Niederlande

Katharina
(1507–1578)
heiratet 1525 Johann III.
von Portugal
|
Maria   *Johann Manuel*
(1527–1545)   († 1554)
heiratet 1543   heiratet 1552
Philipp II.   Johanna,
                       Tochter Karls V.

Maximilian II.
Kaiser von 1564 bis 1576,
heiratet 1548 Maria,
Tochter Karls V.

Karl II., Erzherzog
v. Österreich † 1590
|
Margarethe
(1584–1611)
heiratet Philipp III.
von Spanien

Anna	*Rudolf II.*	*Ernst*	*Elisabeth*	*Mathias*
(1549–1580)	(1552–1612)	(1553–1595)	(1554–1592)	(1557–1619)
heiratet 1570	König von	Statthalter der	heiratet 1570	deutscher
Philipp II.	Ungarn und	Niederlande	Karl IX. von	römisch-
	Böhmen,		Frankreich	Kaiser
	römisch-		† 1574	(1612–1619)
	deutscher			heiratet
	Kaiser			Anna von
	(1576–1612)			Österreich
				(1585–1618)

Maximilian	*Albert*	*Margarete*	*Eleonore*
(1558–1618)	(1559–1621)	(1567–1645)	(1568–1600)
Statthalter von	Statthalter der	sor Margarita	
Tirol	Niederlande	de la Cruz	
	heiratet		
	Isabella Klara		
	Eugenie von		
	Österreich		
	(1566–1633)		

(nicht aufgeführt Ferdinand (1551–52), Maria (1555–56), Wenzel-Ladislaus (1561–1578),
Maria *†1564, Karl *†1565)

Stammtafel der portugiesischen Dynastie Aviz

Manuel der Glückliche, König von Portugal (1469–1521), Sohn des Herzogs Ferdinand von Viseu
heiratet:

in 1. Ehe (1497) Isabella, Tochter von Ferdinand und Isabella
in 2. Ehe (1500) Maria   „   „   „   „   „
in 3. Ehe (1519) Eleonore, Tochter von Philipp dem Schönen und Johanna der Wahnsinnigen

Seine Nachkommen:

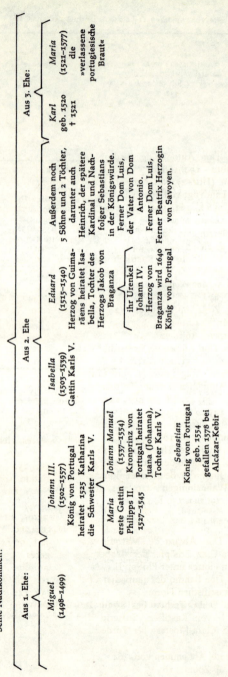

Aus 1. Ehe:

Miguel
(1498–1499)

Aus 2. Ehe:

Johann III.
(1502–1557)
König von Portugal
heiratet 1525 Katharina
die Schwester Karls V.

Maria
erste Gattin
Philipps II.
1527–1545

Johann Manuel
(1537–1554)
Kronprinz von
Portugal heiratet
Juana (Johanna),
Tochter Karls V.

Sebastian
König von Portugal
geb. 1554
gefallen 1578 bei
Alcázar-Kebir

Isabella
(1503–1539)
Gattin Karls V.

Eduard
(1515–1540)
Herzog von Guima-
räens heiratet Isa-
bella, Tochter des
Herzogs Jakob von
Braganza

ihr Urenkel
Johann IV.
Herzog von
Braganza wird 1640
König von Portugal

Außerdem noch
5 Söhne und 2 Töchter,
darunter auch
Heinrich, der spätere
Kardinal und Nach-
folger Sebastians
in der Königswürde.
Ferner Dom Luis,
der Vater von Dom
Antonio.
Ferner Dom Luis,
Ferner Beatrix Herzogin
von Savoyen.

Aus 3. Ehe:

Karl
geb. 1520
† 1521

Maria
(1521–1577)
die
»verlassene
portugiesische
Braut«

Register

Acuña, Don Antonio de, Bischof von Zamora 154, 168 f.
Adriaan (Florisz) van Utrecht, Kardinal, Landvogt von Spanien 115, 148, 156 f., 162, 164, 166, 168, 171, 173
Alba, Herzog von 209
Alcalá de Henares 35, 114 f.
Alfons VI., König von Kastilien 47
Alexander VI., Papst 31, 38, 105
Alfons X., der Weise, König von Kastilien 47
Alfons, Prinz von Portugal 12
Almazán 14 f.
Antwerpen 16 f., 72
Aragón, Don Alonso de, Erzbischof von Saragossa 51, 116, 136 f.
Aragonien, Aragonesen (s. auch Cortes von Aragonien, Katalonien und Spanien) 33, 42, 48, 54, 108, 115, 123, 130, 135 f., 138, 153
Arcos (bei Burgos) 100, 102 f., 108
Arnemuiden 16, 18
Arthur, englischer Thronfolger 12
Ávalos, Fernando de 114
Ávila, Juan de, Beichtvater Johannas der Wahnsinnigen 119, 121, 166 f.
Ávila 19, 143, 150 f., 155

Bazán, Don Álvaro de, Marquis von Santa Cruz, Schöpfer der »Unbesiegbaren Flotte« unter Philipp II. 15
Bazán, Don Sancho de, nautischer Chef der kastilischen Flotte 15
Beatriz, Doña, Tochter des König Pedro I. von Kastilien, Stifterin des Santa Clara-Klosters bei Tordesillas 105 f.
Benavente, Abkommen von 64
Bergen op Zoom 16

Bergenroth, G. A., deutscher Historiker 121 f., 195 ff., 198 f., 200 ff., 207, 210
Borgias, Franciscus, s. Borja, Francisco de
Borja, Francisco de, dritter General des Jesuitenordens 180, 182, 184, 186, 189 ff., 197
Brüssel 20, 31, 35, 39, 43, 72, 126 f., 130, 205, 210
Burgos 29, 52, 63, 74–77, 85, 90, 93, 95, 103, 135, 143 f.
Burgund (s. auch Niederlande und Flandern) 23, 25, 84, 107, 124 f., 153, 160, 175
Busleyden, Frans van, Erzbischof von Besançon, Erzieher Philipps des Schönen 13, 31 f.

Cádiz 59
Carlos, Don, Sohn Philipps II. 204, 209
Chièvres, Herr von, Berater Karls V. 14 f., 126, 128, 130 f., 135, 143–148, 152, 154
Christian, König von Schweden und Norwegen 26
Cienfuegos, Jesuitenpater 197
Cisneros, Erzbischof von Toledo, Regent von Kastilien 61, 64, 68 ff., 92 f., 96 f., 116 ff., 126, 128, 189
Cogeces 75
Conchillos 42 f.
Cortes von Aragonien 29 ff., 32, 135, 137, 141
Cortes von Kastilien und Aragonien, allgemein 26, 152 f.
Cortes von Kastilien 29, 38, 41, 47, 61, 70, 93, 101, 109, 133–136, 144, 148, 197
Coruña, La 52, 59, 61, 148

226 Johanna die Wahnsinnige

Croy, Willem van, s. Chièvres, Herr von

Cruz, Diego de la, Künstler 90

Cruz, Luís de la, Mönch 187, 189, 191, 200

Cueva, Don Beltrán de la 48

Danvila, spanischer Historiker 161

Denia, Marquis von, Schloßvogt in Tordesillas 137, 139 f., 157 f., 160, 162 f., 171 ff., 174 f., 177 ff., 189, 196, 198 f.

Deutschland 12, 140 ff., 145, 148, 154, 183

England, Engländer 57 ff., 93, 100, 166, 183, 186

Enríquez de Cabrera, Don Fadrique, Admiral von Kastilien 15, 67 f., 172 f., 175, 178

Erasmus von Rotterdam 187

Ferdinand II., König von Aragonien, Gemahl Isabellas von Kastilien, (s. auch Katholische Könige) 12, 18 ff., 23, 30 ff., 34 f., 37 f., 40, 42, 44 f., 48–52, 54, 59–66, 68 ff., 75 ff., 83 f., 87, 93, 96–100, 102, 105, 107 ff., 113–118, 120 f., 125 f., 153, 158, 164 f., 195, 197, 198

Ferdinand, Sohn Philipps des Schönen 34 f., 91, 115

Fernández de Córdoba, Gonzalo, »Grán Capitán« 46

Ferrer, Schloßvogt in Tordesillas 117, 119, 121 f.

Flandern (s. auch Burgund und Niederlande) 23, 126

Fonseca, Don Juan de, Bischof 37

Foix, Germaine de, zweite Gemahlin Ferdinands II. 49, 63, 83, 114 f., 165

Frankreich 12, 26, 31, 34 f., 38, 49, 93, 166

Franz I., König von Frankreich 76, 141

Französische Revolution 166

Fruin, niederländischer Historiker 42

Fuente, Vicente de la 200, 202

Gachard, L. P., französischer Historiker 67, 122, 200, 202, 210

Gent 24

Girón, Pedro 146

Gómez de Castro, Álvaro 115

Granada 89, 191 f., 198, 206

Heiliges Römisches Reich Deutscher Nation, s. Deutschland

Heinrich VII., König von England 57 ff.

Heinrich VIII., König von England 12

Höfler, Constantin von, deutscher Historiker 168

Hornillos 96 f., 103

Hurtado, Lope 177

Inquisition 9, 72–75, 176, 194, 196

Isabella, Königin von Kastilien, Gemahlin König Ferdinands II. von Aragonien (s. auch Katholische Könige) 12, 14 f., 18 ff., 23, 31, 36 ff., 40, 44, 47, 52 f., 62, 68, 76, 89, 105, 126, 153, 159, 164, 196, 198, 205

Isabella, Tochter Ferdinands II. und Isabellas 12, 20, 26, 78

Isabella von Portugal, Gemahlin Kaiser Karls V. 198

Islam (s. auch Mauren) 33

Italien 75, 141

Jakobus, Apostel 27

Johann, Infant von Kastilien, Sohn Ferdinands II. von Aragonien und Isabellas von Kastilien 12, 17, 19, 47, 78, 108

Johann II., König von Kastilien, Vater Isabellas 89

Johann III., König von Portugal 177

Johanna von Portugal, Königin von Kastilien 48

Johanna, Tochter Karls V., 190

Juan Manuel, Don 63 f.

Juana, »la Beltraneja« 48 f.

Juden 11, 72, 74, 110, 176, 196

Julián, Hofarzt 36

Karl II., König von Spanien 204, 210

Karl der Kühne, Herzog von Burgund 24

Karl V., römisch-deutscher Kaiser, als König von Spanien Karl I., auch Karl von Gent genannt 24, 35, 40, 71, 92, 107, 115, 124 ff., 128, 131–149,

153 f., 158, 160, 162, 164, 167, 169 f., 172–177, 183, 190, 193, 195, 198 f., 204, 206–209

Kastilien, Kastilier (s. auch Cortes von Kastilien und Spanien) 33, 42, 48, 50 ff., 54, 63, 70 f., 90 f., 93, 96 f., 104 f., 107 ff., 115, 118, 123, 125 ff., 130, 134 f., 140, 142 ff., 147 f., 151, 153 f., 157 ff., 165

Katalonien, Katalanen 33, 135

Katharina, Tochter Ferdinands II. und Isabellas, später Gemahlin Heinrichs VIII. von England 12, 58, 78

Katharina, Tochter Philipps des Schönen und Johanna der Wahnsinnigen 95, 131 f., 163, 173–177, 179, 183, 196

Katholische Könige (s. Ferdinand II. von Aragonien und Isabella von Kastilien) 14, 25, 39, 72, 105, 152, 154, 192

Königtum Kastiliens, Aragoniens und Spaniens allgemein 60, 153 f.

Kolumbus, Christoph 11, 15, 59, 76

Lalaing, Anton von, Herr auf Montigny 27 ff., 33

Laredo 14 f., 38

Leo X., Papst 140

León 28

Leonora, Königin von Spanien 105

Leonore, Tochter Philipps des Schönen, Gattin von König Manuel von Portugal, später von König Franz I. von Frankreich 22, 128, 131 f., 177

Lille 16

López de Gomara, Francisco, spanischer Historiker 37

Ludwig XII., König von Frankreich 26 f., 32, 40, 47, 49, 51

Lugo 150

Luna, Álvaro de 105

Macchiavelli, Niccolò 47

Madrid 29

Madrigalejo 116

Maldonado, J. de, spanischer Historiker 146, 153, 155

Manuel der Glückliche, König von Portugal 12, 20

Margarete, Tochter des römisch-deutschen Kaisers Maximilian von Österreich 12, 17 f., 20

Maria, »die Blutige«, Königin von England 183

Maria von Burgund 12

Maria von Portugal, Gemahlin König Philipps II. 209

Maria Stuart 166

Matienzo, Tomás de, Prior 20–23, 195

Mauren (s. auch Islam) 11, 33, 104, 110, 151, 156, 176, 196

Maximilian von Österreich, römisch-deutscher Kaiser 12, 14, 31, 38, 46, 93, 97, 107, 198, 207

Mayorca, Bischof von 119, 121

Medina del Campo 35, 37 ff., 155 ff., 162

Medina-Sidonia, Herzog von 59

Merriman, R. B., englischer Historiker 130

Mexía, Pedro, spanischer Historiker 142, 164

Mexiko 141

Miguel, Prinz von Portugal 20

Miraflores, Kartäuser-Kloster 89 f., 95, 144

Mota, La 35

Moxica, Martin de 42

Navarra 75 f., 115, 151

Niederlande, Niederländer (s. auch Flandern und Burgund) 14, 23 ff., 27, 38, 46, 51, 59, 72, 74, 126–129, 135, 141, 146, 197

Ordóñez, spanischer Bildhauer 192

d'Orley, Bernard 88

Padilla, Juan de, spanischer Chronist 37, 39, 144, 156 f., 159 f., 161

Palencia 96

Parra, de la, Hofarzt 78, 81, 84 f.

Paul IV., Papst 207

Pedro »der Grausame«, auch »der Gerechte«, König von Spanien 104 f.

Petrus Martyr Anglerius 13, 16, 18, 32, 37 ff., 58, 75, 86, 91, 94 f., 99, 108 f., 116, 146, 155, 162, 206 f., 211

Pfandl, Ludwig, deutscher Historiker 204 ff., 207–210

Philipp der Gute, Herzog von Burgund 13

Philipp der Schöne 12, 14, 16–20, 23, 25–32, 34, 37–56, 59–81, 83–92, 95,

103, 105 f., 118, 125, 140, 180, 192, 195 f., 202 f., 205 f.

Philipp II., König von Spanien 166, 183 f., 186 f., 191, 204, 207 ff.

Portugal 40, 105

Pradilla, spanischer Minister 94

Puebla de Senabria 64

Quintanilla, Luís de 163

Quirini, venezianischer Gesandter 13

Ranke, Leopold von 207

Rendo 69

Rojas, Bischof, Vorsitzender des Rates von Kastilien 158 f.

Salamanca 63, 147, 154

Sandoval, Prudencio de, spanischer Historiker 57, 142, 146, 160, 164, 168

Sandoval y Rojas, Don Bernardo de, Graf von Lerma, Marquis von Denia, s. Denia, Marquis von

Santa Clara, Kloster bei Tordesillas 103, 139, 191, 199

Santa Cruz (Estanques), spanischer Chronist 75, 86, 146, 155

Santander 18 f.

Santiago de Compostela 27 f., 61

Saragossa 33, 135

Sauvage, Le, Vorsitzender der Cortes von Kastilien 134

Segovia 29, 35, 38, 143, 156

Siloé, Gil de, spanischer Künstler 90

Soto, Hofarzt 30, 119, 121

Soto, Domingo de, Theologe 191, 199

Spanien, Spanier (s. auch Aragonien, Kastilien, Cortes allgemein, Cortes von Aragonien, Cortes von Kastilien, Königtum allgemein 24–28, 30 f., 34 f., 38 f., 43, 46 f., 50 f., 54, 60, 62, 72–75, 92 f., 96, 105–108, 110, 126–130, 136, 141, 143, 148, 150, 152, 162, 168 ff., 176, 183

Spinelly, Thomas, englischer Gesandter 129

Städte in Spanien, besondere Stellung, Städtebund, Aufstand u. a. 54, 96, 99, 142–145, 147 f., 150 ff., 155 ff., 159, 161–165, 167–171, 175 f., 201 f.

Suffolk, Herzog von 59

Tarragona 150 f.

Toledo 29, 135, 142 ff., 146, 148, 150, 152, 169, 201

Tordesillas 66, 103–106, 109, 113, 117, 123, 125, 128 ff., 133, 136 f., 140, 146 f., 158 f., 161 ff., 166, 172 f., 175, 177, 183, 190 f., 201

Tordesillas, Vertrag von 105

Toro 61

Torquemada, Großinquisitor 74

Torquemada 94, 96, 103

Torre de Juana in Tordesillas 105

Torres, Arzt 181, 183

Tórtoles 98 f., 103

Valencia 97

Valladolid 29, 68, 70, 75, 133, 135, 137, 143, 145 f., 157, 161 f., 169, 171, 176, 201

Vega, Hernando de, Großkommandeur von Kastilien 172

Velasco, Bernardino de 83

Villa, Rodríguez, spanischer Historiker 36, 69, 160 ff., 202 f., 210

Villafafila, Abkommen von 64, 67

Villalar, Schlacht bei 169, 172

Villaviciosa 129

Vital 129 f.

Vlissingen 55

Ximenes (auch: Jiménez), Francisco, Erzbischof von Toledo 35

Yuste, Kloster 208

Zamora 154

Zumel, Cortes-Abgeordneter 144 f.

Zurita, Jerónimo, spanischer Historiker 13, 61, 68

Historische Biographien
im Eugen Diederichs Verlag

Régine Pernoud

Der Abenteurer auf dem Thron

Richard Löwenherz, König von England
Aus dem Französischen von Christiane Landgrebe
304 Seiten, Leinen

Es ist die Zeit Barbarossas und Heinrichs des Löwen, die Zeit der Kreuzzüge und der höfischen Kultur, in welcher der Held dieses Buches, Richard Löwenherz, nach langjährigen Kämpfen König von England wird und das Land zu großer Blüte führt. In einer romanähnlichen, aber auf exaktem historischen Material beruhenden Darstellungen erzählt die bekannte französische Mediävistin Régine Pernoud nicht nur das abenteuerliche Leben des mächtigen Königs, sondern läßt das Hochmittelalter lebendig werden, in dem Rittertum und höfischen Kultur zu großer Blüte gelangten. Es ist nicht nur eine Epoche höchster kultureller Entfaltung, sondern auch eine Zeit ständiger Fehden und Kriege, in der an Frieden kaum zu denken ist. Während die Fürsten die höfische Dichtung und Musik der Troubadoure fördern, führen sie zugleich unerbittliche Kriege gegen ihre Konkurrenten.

Der größte Rivale von Richard Löwenherz ist der französische König Philipp August, der nach dem gemeinsamen Kreuzzug im Heiligen Land die Abwesenheit Richards ausnutzt und die Normandie besetzt. Richard gelingt es, nach seiner Rückkehr das Land zurückzuerobern und das Königreich England noch einmal zu großer Macht zu führen. Sein ungewöhnlicher Mut, seine große kriegerische Begabung und sein schnelles entschlossenes Handeln haben ihm bereits als jungem Mann den Namen »Löwenherz« eingebracht. Sein Ruhm ist im Lauf der Jahrhunderte nicht verblaßt.

Eugen Diederichs Verlag

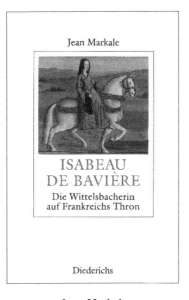

Jean Markale
Isabeau de Bavière
Die Wittelsbacherin auf Frankreichs Thron
Aus dem Französischen von Wieland Grommes
400 Seiten, Leinen

Mit umfassender Sachkenntnis und psychologischem Gespür für den Zeitgeist im »Herbst des Mittelalters« entwirft der große französische Schriftsteller und Historiker das lebendige Bild jener außergewöhnlichen Frauengestalt und Herrscherin, deren historische Bedeutung noch immer vom Mythos der Jeanne d'Arc überschattet ist. Er läßt einer als »schlechte Mutter«, »schlechte Königin« und »fette podagrische Bayerin« diffamierten Ausländerin Gerechtigkeit widerfahren, wobei er mit seiner bewährt scharfen Feder gegen nationalistische Verblendung und Frauenfeindlichkeit zu Felde zieht.

Eugen Diederichs Verlag